Strieffler
Landau Pfalz 1911

Altes Handwerk und Gewerbe
in der Pfalz
Haardt
Küferhandwerk, Weinbau,
Weintransport und Weinverkauf

Manfred Halfer/Helmut Seebach

© Bachstelz-Verlag Helmut Seebach
Verlagsbuchhandel für Pfalzliteratur
Annweiler-Queichhambach 1991
ISBN 3-924115-11-7
Buchgestaltung:
Michael Lambert, Bad Dürkheim
Titelgestaltung:
Bernhard Zerwann, Bad Dürkheim

Redaktion und Auslieferung:
Bachstelz-Verlag
Helmut Seebach
Verlagsbuchhandel für Pfalzliteratur
Waldstraße 6, Telefon 06131/41485
6500 Mainz-Gonsenheim

Altes Handwerk und Gewerbe
in der Pfalz
Haardt

Rebleute, Wingertknechte, Winzertagner,
Weinrufer, Weinsticher, Weinläder, Weinschröter,
Eichmeister, Küfer, Ungelder und Winzler in der Pfalz.
Ein Beitrag zur Kulturgeschichte des Weines

von

Manfred Halfer und Helmut Seebach

Herzlichen Dank für die Unterstützung gebührt
Herrn Landrat Gerhard Weber, Verein Südliche Weinstraße
Herrn Klaus Werner, Vereinigung Rheinpfälzischer
Erzeugergemeinschaften für Wein e.V., Deidesheim

Des Nachbarn Rebstock auf der Grenze trennt Hof von Hof,
von seinen Trauben aß ich manchmal heimlich als Kind,
bei einem Glas Wein lauschte ich Erzählungen aus alten Zeiten.

Meinem verehrten Nachbarn
Paul Müsel
herzlich zugeeignet

11

»Der lustige, leichtblütige Pfälzer hat seinen Stammsitz nicht im Sand oder Sumpf der Rheinebene, sondern im Hügellande, an der Haardt. Hier ist die 'fröhliche Pfalz' im Land wie in den Leuten. Wenn man im gemeinen Leben von 'pfälzischer Art' schlechtweg spricht, so denkt man dabei gewöhnlich nur an die Bevölkerung dieses hügeligen Mittellandes. Denn hierher strömte seit alten Tagen der Verkehr; hierher lockte die Anmut der Landschaft und die Fülle reizender Siedlungen; hier wucherte frühe bereits jene allgemeine schmeidigende Geistesbildung, welche den echten Haardtpfälzer glauben macht, daß er schon von der bloßen Luft seiner sonnigen Hügel gescheiter würde als andere Leute; hier springt die Bodenkultur am glänzendsten ins Auge, und in Dorf und Stadt bergen sich zahlreiche Trümmer altertümlicher Kulturdenkmale. So wird dieser Strich, der dem Raume nach der kleinste ist von allen pfälzischen Volksgebieten, generalisierend aufgefaßt, als schildere er das Volkstum der gesamten bayerischen Rheinpfalz. ... So ward das Hügelland vor der Haardt zur natürlichen Verkehrsachse der ganzen Pfalz. Die Städtebildung war eine so notwendige und zugleich auf einem so engen Raum zusammengedrängt, daß die Ortschaften des ganzen Striches ein vorwiegend städtisches Gepräge erhalten mußten. ... Diese städtische Dörferbildung ist sehr alt. Aus zahlreichen Überresten alter Anlagen und Bauten erkennen wir, daß die großen Haardtdörfer im sechzehnten Jahrhundert schon ganz ähnlich aussahen wie heute. ... Die Weindörfer von der Haardt zeichnen sich aus durch zwei besonders ausgebildete Teile des Hauses: das Hochparterre als die äußere Folge des hochgewölbten Kellers, und das freie, hochgewölbte Hoftor.

Der mächtige Keller ist mit Fug das halbe Haus. Dem innerlich Bedeutsamsten gibt aber das Volk wie der echte Künstler auch nach außen den originellsten Schmuck. Darum hat der alte pfälzer Weinbauer seinen Keller da geziert, wo er sozusagen ans Licht tritt - im Kellerloch; er hat ein Ornamentstück geschaffen, welches sich vielleicht in dem Volksbau der ganzen Welt nicht wiederfindet: ornamentierte Kellerlöcher. Statt eines Ladens wird das Kellerloch durch einen massiven steinernen Schieber verschlossen. Selten ist dieser schmucklos: als Griffe sind Kreuze, Rosetten, Blumen, Kreise, Sterne, Vielecke usw. im Hochrelief darauf ausgehauen. Beim ersten Blick begreift man, daß dieser ungewöhnliche Schmuck dennoch kein willkürlicher ist: denn er zeigt uns den Schwerpunkt des Hauses an. ... Die gleiche ästhetische Wirkung des Wahren und Notwendigen spricht aus den großen monumentalen Hoftoren des pfälzischen Frucht- und Weinlandes. Diese gewaltigen, freien steinernen Rundbogen sind die Triumphbogen des Landmannes, durch welche er mit dem hochbeladenen

Erntewagen als Triumphator einzieht. Und wie jeder gern den mächtigst getürmten Wagen heimführen möchte, so hat auch jeder nach dem höchstgewölbten Bogen gestrebt, als dem eigentlichen Steindenkmal seines Reichtums. Die Hochparterre mit den ornamentierten Kellerlöchern und die hochgewölbten schmuckreichen Hoftore stellen uns Wein und Brot dar als den Grundschatz dieser Weindörfer. ... Wo in der oberen Pfalz der Rebenbau auf Kammern jeden Weinberg in eine Gruppe kleiner Laubengänge verwandelt, da breitet auch der alte, knorrige Weinstock am Hause sein Gezweig zur mächtigen Laube in den Hof hinein, ja auf starken Balken und Pfählen ruhend, überschattet die Rebe oft den ganzen Hof. Diese traulichen Lauben dienen gar wohl der schönen pfälzischen Sitte, den warmen Sommerabend im Gespräch mit Nachbarn und Freunden vor dem Hause im Freien zu verbringen. Um so merkwürdiger ist aber, daß die Lauben in ihrer breitesten Ausbildung und als durchaus herrschend doch nur der Region des Kammerrebbaues zufallen, daß also auch hier der Schmuck des Hauses durch ein wirtschaftliches Herkommen seine besondere Form gewonnen hat. ... Auf mannigfach gemischtem Boden erblüht menschliche Kultur am raschesten und vielseitigsten, wie die Pflanzen hier besonders reich und edel sprießen. Wo die bukettreichsten Weine der Pfalz auf den Grenzgebieten kontrastierender Gesteinarten wachsen, da gipfelte auch seit alter Zeit pfälzischer Fleiß und pfälzische Gesittung. ... Sowie man von **Neustadt** südwärts gegen **Bergzabern** und **Landau** geht, gewinnen die Weinberge eine andere mit jeder Stunde Wegs bestimmter ausgesprochene Physiognomie, die uns eine Nüance des Bodens und der klimatischen Verhältnisse verkündet. Es beginnt nämlich, wie die Fachleute sagen, eine neue Art der 'Rebenerziehung', und wo der Boden diese veränderte Erziehung der edelsten Kulturpflanze forderte, da erzieht er auch eine andere Art des Volkes.

Oberhalb **Neustadt** nämlich hebt in den Weinbergen der sogenannte 'Rebbau auf Kammern' an, oder die 'Kammererziehung' des Weinstocks. Es werden die Rebenpfähle nicht bloß der Länge des Weinberges nach zu Spalieren verbunden, sondern je zwei Spalierreihen nochmals durch querübergelegte Latten zu einem etwa drei bis vier Fuß hohen Laubengang. Der Wuchs des Weinstockes wird dadurch höher und breiter und durch eine größere Masse von Trauben die geringere Qualität ersetzt. Und zwar werden stufenweise die Kammern höher, und folgerecht die Weinberge üppiger im Laub und malerischer, - das heißt aber auch der Wein geringer - je mehr man sich der elsässischen Grenze nähert. Dieser Kammerbau wird bedingt durch den schweren, zäheren Lehmboden und die größere Feuchtigkeit und Kälte des Klimas, wie es sich hier unter dem Einflusse der immer mächtiger hervortretenden Waldberge der Vogesen, der immer reichlicher von Bächen und Wiesen durchschnittenen und nicht mehr im Osten

unmittelbar von einer heißen Sandebene begrenzten Rebenhügel gestaltet. Wo der Kammerbau beginnt, da hört das reine, absolute Weinland auf. Er ist eine der ältesten Rebenbauarten. Das Volk, welches diese altertümliche Erziehungsweise des Weinstocks festhielt, ist auch in seinem übrigen Herkommen schon um eine Stufe altertümlicher geblieben, als der nach Neuem begierige **Neustadter** Pfälzer. ... Je kunstreicher aber der Wein wird, desto einfacher scheint der 'Herbst' zu werden. Die Fremden ziehen schon längst mehr um der Traubenkur als um des volksfestlichen Herbstes willen an den Rhein. Die Herbstgebräuche sind Ruinen wie fast alles Altertümliche in der Pfalz. Aber auch diese Ruinen sind noch malerisch gleich den andern. Feuer lodern von den Bergen, um die Befreiung der Weingärten von dem Banne des Flurschützen zu verkündigen. Dieselben Dornen, womit man die Wege abgesperrt, werden zu Haufen zusammengetragen und zum Freudenfeuer verbrannt. Die Polizei hat zwar verboten im Weinberg zu schießen und zu knallen, aber bei der Lese wird doch immer noch gesungen und gejubelt und an der Kelter gesungen und erzählt und der Pritschenmeister geht noch immer durch die Rebgelände auf und nieder, um die lässig lesenden Mädchen zu züchtigen, und wenn er statt der Strafe sich mit einem Kuß abfindet, so kann er, je nachdem der Kuß mehr oder minder klebrig, die Güte des Jahrgangs prophezeien - nach Kobellscher Mostprobe. Auch bei diesen Trümmern der Herbstgebräuche drängt sich wiederum die nationalökonomische Frage in den Vordergrund. Nur der reichere Bauer wird natürlich eine größere Herbstfeier zum besten geben; aber der ganz reiche, fabrikmäßig wirtschaftende Kapitalist kümmert sich hier, wie überall, gar nichts um den Volksbrauch. In seinem Weinberg wird gearbeitet, nicht gefeiert. Also der reichere Gutsherr des älteren Schlages, den noch nicht der Instinkt der Feindschaft gegen alle Volksaltertümer als etwas 'Mittelalterliches' bewegt, gibt bei einem guten Herbste wohl noch seinen Arbeitern ein kleines Fest mit überlieferten Schnörkeln. Da wird dann auch wohl noch am Schluß der Lese der malerische Heimzug angeordnet, welchem der Gutsherr selber voranreitet, indes das letzte Faß reichgeschmückt folgt, darauf ein Bacchus sitzt, den der pfälzische Volksmund in einen 'Bajaß' verwandelt, und in langer Reihe bewegen sich die Arbeiter hinterdrein. Im Hofe der Herrschaft wird dann durch ein allgemeines Traktement dem Ganzen der rechte Schuß gegeben. Das sind aber alles Dinge, die man fast mehr nur vom Hörensagen als vom Sehen kennen lernt.« (1)
Für dieses Zitat wurde WILHELM HEINRICH RIEHLS volkskundliche Studie »Die Pfälzer. Ein rheinisches Volksbild« (1857) als »Zitatensteinbruch« verwendet. Durch die beabsichtigte Montage nahezu all der Stellen in seinem Werk, die vom Wein und der Haardt handeln, erhalten wir überraschend ein Kurzporträt der Haardt, das sich bei näherem Hinsehen als schnell dahingeworfene

14

Skizze erweist. Der Zeitgenosse und Kollege LUDWIG SCHANDEIN bietet in seiner volkskundliche Darstellung (2) neben deutlichen Parallelen auch gelegentliche Vertiefungen.

RIEHL bleibt das Verdienst, die erste und populärste volkskundliche Skizze dieser Region verfaßt zu haben. Sein Kurzporträt der Haardt ist mit flotter Feder geschrieben und zeugt stellenweise von scharfer Beobachtungsgabe des Betrachters. Zumeist hat er aber nur einen flüchtigen Blick auf die Oberfläche geworfen, weil er mehr um eine generalisierende Sicht der Dinge bemüht ist. Dies kann RIEHL allerdings nicht zum Vorwurf gemacht werden, denn es geht ihm bei seiner Betrachtungsweise nicht um faktische Einzelheiten, als vielmehr um den Gesamtcharakter der Pfälzer und des Pfälzischen, hier auf die Haardt bezogen. Sein romantisierendes Weinstraßen-Gemälde stellt letztlich den heutigen volkskundlich interessierten Leser nicht zufrieden. Die von ihm angesprochenen Aspekte Winzerdorf und Winzerhaus, Reberziehung, volkstümliche Bräuche u.ä.m. verlangen eine vertiefte, zeitgemäße wissenschaftliche Darstellung.

Diesem Wunsch und Anspruch will der vorliegende Band gerecht werden. Viel Wein ist seit der Mitte des 19. Jahrhunderts aus den Fässern und durch die Kehlen gelaufen, die Wissenschaft hat Fortschritte gemacht.

Seit den beiläufigen Abhandlungen von WILHELM HEINRICH RIEHL (1857), LUDWIG SCHANDEIN (1867) und der mehrbändigen Weinbaugeschichte von FRIEDRICH von BASSERMANN-JORDAN (1906/07) ist das vorliegende Buch **Küferhandwerk, Weinbau, Weintransport und Weinverkauf**, das als Band 2 **Haardt** in der Reihe **Altes Handwerk und Gewerbe in der Pfalz** erscheint, die erste umfassende wissenschaftliche Darstellung dieses Themas. Sie versammelt die im Detail erarbeiteten neuen Kenntnisse zu einer umfassenden volkskundlichen Studie, die die Haardt als ein Kulturraum besonderer Prägung versteht. Diese besteht seit historischer Zeit in dem Anbau der Rebe und in der Erzeugung und Lagerung, dem Verkauf und Transport des Weines. Die früher in Weinberg, Kelterhaus und Keller notwendigen Arbeiten stehen im Mittelpunkt der Betrachtung.

Heute zählen wir wie selbstverständlich die Arbeit der Winzer zu den bäuerlichen Tätigkeiten. Doch einst waren nicht nur die handwerklich oder gewerblich Tätigen, sondern auch in der Landwirtschaft und im Weinbau tätige Berufe berechtigt, sich in Zünften und Bruderschaften zu organisieren. Winzer und Ackerer, die in einer Zunft zusammengeschlossen waren, fielen zwar der Natur ihrer Beschäftigung nach aus dem Rahmen der übrigen Zünfte heraus. Trotzdem unterschieden sich ihre Zunftverfassungen nicht von denen anderer Handwerksberufe. Es ist eine bemerkenswerte und in der zahlreich erschienenen Weinliteratur bisher vernachlässigte Tatsache, daß auch in der Pfalz solche Winzerzünfte bestanden. Allein die sichtbaren Zunftzeichen zumeist an den Torschlußsteinen der Winzerhäuser belegen, daß wir es mit einer handwerksmäßig gearteten und einst auch zünftig organisierten Tätigkeit zu tun haben. In diesen gewerbetypischen Handwerkszeichen - zumeist ist es eine Traube oder ein Sesel, ein gekrümmtes Messer, ein mit Sägezähnen versehenes, gerades Messer, eine Wingertspflugschar oder gar ein Mosterkolben - spiegelt sich das Selbstverständnis der Winzer wider, die sich einst als Handwerker empfanden.(3)

Erstmals wird in diesem Buch auch die innere »Verfassung« eines Winzerdorfes exemplarisch wie unter einem Brennglas betrachtet und seine soziale Struktur dargelegt.

In historischer Zeit sind viele verschiedene Tätigkeiten und Gewerbe mit dem Werdegang des Weines von der Einlagerung im Faß bis zu seinem Verkauf verbunden:

- der **Küfer** mit der Herstellung des Holzfasses, der Weinbereitung und den Kellerarbeiten,
- die **Faßeicher** mit dem Eichen der verschiedenen Küfergeräte,
- die **Weinschröter** und **Weinlader** mit dem Faßtransport aus und in den Keller,
- die **Weinknechte**, **Weinrufer** oder **Weinschreier** mit dem Weinverkauf und schließlich
- die **Fuhrleute**, **Spenner** und **Multer** mit dem Weintransport zu Lande.

Vielfach überschneiden sich je nach Zeit und Ort der Betrachtung die Arbeiten und Kompetenzen der einzelnen Gewerbe und können nicht immer eindeutig voneinander geschieden werden. Zum ersten Mal werden diese historischen Tätigkeiten und Gewerbe auf die Pfalz bezogen in einzelnen Kapiteln dargestellt.

Die Geschichte des Küferhandwerkes in unserem Lande zeigt sich als die handwerkliche Entsprechung zur Geschichte des Weinbaus in der Pfalz. Sie fehlte bisher im bunten Reigen der hundertfachen pfälzischen Weinliteratur.

Wie kein anderer Gegenstand des Handwerks überhaupt, hat das Weinfaß der Landschaft entlang der Haardt ihr typisches Gepräge gegeben.

Das Faß als Lager- und Transportmittel hat sowohl die Architektur der pfälzischen Winzerhäuser, als auch das typische Aussehen der als Rundbogen gestalteten Haus- und Kellereingänge geformt. Diese Rundbögen sind geradezu ein Erkennungsmerkmal für die Winzerdörfer an der Weinstraße geworden. Ihre Entstehung verdanken sie keineswegs künstlerischen Ideen, sondern sie erweisen sich als zweckmäßig beim Transport der runden oder ovalen Fässer von draußen in Hof und Keller und umgekehrt.

Der Band **Haardt - Küferhandwerk Weinbau, Weintransport und Weinverkauf** in der Reihe **Altes Handwerk und Gewerbe in der Pfalz** stellt eine Gemeinschaftsarbeit dar. Für seine mühevolle Quellenforschung beim Erarbeiten des Kapitels ´»Die Weinleutezunft und Weingärtnerbruderschaft in Speyer« sowie für seine willkommenen hilfreichen Hinweise danke ich meinem Freund EGINHARD SCHARF (**Speyer**) sehr herzlich.

Meinem ehemaligen Kollegen aus Universitätszeiten, Dr. MANFRED HALFER, (**Freimersheim** - Rhh.) schulde ich Dank für die fachmännische Mitarbeit an diesem Buch. Nicht zuletzt unsere gemeinsamen Erfahrungen im Zusammenhang mit dem Projekt zur Erforschung der deutschen Winzerfachsprache (»WAKWT«) am Institut für Geschichtliche Landeskunde der Johannes-Gutenberg Universität **Mainz** kamen uns dabei nicht unwesentlich vonstatten. So fahren wir heute als sichtbares Zeichen einer herzlichen Verbundenheit diese späte Lese ein. Möge sie allen Lesern nützen!

Dr. Manfred Halfer / Helmut Seebach   Im Sommer 1991

17

Die Erfindung hölzerner, durch Bänder oder Reifen zusammengehaltener Gefäße zur Aufbewahrung und Lagerung von Wein wurde mit großer Wahrscheinlichkeit nicht in den Ländern Südeuropas oder Asiens, sondern in den europäischen Ländern nördlich der Alpen gemacht. (1)

Allem Anschein nach ist das Faß an den Südhängen der Alpen im gallisch-illyrischen Gebiet aufgekommen und später, vermutlich um die Zeitenwende, von den Römern übernommen worden. (2)

Dafür spricht als Grund einmal, daß südlicher Wein früher nicht längere Zeit gelagert werden konnte, ohne Geschmacksveränderungen und Qualitätsverluste zu erleiden. Deshalb benötigte man auch keine Behälter, in denen sich der Wein länger halten konnte. Zur Aufbewahrung genügten aus Ton gebrannte Gefäße oder aus Leder gefertigte Schläuche.

Als zweiter Grund kann angeführt werden, daß gebundene Holzgefäße an kühlen Orten gelagert werden müssen, wobei Keller die vorteilhafteste Lagerstätte darstellen. Diese sind jedoch in Italien, Griechenland oder Kleinasien nicht tief und deshalb kühl genug, sie kamen also zur Aufbewahrung hölzerner Gefäße nicht in Frage.

In den Ländern nördlich der Alpen hingegen erforderte es die Natur der dort bereiteten Weine, daß man sie längere Zeit lagern mußte, um ihre Verträglichkeit und Qualität zu verbessern. Daher benötigte man hier Gefäße, in welchen der Wein lange gegen Einwirkungen von Hitze und Kälte geschützt ruhen konnte. (3)

1. Archäologische Funde aus der Römerzeit

Römische Abbildungen von Holzfässern zeigen diese zumeist auf dem Transport. Wie auch die **Neumagener** Steine bezeugen, wurden Weinfässer im 3., 4. und 5. Jahrhundert die Mosel abwärts befördert, wie im ganzen Mittelalter, ja wie noch im 19. und 20. Jahrhundert auf dem Rhein. (4)

Fest steht, daß zur Römerzeit unser Küfer schon da ist und Fässer und Bütten bindet mit Holzreifen unter Anwendung der gleichen Werkzeuge und auf dieselbe Art und Weise wie noch bis in unsere jüngste Vergangenheit.

Gegenüber den schlecht haltbaren Tierschläuchen und den zerbrechlichen tönernen Amphoren der Römer weist das leicht zu transportierende und dauerhafte Holzfaß der Gallier und Germanen entscheidende Vorteile auf. Holzfässer sind nach Angaben der römischen Schriftsteller STRABO (für *Gallia cisalpina*

18

V 1, 12) und PLINIUS als *ligneis vasis* (nat. hist. XIV 132) frühzeitig in Gebrauch und geläufig. (5)
Im Gegensatz zum Weinbau ist also die Küferei nicht römischen Ursprungs. Die Kunst der Faßherstellung durch das Zusammenfügen einzelner Holzteile wurde vielmehr durch die Römer übernommen und das Faß

*1./2. Zwei römische Holzfässer aus dem Kastell **Rheingönnheim**, rechtes Faß mit Spund.*

mit der Bezeichnung *cupa*, d.h. »Kufe«, bedacht. Die Berufsbezeichnung »Küfer« leitet sich aus dem römischen *cuparius* ab. (6)
Die römischen Faßmacher hatten auch einen eigenen Schutzgott: SUCELLUS. Sein breiter Schlegel oder Küferhammer weist ihn als solchen aus. Er wurde weithin im gallischen Lande verehrt. Nach allgemeiner Auffassung besagt sein Name »der gut zuschlägt«. (7)
Von besonderer Bedeutung unter den archäologischen Funden ist der 1945 von Bürgermeister ALFONS DETZEL bei **Lingenfeld** entdeckte und einst um das Jahr 350 n. Chr. vergrabene Hausrat eines römischen Küfers und Winzers. Damals wie heute waren offenbar schon Kleinbetriebe von Winzern und Küfern vereinigt gewesen. An Küfergeräten ergab der Fund einen Faßzirkel, ein Schnitzmesser und ein Dechsel, das ist ein Beil mit querstehender Schneide. Bemerkenswert ist, daß diese Werkzeuge von den heute gebräuchlichen nicht zu unterscheiden sind. (8)
Bei der Abtragung der vor dem Kastell **Rheingönnheim** bereits im Jahre 74 n. Chr. aufgegebenen Siedlung hat Dr. FRIEDRICH SPRATER im Jahre 1910 fünf Ziehbrunnen gefunden, für deren Verschalung man alte Holzfässer verwendet hatte. Die Faßdauben tragen deutliche Namensinschriften der Küfer, in deren Werkstatt die Fässer hergestellt wurden. Da sich an jedem Faß verschiedene Namen fanden, ist anzunehmen, daß die Fässer für den Weintransport unbrauchbar waren und aus verschiedenen, bereits geflickten Fässern zusammengestellt nur noch als Brunnenverschalung Verwendung fanden.
Die Köpfe der Faßdauben waren nicht mehr erhalten, die Gargel jedoch noch deutlich zu erkennen. Auf einzelnen Dauben konnte man noch die Zahl der Faßreifen feststellen. Mit Einschluß der Kopfreifen waren es zwölf. Auf zwei

stärkeren Reifen, die 5 Zentimeter breit waren gegenüber den 2 Zentimeter breiten übrigen Reifen, wurden wohl die Fässer einst gerollt. Das am besten erhaltene Faß hatte ursprünglich eine Höhe von 2,10 Meter und einen größten Durchmesser von 1,10 Meter.

Mehrere Dauben von zwei Fässern trugen auf der Innenseite Stempel der Faßfabrikanten. Sie beweisen, daß das Küfergewerbe schon als Massenfertigung betrieben wurde. Bei dem einen Faß kommt siebenmal der Namen PERPETVI, zweimal PIGILLI, zweimal COBNERTI, einmal VENVSTI und einmal R.S. vor. Auf dem anderen Faß fanden sich nur die abgekürzten Namen L.E.S., TIV., SVC. und DO.SVC.

Mit diesen Fässern kamen als besondere Seltenheit auch noch Teile von Holzspunden und Reste der Holzreifen ans Tageslicht. Die aus Weißtanne hergestellten **Rheingönnheimer** Fässer sind gut datierbar, sie fallen in die Zeit zwischen 43 und 74 n. Chr. (9)

*3. Faßdaube mit Stempel des Faßfabrikanten COBNERTUS aus dem Kastell **Rheingönnheim**.*

*4. Faßzirkel, Schnitzmesser und Dechsel aus dem Hausrat eines römischen Küfers und Winzers, gefunden bei **Lingenfeld**.*

2. Die Übernahme der Weinkultur durch die Franken

Erste Hinweise auf hölzerne Gefäße zur Weinlagerung finden sich im 8. Jahrhundert in der Verordnung *capitulare de villis*, die KARL der GROSSE den Verwaltern seiner Ökonomien und Meiereien gab. Innerhalb der ausführlichen Vorschriften bezüglich der Einrichtung des Hauswesens und der Ablieferung der Produkte werden dort auch Fässer zur Weinaufbewahrung erwähnt.

In Artikel 8 der Verordnung wird den kaiserlichen Beamten zur Pflicht gemacht, »den Wein in gute Gefäße *(vascula)* zu füllen und genau nachzusehen, daß er auf keine Art Schaden leide.« (10)

In Artikel 68 des capitulare heißt es, daß die Beamten »stets gute, mit Eisen gebundene Fässer *(barridos)* fertig liegen haben sollten, die sie an die kaiserliche Pfalz schicken könnten, während ihnen untersagt wird, Butten aus Leder machen zu lassen.« (11)

Daraus läßt sich schließen, daß bis zum 8. Jahrhundert Schläuche oder Butten aus Leder zur Weinaufbewahrung verwendet wurden, die dann unter der Regierung KARLS des GROSSEN von hölzernen, mit (Eisen-)Reifen gebundenen Fässern abgelöst wurden, wobei sich Holz als Material wegen des Waldreichtums und wegen seiner Haltbarkeit anbot. Daß solche Fässer damals noch zu den Seltenheiten gehörten, geht schon daraus hervor, daß der Kaiser ihnen in seiner Wirtschaftverordnung einen besonderen Abschnitt widmete. (12)

Auch über die Hersteller der Fässer lassen sich Informationen aus dem *capitulare* entnehmen. Unter KARL dem GROSSEN war es üblich, daß jeder Grundbesitzer zugleich die Stellung des Handwerksobermeisters innehatte, d.h. er beaufsichtigte die leibeigenen Knechte, die je nach ihren Fähigkeiten alle anfallenden handwerklichen Tätigkeiten ausübten. Man kann also von einer Art Arbeitsteilung auf den Gütern sprechen.

In Artikel 45 des capitulare de villis heißt es, daß jeder Verwalter einer Meierei gute Künstler *(bonos artifices)* halten solle, unter denen auch sogenannte *tornatores* genannt werden. Dies müßten eigentlich Dreher oder Drechsler, könnten aber auch Büttner oder Küfer gewesen sein, da es noch keine Drehbänke gab. (13)

»Die römische Weinkultur ging bei uns kaum zugrunde, sondern wurde von den Franken übernommen und von den Klöstern weitergeführt. Mit ihnen erhielt sich die Faßbehandlung in unserem Lande ... Im Kloster gab es daher auch so gut wie auf den merowingischen Königshöfen eigene Handwerker.« (14)

5. Von den Römern haben die Franken die Weinkultur übernommen.

3. Klöster als Träger des Weinbaus und der Küferei

Der Wein war ein wichtiger Grund, warum sich die Benediktiner im 7. und 8. Jahrhundert und die Zisterzienser im 12. und 13. Jahrhundert in der Pfalz festsetzten.

Die großen Klosterwirtschaften wie **Hornbach, Disibodenberg, Remigiusberg, Weißenburg, Klingenmünster** und **Limburg** hatten ihren Bruder Küfer ebenso wie den Bruder Kellermeister. (15)

Große Kelleranlagen besaßen die bedeutenden Klosterhöfe der Zisterzienser von **Otterberg** und **Werschweiler**, deren Weinvorräte aus der Vorderpfalz nach **Kaiserslautern** wanderten. Nicht umsonst heißen die alten Hochstraßen von den Weinorten in den Westrich »Weinstraßen« oder Weinfährten.

Auch die Fässer für ihre Weinkellereien ließen die Klöster des Westrichs dort bauen, wo ihr Zehntwein wuchs. In **Bockenheim** und **Kallstadt** hatten die Grauen Brüder von **Otterberg** Küfereien, ebenso wie **Wadgassen** in **Bockenheim** und das Kloster der Prämonstratenser in **Herxheim** a.B. und in **Kallstadt**. (16) Mit so ausgedehnter Weinkultur der Klöster ist auch der Küfer verbunden, der zwar als Leibeigener in Unfreiheit im Verband des Klosterhofes lebt, gleichzeitig aber auch als Handwerker für seine Dorfgenossen arbeiten kann.

22

Überall wo große herrschaftliche Weinlager waren, arbeitete der Küfer, ohne den der Wein niemals ins Faß kam. So fehlte er weder auf den geistlichen noch auf den weltlichen Fronhöfen jener Zeit.

De spirituali vinea siue
religionis profectu:necnon de perfectiore nouitiorum institutione Tractatuli duo.

6. Die kirchliche Bedeutung der Eucharistie machte die mittelalterlichen Klöster zu Trägern des Weinbaus und der Küferei.

23

4. Die herrschaftlichen Hof- und Schloßküfer

Auf vielen bedeutenden Burgen der Pfalz gab es den Schloßküfer, wie auf **Madenburg, Kestenburg, Winzingen, Wachenheim, Hardenburg, Alt-** und **Neuleiningen.** (17)
Denn das Bestreben der herrschaftlichen Kellereien war es, größere Weinvorräte anzusammeln und diese längere Zeit zu lagern.
Die herrschaftlichen Küfer bekamen ein Fixum als Jahresgehalt nur für ihre Kellerarbeiten. Im Gegensatz dazu wurden die Holzarbeiten jeweils besonders vergütet.
Der **Dirmsteiner** »Schloßkiefer« JOSEF PLANTZ wurde als Hofbeamter des Bischofs von **Worms** nach den Erträgen des jeweiligen Jahrgangs besoldet. 1785 erhielt er z.B. 101 fl. (= Gulden), 1786 nur 40 fl., 1789 wieder 66 fl. Vielfach waren diese Hofküfer auch als »Weinkommissäre« tätig. Zum Kauf und vor allem zum Verkauf unternahmen sie oft weite Reisen und regelten den Weintransport. (18) Ein Inventar des **Dirmsteiner** Amtskellers aus dem Jahre 1742 über den Keller des **Wormser** Bischofs in **Neuleiningen** vermittelt einen Eindruck über die gebräuchlichen Fässer und Faßgrößen, mit denen ein herrschaftlicher Küfer umzugehen hatte:
1 neunöhmig, 3 sechsöhmig, 2 vieröhmig, 1 dreiöhmig, 1 zweiöhmig, 1 halböhmig, 2 Fuder große Fässer. (19)
Zugang und Abgang der Weine in den herrschaftlichen Kellereien werden gewissenhaft durch die Hofbeamten registriert. Auch verzeichnen sie häufig die Schäden in den Weinbergen und warum es »fast nichts geben«, aber nirgends findet sich ein Vermerk, daß ein Wein im Keller zugrunde ging. Dies ist das beste Zeugnis für die Tüchtigkeit und den Sachverstand der Küfer, die ihr Handwerk verstanden, nämlich das Konservieren und Veredeln des Nahrungsmittels Wein. (20)
Aus den Handwerkern der Herrenhöfe geht der Küfer unserer Dörfer hervor, der Leibeigene, der im Herrendienst steht, aber auch für die kleine Dorfgemeinde arbeitet, ebenso wie die Schneider, Schuhmacher, Bäcker u.a. Diese Dorfküfer stehen im Hofrecht wie alle anderen Handwerker und Bauern; sie sind im Grunde genommen nur Bauern, die ein Handwerk ausüben. Erst vom 15. Jahrhundert an erfolgte zusehends der Zusammenschluß der Küfer zu Amts- oder Landeszünften. (21)
Weiterhin ergibt sich in der geschichtlichen Entwicklung des Handwerks eine Differenzierung, die aus den unterschiedlichen wirtschaftlichen Ansprüchen erwächst. Die Küfer, die sich auf große Arbeiten verlegt haben, sind »Großbinder«. Ihnen stehen die »Kleinbinder« gegenüber, die kleinere Holzgefäße wie

Eimer, Butterfässer oder Kannen herstellen. Der »Schwarzbinder«, ebenfalls ein Großbinder, verwendet nur harte Hölzer wie Eiche, der »Rotbinder« zieht dagegen die Rotbuche als Material vor. Der »Weißbinder«, ein Kleinbinder, begnügt sich mit Tannen- und Fichtenholz, aus dem er kleine, leichte Gefäße fertigt. (22)

Schon seit eh und je mußte der Küfer einerseits Fässer herstellen und reparieren, sich aber andererseits auch um die Weinbereitung und -pflege kümmern. Durch all die Jahrhunderte hat sich an der doppelten Aufgabenstellung des Küferhandwerks bis in unsere Zeit nichts geändert. Erst 1934 hat man in der Ausbildungsordnung diesem differenzierten Berufsbild Rechnung getragen und es in zwei eigenständige Berufe aufgeteilt. Seither zählt der Weinküfer zum Nahrungsmittelgewerbe, während der Faßküfer heute zu einem Handwerk gehört, das jahrzehntelang stark rückläufig war. Vom Aussterben bedroht aufgrund der jahrzehntelang bevorzugten Plastik-, Metall- und Keramikfässer, erwies es sich erst in allerletzter Zeit aufgrund des gewandelten Geschmacks der Weinkonsumenten als überlebensfähig. (23)

7. Die herrschaftlichen Hof- und Schloßküfer erledigten im Keller die Weinbereitung und in der Werkstatt die Faßherstellung gleichermaßen.

5. Von den Küferzünften

Das Küfergewerbe hat sich bei uns frühzeitig entwickelt, mehr auf dem flachen Land als in den Städten, mehr im Waldland, wo die Eiche in Menge wuchs, als in der Ebene, obwohl gerade die fruchtbare Rheinebene das älteste Weinbaugebiet der Pfalz darstellt. (24)

Die Anfänge der Küferzünfte liegen in den Städten. Alte Urkunden von 1330 aus **Speyer** nennen den Bender.

In **Kaiserslautern** besteht seit dem 14. Jahrhundert eine Benderzunft. Zu ihr zählen auch Faßbinder und Wannenbinder oder Wannenmacher.

In **Neustadt, Kaiserslautern, Kirchheimbolanden** und **Dürkheim** bilden die Bierbrauer mit den Küfern eine gemeinsame Zunft.

Landau, obwohl ein bedeutender Platz für den Oberländer Wein und für den Holzhandel aus dem Gebirge, hatte zunächst keine eigene Küferzunft, sondern hier gehörten sie zunächst zur Holzzunft, zusammen mit den Schreinern, Zimmerleuten und Wagnern. (25)

Erst nachdem Mitte des 16. Jahrhunderts eine Scheidung zwischen Buttenbendern (Küblern) und Faßbendern (Küfern) vorgenommen wurde, bildete sich in **Landau** eine besondere Benderzunft, die vom Rat eine Zunftordnung nach dem Muster der **Weißenburger** »Bender-Ordnung« erhält.

Die Küfer des Johanniter Ordenslandes **Heimbach (Niederhochstadt, Ober-** und **Niederlustadt)**, die ursprünglich der **Germersheimer** Zunft angehörten, trennten sich 1780 von diesen und bildeten eine eigene Zunft.

Ein Zusammenschluß der Küfer erfolgte demnach erst im 15., 16., 17. und gar 18. Jahrhundert zu Landeszünften oder Amtszünften, deren Ordnung der Landesherr verfügte. In **Speyer, Landau, Kaiserslautern** gibt die Stadt das Amt (Zunft), in den Städten **Wachenheim, Deidesheim,** in **Grünstadt, Kirchheimbolanden** die Landesherrschaft. Die Küfer wie u.a. die von **Deidesheim** sind sogar bis zum Jahre 1789 Leibeigene, wie die Winzer und Bauern.

Während sonst z.B. in der hochstiftisch speyerischen Herrschaft **Madenburg** nach der Zunftordnung von 1785 nur ein Vorgesetzter der Küferzunft vom Bischof ernannt wurde, die damals ihren Sitz in **Arzheim** hatte, hatte die **Landauer** Zunft deren zwei, damit nicht bloß ein Protestant allein bestimme und regiere, denn in der Bourbonenzeit war die Stadt konfessionell halbiert. (26)

Die zweite im **Landauer** Zunftbuch eingetragene Küferzunftordnung vom Jahre 1728 bringt in 25 Artikeln das Wichtigste über Lehrlinge, Gesellen und Meister.

Eingehender ist die Zunftordnung der **Guttenberger** Gemeinschaft. Am Anfang des 18. Jahrhunderts verfaßt, enthält diese Zunftordnung nicht weniger als 53

Bestimmungen nebst der Taxordnung.

Für das fürstbischöfliche Amt **Madenburg** mit den Dörfern **Eschbach, Ransch-bach, Arzheim, Waldhambach** und **Waldrohrbach** erließ Fürstbischof AU-GUST im Jahre 1785 eine eigene Zunftordnung des Küferhandwerks. Es wurde auch eine amtliche Übersetzung ins Französische vorgenommen, weil **Ransch-bach** und **Arzheim** an das französische Gebiet angrenzten, das die Festung **Landau** umgab. Die Zunftordnung ist in 18 Abschnitte mit zusammen 133 Artikeln eingeteilt. Der erste Teil des Textes trägt die Überschrift: »Von den Meistern und deren nötigen Eigenschaften«. Artikel 1 lautet: »Die Erhaltung verschiedener, in der Bürgerlichen Haushaltung unentbehrlicher Dinge, hauptsächlich aber die Verwahrung und Reinhaltung der auf die Gesundheit des Publikums so vielfältig wirkenden Getränke erfordert geprüfte Handwerksleute, redliche Männer, auf welche sich der in solchen Dingen größtenteils unbewanderte Privatmann mit Zuversicht verlassen kann. Wir verordnen daher, daß niemand im Bezirk unseres Amtes Magdenburg berechtigt sein soll, das Küferhandwerk im ganzen oder auch nur in einigen dahin einschlagenden Punkten auszuüben, er sei denn zuvor bei der Zunft als gehörig angenommen.« (27) Auch Artikel 8 der »Landkieferzunft« des leiningischen Amtes **Hardenburg** von 1760 besagt, daß nur zünftige Arbeit, d.h. von einem Mitglied der Zunft ausgeführte Arbeit, innerhalb der Grafschaft statthaft sei. (28)

6. Die fürstbischöfliche Zunftordnung des Oberamtes Kirrweiler

Die Küfer in den Ortschaften des Oberamtes **Kirrweiler** waren im 18. Jahrhundert zu einer Zunft vereinigt. Der Fürstbischof hatte ihnen als Landesherr eine Zunftordnung gegeben, welche das Verhältnis der Küfer unter sich, das Halten der Küferburschen und die Ausbildung der Lehrjungen regelte. Sie vermittelt einen beispielhaften Eindruck vom allgemeinen Zunftwesen des 18. Jahrhunderts in seinen umfassenden sozialen und wirtschaftlichen Bedingungen. Alljährlich zweimal, an Johanni und Weihnachten, wurden die in der Zunft vereinigten Meister geboten (d.h. zur Zunftversammlung aufgefordert), worauf sie sich im August und Januar in einem Gasthaus in **Kirrweiler** versammelten. Zunächst wurden für mehrere Jahre drei, vom Jahre 1745 an noch zwei Zunftmeister gewählt und durch Handschlag an Eidestatt verpflichtet. Dann wurden neue Mitglieder aufgenommen, neue Gesellen eingeschrieben, Lehrlinge los und ledig gesprochen, Gesellen zu Meistern ernannt und Streitigkeiten zwischen den Küfern und Gesellen geregelt.
Wer in die Zunft aufgenommen werden wollte, mußte Meister sein. War es ein

Fremder, so mußte er seine Meisterschaft durch ein Attest bestätigen, dazu noch 1/2 Ohm Wein und 30 Kreuzer als Einstand zahlen.

Bei den Versammlungen wurden auch die Lehrverträge gemacht und dabei die sogenannten Aufdingkosten (d.h. das Lehrgeld) entrichtet. Die Lehrzeit dauerte 2 bis 4 Jahre. Nach ihrer Vollendung wurde der Lehrling los und ledig gesprochen, wobei wieder etwa 2 fl. Lossprechungskosten zu zahlen waren. Danach mußte der Geselle auf Wanderschaft gehen.

Wer dies nicht tat, durfte sein Handwerk nicht ausüben; tat er es doch, so wurde ihm sein Werkzeug genommen. Nur die bestimmte Zahl der Jahre befähigte den zurückgekehrten Gesellen, Meister zu werden. Er meldete diese Absicht beim Jahrestag der Zunft an, worauf ihm ein Termin gesetzt wurde, an dem er sein Meisterstück zur Prüfung vorzeigen mußte. Dies geschah gewöhnlich am folgenden Jahrestag.

Nachdem die Zunftmeister das Meisterstück geprüft hatten, zahlte der Geselle sein Meistergeld in Höhe von 5 fl. Davon erhielt die eine Hälfte der Landesfürst, die andere die Zunft. Meistersöhne wurden bevorzugt und brauchten der Zunft bloß 2 1/2 fl. zu zahlen. Außerdem mußten für begangene Fehler am Meisterstück gewöhnlich 1 1/2 fl., später 30 Kreuzer Einschreibgeld und für jeden Beisitzer (1 bis 7 mal) 1 fl. 4 Kreuzer für 1 Viertel Wein entrichtet werden.

Küfergesellen kamen mit Stock und Bandmesser zur Arbeit. Für sie war ein Beisitzmeister von den Zunftmeistern bestellt. Das gegenseitige Verhältnis der Küfer war durch eine Ordnung mit mehreren Artikeln geregelt.

Die wichtigsten sind:

- Beleidigungen von Mitgliedern;
- Fluchen und Streitigkeiten wurden durch Geldstrafen und Stiftungen von Wachs und von Wein für die Kirche bestraft;
- Vergleiche wurden durch Händedruck besiegelt.

Kein Küfer durfte im Nachbardorf arbeiten, wenn dort Küfer waren.

Kein Küfer durfte von einem neuen Kunden Arbeit annehmen, wenn der vorherige Küfer nicht ausbezahlt und ihm gekündigt worden war, bei Strafe von 2 fl.

Kein Küfer durfte um die Hefe arbeiten (29) bei Strafe von 2 fl.

Kein Küfer durfte seinen Kunden Weinholz um den Lohn brennen. (30)

Küfergesellen, die sich verdingt hatten, aber nicht in Arbeit traten, durften bei 5 fl. Strafe von keinem andern Meister in Arbeit genommen werden.

Falls die Strafgelder, die Meister- und Lehrlingsgelder zur Verwaltung der Zunft nicht ausreichten, wurde bei den Mitgliedern eine Umlage erhoben.Durch Erlaß der französischen Regierung vom 26. Mai 1798 wurde die Zunft schließlich aufgehoben. (31)

7. Küferzunftzeichen und Sozialprestige

Von allen alten Handwerkszeichen in der Pfalz ist keines häufiger zu sehen als das der Küfer. Im Westrich ist es selten, öfters erscheint es schon um **Alsenz**, an Glan und Nahe herum, auch im Donnersberger Lande, aber entlang der Haardt von **Schweigen** bis **Bockenheim** gibt es in den vielen schönen Schlußsteinen der Portale und selbst an den Fensterstürzen kein häufigeres Zeichen.

9. Eßbesteck eines Küfers aus dem 18. Jahrhundert, Herkunft unbekannt.

10. Küferbeil aus dem Jahre 1688 mit kunstvoller Verzierung.

Daneben finden wir auf den Torschlußsteinen auch die Anfangsbuchstaben des Erbauers und seiner Ehefrau, sowie die Jahreszahl des Hausbaues. Seit dem 16. Jahrhundert sehen wir neben den Winzerzeichen wie Sesel und Traube auch in allen Dörfern entlang der Deutschen Weinstraße die Küferzeichen, wie den Schlegel mit zwei gekreuzten Reithaken, z.t. auch mit Faß. In der Ebene selbst, wo der Weinbau zwar wesentlich älter, aber längst zurückgegangen ist, ist auch das Zunftzeichen der Küfer seltener anzutreffen. (32)

Die Zunftzeichen der Küfer finden wir ebenfalls auf zahlreichen Gegenständen, so auf einer Gürtelschließe und einem Küferbesteck, wie es die Küfer auf der Wanderschaft trugen, aber auch auf ihren Werkzeugen ebenso wie auf Gegen-

ständen des alltäglichen Lebens, sei es ein Spazierstock oder ein reich geschnitzter Stuhl. (33)

Die Wertschätzung der Küferkwerkzeuge, die sich in den Verzierungen zeigt, findet ihre Parallele im Sozialprestige des Handwerks. In AUGUST BEKKERS Roman »Nonnensusel« wird um die Mitte des 19. Jahrhunderts der Küferei mehrfach eine hohe

*8. Gürtelschnalle eines Küfers mit Zunftzeichen, vom **Münchhof** bei **Hochspeyer**.*

Wertschätzung zugesprochen. Das »schöne und angesehene Handwerk« zählt zu den »vornehmsten Beschäftigungen«, neben denen des Metzgers und des Müllers. (34)

Auch hinsichtlich der Anzahl unter den Gewerbetreibenden der Weindörfer nimmt die Küferei den ersten Rang ein.

»Wenn in **Wachenheim** im Jahre 1774 unter 38 Handwerkern 21 Küfer waren, in **Deidesheim** unter 86 auch 21, im Amt **Deidesheim** unter 177 sogar 55 Küfer, so erkennen wir aus diesen Zahlen die Bedeutung des bodenständigen Handwerks in unserem Weinlande.« (35)

Während es um 1800 in **Maikammer-Alsterweiler** lediglich 5 Küfer gab, stellt das Handwerk 40 Jahre später mit 20 Küfern die stärkste Berufsgruppe. (36)

Das Urkataster von **Rhodt** aus dem Jahre 1848 verzeichnet mit 29 Küfern mit Abstand die meisten unter allen Handwerkern. (37)

8. Die Arbeit in Werkstatt und Weinkeller

Die Pfalz hatte um 1930 unter 23 615 Betrieben 449 Küfereien zu verzeichnen. (38) Heute gibt es nur noch eine handvoll tätige Küfer. Die älteren untern ihnen machen lediglich noch kleine Zierfäßchen, gelegentlich auch anfallende Faßreparaturen. Stahl-, Plastik und Keramikfässer haben fast überall das alte Holzfaß abgelöst und den Holzfaßküfer entbehrlich gemacht.

Das Berufsbild des Küfers mit den Arbeitsbereichen Keller und Werkstatt ist vielfältig.

Der Bütner

11.»Ich bin ein Bütner / und mach stoltz /
Auß Föhren / Tennen / Eichen Holz
Badwan / Schmaltzkübl / scheffel un gelten /
Die Bütten und Weinfässer / welten /
Bier Fässer machn / bichen und binden /
Waschzubr thut man bey mir finden /
Auch mach ich Lägl / Fässer und Stübch /
Gen Franckfurt / Leiptzig und Lübig.«

a. Holzarbeiten

Der Küfer haut das rohe Holz zu Dauben für die Fässer und Bütten, arbeitet den Boden heraus mit Zirkel, Beil und Messer; er hobelt, sägt und brennt, schnitzte wohl einst auch den Faßriegel nach Vorbildern aus dem Volksleben und der Volkssage oder dem Schatz der überlieferten Formen und bindet schließlich. (39)

Dafür holt er im Wald die Reifstangen zum Binden, die er schneidet und zurichtet. Es gehört schon eine gediegene Handwerkserfahrung dazu, aus

Haselgerten und Hainbuchenstangen mit dem Messer Reifen zu spalten und sie durch geschicktes Binden um das Faß zu legen. Nach historischen Quellen wurden dafür auch eichene Reifstangen, vor allem aber das zähe und doch biegsame Birkenholz verwendet. Das Reifenmachen war eine vorübergehende Tätigkeit im Wald, wie auch aus alten Urkunden hervorgeht.

Hofküfer SCHÜTTHELM von der Emichsburg zu **Kleinbockenheim** berechnet 1778 für im **Dannenfelser** Wald gehauene eichene Reifstangen an Taglohn 1 fl. 30 kr.

Die Landsberger Kellereirechnung von 1488 vermeldet: »Uß gabe bendern: Item ix (= 9) torn dem selben vj (= 6) tag reuffe macht und zober gebunden.« 1563 heißt es an selber Stelle:

»2 gulden, 6 albus, 4 Schilling Pfennige ADAM BENDER. selb vierdt, so 26 manntagwerck. Hat Reiffstangen uf den welden gehawen, die Reiff geschnitten und gemacht, Jeden tag 2 albus, 2 Schilling Pfennige.« (40)

Allerdings sind Aufzeichnungen über die Preise für die Holzarbeiten der Küfer dürftig:

1757 zahlte die gräfliche Rentei **Grünstadt** für einen Schöpfkübel 47 kr., 1784 für einen ebensolchen 12 kr. 1773 berechnet der herrschaftliche Küfer W. ZURNIEDEN zu **Obersülzen** für vier neue Reif an den Abladzuber anzulegen 48 kr.

Der herrschaftliche Küfer STÜTZEL zu **Freinsheim** quittiert am 6. Oktober 1773 für »die kurfürstl. geistliche Administration in dahiesige Schaffnerei gearbeitet« für einen neuen halbböhmigen Eichzuber 1 fl. 30 xr., für einen neuen Eichzuber von 5 Viertel Inhalt 45 xr., am 26. 10. 1775 für zwei aus einem alten, zu Wein nicht mehr brauchbaren Faß gemachte Feldbütten von je 3 Ohm 4 fl., an die zwei Bütten 15 neue Reif gelegt 5 fl. 30 xr.

Im Jahre 1707 wurde in **Mußbach** ein neues Stückfaß mit 7 1/2 fl. (= 13,50 Mark), ein neues Ohmfaß mit 40 xr. (= 1,20 Mark) eine neue Logel mit 20 xr. (= 60 Pfennige) taxiert.

Ein Inventar aus dem Jahre 1773 liefert uns einen guten Überblick über die Sachkultur eines bürgerlichen Haushaltes und gibt zugleich auch einen Eindruck von den vielfältigen, vom Küfer geschaffenen Holzgefäße. An Weinbau- und Kellergeräten hat der **Kleinkarlbacher** Neumüller JOHANN ADAM BOGEN hinterlassen:

- eine Kelter mit Eisenschraube 15 fl.,
- eine solche mit Holzschraube 26 fl.,
- ein Faß von 14 Ohm mit Eisen gebunden 17 fl.,
- ein Faß von 13 Ohm mit Eisen gebunden 14 fl.,
- je ein Faß von 7 und 6 Ohm in Holz,

- zwei Faß von 3 Ohm und ein Faß von 1 Ohm in Holz,
- ein Faß von 10 Vierteln wert 30 Kreuzer,
- ein Lottfaß 3 fl.,
- ein Feldzuber 1 fl. 20 xr.,
- ein Trinkfässel 12 xr.,
- ein Tragzuber 40 xr.,
- ein Zapfenzuber 30 xr.,
- ein alter Tragzuber 20 xr.,
- ein Faßtrichter 16 xr.,
- zwei Schöpfkübel je 8 xr. (41)

*12. Preisliste der Küfer aus **St. Martin** für die verschiedenen Keller- und Holzarbeiten aus dem Jahre 1905.*

Tarif
der
vereinigten Küfer von St. Martin.

■■■■■

a) Kellerarbeiten.

Weinfüllen per 1000 Liter	Mk.	
bei neuem Wein kommt volle Literzahl in Anrechnung		
Abladen per 1000 Liter		
Ablassen per 1000 Liter		
Lagerfaßputzen nicht unter 2 Mk. pro Stück		
Weinschönen und Filtrieren nach Stundenlohn	3.—	
Lagerfaß richten (einzeln)	3.—	
Kleines Faß füllen nach Stundenlohn	3.—	
Flaschen schwenken und füllen, per Flasche	.20	
Halbstück aufschlagen und putzen	4.50	
Viertelstück	3.—	
Kleines Faß nach Stundenlohn	3.—	

b) Holzarbeiten.

Lagerfaß verlegen pro 1000 Liter		
Lagerfaß flicken nach Stundenlohn nicht unter	4.—	
Reifanlegen nach Stundenlohn	3.—	
Halbstück flicken, eine Daube einsetzen, wenn Holz gestellt wird nicht unter		
Halbstück flicken ohne Holz, je nach Holzpreis		
Bodenstück in Halbstück einsetzen	5.—	
Neues Lagerfaß machen per 100 Liter, wenn alles gestellt wird o v a l bis 1200 Ltr. nicht unter	30.—	
Lagerfaß umschaffen per 100 Liter nicht unter	30.—	
Bütten umschaffen pro 100 Liter	20.—	
Faßtürchen einpassen ohne Holz	20.—	
Neue Bütte zu machen, wenn alles gestellt wird pro Hotte	8.—	
Feldzuber zu machen pro Hotte	6.—	

b. Kellerarbeiten

Neben der Herstellung von Holzgefäßen sowie den Flick- und Reparaturarbeiten an Fässern umfaßt das Küferhandwerk auch die für die Pflege des Weines notwendigen Kellerarbeiten. Der Küfer eicht die Fässer, füllt im Herbst den Most in dieselben, läßt ihn im Brachmonat wieder ab, schwefelt und verbindet wieder, läßt nochmals ab, füllt um und bereitet den Wein vor zum Verkauf und Versand, schließlich reinigt und spült er die Fässer. Zu seinem Aufgabenbereich gehören also der Faßweinbezug, das Abstechen, Schönen und Verbessern der Weine sowie die Faßpflege. In neuerer Zeit kommt noch das

33

Spülen und Abfüllen von Weinflaschen zu den Kellerarbeiten.
Einen guten Einblick in diese Arbeiten bieten Rechnungsbücher, wie z.B. die
Landsberger Kellereirechnungen von 1488:
»Dem bender von xxiij fuder wins zu laißen von yedem fuder j torn.«
Über den ersten und zweiten Abstich des Weines steht in derselben Kellereire-
chung von 1563:
»1 gulden, 11 albus ADAM BENDER (Familienname!) selbander so 12 mann-
tagwerck die Wein jm Brach monat hat abgeloßen, und verpunden, Jeden tag 2
albus, 2 Schilling Pfennige. 2 albus für schweuell spehn verprauchten...
1 gulden, 1 albus ADAM BENDER so selb 12 mannstagwerck die wein jm
Hornung von der Trüb gelassen, Jeden tag 2 alb., 3 Schilling Pfennige.« (42)
Bezüglich der Küfer ordnete das Amt und der Rat von **Neustadt** im Jahre 1410
an, daß sie einen jeden dahiesigen Bürger des Tags um 1 Schilling Pfennige
Lohns arbeiten lassen sollten, bei Strafe von 1 Pfund Heller. Von einem Fuder
Wein abzulassen soll ein Küfer 9 Pfennige erhalten. (43)
Aus der »Kieferey Emichsburg« zu **Bockenheim** erfahren wir 1759 mit welchen
Materialien im Keller gearbeitet wurde:
»Unschlitt, Schwefel, Muskatennuß und Ohlig« (für Licht). (44)
Die Muskatnuß war ein altes Mittel der Weinverbesserung. Dieser Methode
bediente man sich noch nach dem Zweiten Weltkrieg z.B. in **Gräfenhausen** bei
Annweiler, um durch das Abbrennen einer Muskatnuß im Faß dem Rotburgun-
der einen würzigen Geschmack zu geben. (45)
In der kurpfälzischen Schaffnei zu **Freinsheim** wurden 1765 für »den Kiefer-

13. Das mehrmalige Ablassen und Umfüllen gehört seit altersher zu den wichtigsten Kellerarbeiten
der Küfer. Die Luftpumpe, auch »Schrötertod« genannt, kannte und benutzte man nicht überall.

balg (= Pumpe) mit neuem Leder zu überziehen und zu reparieren« 5 fl. bezahlt, dem Drehermeister WILHELM STREIBI zu **Grünstadt** für Weinrohr und Hundköpfe 1 fl. 1781 wurden 40 Schuh Weinrohr angeschafft für 3 fl. 20 xr. (46) Der Küfer pumpte einst den Wein mit einem Blasebalg durch hölzerne, zusammensteckbare Weinrohre, die man »das Geleit« nannte. Danach benutzte man bis etwa 1840 Hanfschläuche, ähnlich den Feuerwehrschläuchen, die aber den Nachteil hatten, daß sie undicht waren.

9. Exkurs: Zuliefergewerbe der Küferei - Daubenhauer im Pfälzerwald

Bei der Faßherstellung in früherer Zeit scheint wie auch beim Wagen- bzw. Räderbau das arbeitsteilige Prinzip eine Rolle gespielt zu haben. Als zulieferndes Gewerbe der Küferei hatte die Fertigung von Faßreifen und Dauben zentrale Bedeutung gehabt. Was für den Wagner die Felgenhauer und Achsenmacher waren, das waren für die Faßküfer die Daubenhauer. Sie arbeiteten seit ältester Zeit wie jene im Wald. Daher kommt auch der Name »Dauenhauerkopf« bei **Kaiserslautern** sowie der Familienname »Dau(b)enhauer«.

Der Schloßküfer der Grafschaft Veldenz aus **Landsberg** bestellte nach der Kellereirechnung von 1615 bei den Daubenhauern HOFHANS zu **Dieffenthal** und CHRISTMANN CARL aus **Geiselberg** 600 Dauben um die Hälfte zu machen, 300 Stück 8 schuhig und 300 Stück 8 1/2 schuhig. Beide erhielten für 300 Dauben jeweils 30 fl. (47)

Auch im Wald um **Neustadt** arbeiteten einst viele Daubenhauer, die ihre Erzeugnisse auf den Wochenmarkt brachten. Später gab es sogar spezielle Daubholzfabriken im Pfälzerwald. Die von DANIEL THUNES in **Busenberg** beschäftigte 60 Arbeiter und lieferte 1865 für 60 000 fl. Daubhölzer. (48) Es hat auch eine rege Ausfuhr von Faßdaubenholz aus der waldreichen Pfalz gegeben. Der »Brettleplatz« in der **Neuburger** Gemarkung erinnert noch heute an die alte, in Vergessenheit geratene Arbeit der Daubenmacher. Bis zum Beginn des Ersten Weltkriegs stand dieses Gewerbe hier in besonderer Blüte, da man in der holländischen Fischindustrie (Fischfässer) gute Abnehmer fand. So wurden damals in **Neuburg** ganze Schiffsladungen am »Schiffeck« mit Faßdauben verladen und nach Holland verfrachtet. (49)

Nach Holland bestand in dieser Zeit auch ein reger Holzhandel mit ganzen Stämmen zum Schiffsbau. **Kaiserslautern** lieferte schon seit dem 14. Jahrhundert Wingertsbalken, -stiefel und Dauben an das Weingebirge. Auf das auf dem Speyerbach geflößte Holz, das zu Wingertsholz, Balken und Faßdauben tauglich war, wurde dabei ein besonderer Zoll erhoben. (50)

Doch trotz des Exports blieb jahrhundertelang die Versorgung der pfälzischen Küfereien mit ausreichendem Holz aus eigenen Beständen ein großes Problem. Vor allem über den Main wurde einst sogar Faßdaubenholz aus dem Spessart in die Pfalz importiert. (51)

10. Der Kampf ums Holz

Von großem Nutzen für die **Landauer** Weingärtner und Küfer war die seit 1291 bestehende Zugehörigkeit der Stadt zur Oberhaingeraide.
»Als Geraidegenossen ... konnten sie sich das Rohmaterial für Faßdauben und -reifen unentgeltlich beschaffen. Die Zehntmeister, das waren die Forstbeamten der Geraide, denen die Geraidegenossen ihren Holzbedarf anzumelden, zu 'heischen', hatten, teilten sodann nach den Grundsätzen der alljährlich auf den Geraidetagen verlesenen Geraideordnungen den Genossen das benötigte Holz zu. Schon aus der Frühzeit der Stadtgeschichte ist dieses Beholzungsrecht nachgewiesen: Nach einer Urkunde vom 20. 2. 1295 durfte jeder Geraidegenosse für den Faßbau Holz für 100 Dauben beanspruchen, welches innerhalb von 4 Wochen nach Zuteilung aus dem Gemeinschaftswald abgefahren sein mußte.« (52) Der ungeschmälerte Mitbesitz am Gemeinschaftswald, frei von jeder landesherrlichen und klösterlichen Bevormundung, bedeutete für die Bürger der Reichsstadt geradezu eine Lebensnotwendigkeit.
Daraus wird verständlich, daß die **Landauer** Geraidegenossen in den jahrhundertelangen Rechtsstreitigkeiten, in welche die Oberhaingeraide hauptsächlich mit den Mönchen des Klosters **Eußerthal** verstrickt war, zäh und hartnäckig ihre althergebrachten Gerechtigkeiten verteidigten und darauf bedacht waren, daß der Kreis der Mitberechtigten nicht erweitert wurde. (53)
Fachwerk und Faßbau nahmen dem Pfälzerwald schon früh den wertvollsten Schatz, das Eichenholz, weshalb das Hinterland mit seinen reicheren Eichenbeständen bereits seit dem 15. Jahrhundert zu einer verstärkten Nutzung herhalten mußte. **Kaiserslauterns** Wälder lieferten bis ins 18. Jahrhundert hinein viel Eichenholz, nicht nur den Rhein hinab und in die pfälzischen Dörfer und Städte zum heimischen Fachwerkbau, sondern verarbeitet als Bodenstücke, Sprießen und Dauben hinaus ins Weingebirge, aber ebenso oft auch als fertige Fässer. (54) Der vielhundertjährige Kampf **Neustadts** mit den Orten der Nachbarschaft ist nicht nur ein Streit um Wasser und Weide, sondern vielmehr um das Eichenholz im Wald; um Wingertstiefel und Faßdauben so gut, wie um Bau- und Brennholz. Der **Neustadter** Wald verödete und die Stadt mußte deshalb schon im 15. Jahrhundert sein Küferhandwerk schützen, damit es Faß- und Reifholz hatte.

36

Damit aber kein Bürger Schaden litt oder zu kurz kam, verfügte der Rat im Jahre 1410 zum Wohle seiner Bürger, daß es den Küfern verboten sei auf dem Markte Dauben, Böden und Reifen eher einzukaufen, bevor dieselben nicht einen halben Tag feilgeboten waren. Auch wurde der Einkauf des Materials der Küfer, nach Maßgabe wie einer als Bürger Beede (= Grundsteuer) gab, festgesetzt und sie deswegen in höchst-, mittel- und niederstbesteuerte unterschieden.

Die **Deidesheimer**, die mehr Küfer als andere Handwerker in der Stadt hatten, mußten nach einem Vertrag mit **Neustadt** vom Jahre 1541 die Hälfte ihres gefällten Holzes, das sie bis nach **Neustadt** aus ihren Hinterwaldungen flößen durften, zum Verkaufe liegen lassen. Das Eichenholz wurde also immer seltener, daher die Schutzmaßnahmen der Stadtverwaltung. 1595 gestattete der Rat **Neustadts** den Bürgern von **Winzingen**, daß sie Holz zu Kelterbieten *vor* der Stadt vorbeifahren dürften, daß sie es aber mit ihrem eigenen oder mit **Neustadter** und nicht mit Talfuhren holen sollen, die Keltern aber auch nicht verkaufen dürften. (55) 1484 rügten Abt und Edle, daß es in **Dürkheim** zuviele Küfer gebe, die außerdem noch großen Schaden im »Gewäld« anrichteten.

Besonders wurde moniert, daß sie Fässer nach auswärts verkaufen würden. Die Bender sollten in Zukunft nur noch die **Dürkheimer** Kirchweih, den Michelsmarkt und den Schönfelder Markt mit ihrem Geschirr besuchen. Nur die **Dürkheimer** Küfer, die genügend »Hültzinggeschirr« hätten, durften dies auswärts ohne Benachteiligung der Einheimischen absetzen. Doch mußten die Waren nur aus Kiefernholz gearbeitet sein. Lediglich ein Wagen »voll aus Kiefern gemachten Fässern und Bütten« sei für den Verkauf nach auswärts freigegeben.

»Jeder, der ein rechter Bender und qualifiziert sei, soll zwei Eichbäume und zwei Kiefern erhalten. Dafür müssen sie den Inwohnern zu **Dürkheim** sämtlich, er sei reich oder arm, wer ihrer mit ihrem Handwerk bedarf, willig und gehorsam sein, sonst sollen sie kein stehend Holz hauen, als sie haben es gekauft und bezahlt.« (56) Das notwendige Reifenholz mußte zudem besonders angewiesen und bezahlt werden. 1484 haben die **Dürkheimer** Bender den Winzern keine Küferarbeit geleistet, sondern sind zu Hause geblieben und haben neues Gerät zum Verkauf verfertigt. Weil die **Dürkheimer** Winzer seinerzeit schlecht bezahlt haben, sollten »die Bender auch nicht verpflichtet sein, denen zu binden, die ihnen die Löhne vorenthalten«. Der Bindelohn bestand damals aus einem Gulden. Ein Fuder Wein abzulassen kostete ebenfalls einen Gulden.

Daß sich das zünftige Küferhandwerk gegen geringwertige Arbeit und mindere Bezahlung zu wehren hatte, zeigt ein Hinweis aus dem Jahre 1504, als es verboten wurde, »Kinderarbeit« zu verlangen und daß die Meister zum Binden und Weinablassen Knechte, d.h. Gesellen einstellen sollten. (57)

11. Die Faß- und Weinnot der Winzer im bayerischen Rheinkreis

Ein ausreichendes Angebot an Fässern und Bütten durch die Küfer war Voraussetzung, um besonders in ertragreichen Weinjahren über entsprechende Lagerkapazitäten zu verfügen, aber auch um generell den Wein bis zum Verkaufstag einlagern zu können.

Aus Mangel an Fässern mußte der Winzer zuweilen den Most während oder bald nach dem Herbst verkaufen oder gar ablassen, was ihm erhebliche Ertragseinbußen brachte. (58)

In den zwanziger Jahren des 19. Jahrhunderts wird über das Fehlen von Fässern und der nötigen Lagermöglichkeit geklagt.

Das soziale Elend und die wirtschaftliche Not der vielen kleinen Weinbauern in der Zeit vor dem **Hambacher** Fest zeigt sich in den folgenden Vorgängen:

»Als 1826 die nassauische Regierung die weinbauenden Gemeinden beauftragte, Vorsorge zum Ankauf des nötigen Faßbauholzes für die kommende Ernte zu treffen, um den minderbemittelten Winzern Erleichterung zu verschaffen, glaubte der bayerische König, für den Rheinkreis dasselbe anregen zu müssen. Während sonst der ganze dienstliche Verkehr mit dem Rheinkreis über **Münchener** Ministerien lief, griff hier der König höchstpersönlich ein.

Er forderte unverzüglich Bericht im Hinblick auf eine analoge Verfügung für die Pfalz. Es ging darum, ob den ärmeren Winzern gegen Gemeindebürgschaft Faßdaubenholz kreditiert werden solle. Die Reaktion der daraufhin um gutachtliche Äußerung gebetenen Weingemeinden war im ganzen ablehnend.

So stellte der Gemeinderat von **Burrweiler** fest, daß zwar die Zahl der Winzer, denen es an Fässern, Bütten und Keltern fehlt, hier groß sei; ihnen werde jedoch oft der Herbst vom Steuereinnehmer für Steuern und Gemeindegelder gepfändet, d.h. der meiste Wein werde sogleich versteigert, so daß sich, zumindest zunächst zusätzliche Lagermöglichkeiten erübrigten. Diejenigen jedoch, denen der Herbst nicht gepfändet werde, besäßen in der Regel die nötigen Fässer.

Aus **Edenkoben** wurde berichtet, daß es im allgemeinen an Lagerraum nicht fehle, darüber hinaus die Winzer es auch nicht wagten, bei dem augenblicklichen (1826) Weinpreis zu diesem Zweck Schulden zu kontrahieren; lieber bewahre man den Wein in Bütten und Zubern bis zum Verkauf auf.« (59)

Das persönliche Eingreifen des Königs in der Frage des Faßdaubenholzes sollte ein Entgegenkommen sein in einer Zeit, als sich die Zollverhandlungen noch immer erfolglos hinzogen. Die niedrigen Preise einer- und die hohen Zölle andererseits verursachten die schlechten Absatzmöglichkeiten des heimischen Weines und damit die Not der pfälzischen Winzer, weshalb sie sich beim Zug auf das **Hambacher** Schloß beteiligten.

12. Branntweinbrennen als Nebengewerbe

Der Artikel 12 der »Landkieferzunft« des leiningischen Amtes **Hardenburg** von 1760 gibt einen Einblick auf eine zusätzliche Erwerbsquelle der Küfer durch Branntweinbrennen:

»Solle auch zwölftens nach Anleitung der bishero dahier beobachteten und zugleich in der Nachbarschaft privilegirten Observanz keinem so das Kiefer-handwerk nicht zünftig erlernt oder dessen zünftiges Mitglied ist, von freyen Stücken erlaubt sein, einen Brandweinkessel zu setzen, noch weniger damit

14. Die Brantweinbrennerei war ein wichtiges Nebengewerbe der Küfer.

Trester, Obst und dergleichen schlechte Waare, am allerwenigsten aber die dahier im Land ohne dem raren Früchte zu brennen und dies bey Vermeidung zehen Gulden gemeinschaftlicher Geld-Straf.« (60)

39

Die Küfer besaßen hier das alleinige Recht Branntwein zu brennen und zu verkaufen, wodurch sie sich einen nicht unbedeutenden Nebenverdienst sichern konnten. Beide Tätigkeiten werden gelegentlich gleichwertig nebeneinander verzeichnet. 1774 werden in **Wachenheim** unter allen ortsansässigen Handwerkern als weitaus stärkste Gruppe 21 »Küfer und Branntweinbrenner« aufgeführt. (61) In **Dürkheim** wurde für die Arbeit des Küfers folgendes bestimmt: Wenn der Gemeinsmann, also der Winzer, die Hefe behalte, soll man dem Küfer Holz geben, wie es von alters her üblich sei. Im Tausch mit Holz wurde hier die sonst übliche Verfügung des Küfers über die Hefe geregelt, wenn er den Wein bei den Kunden abgelassen hatte. (62) Neben dem Doppelgewerbe Winzer/Küfer scheint mancherorts und zu bestimmten Zeiten die zusätzliche Branntweinbrennerei ein drittes wirtschaftliches Standbein gewesen zu sein, um den Lebensunterhalt auch in schwierigen Zeiten für sich und die Seinen zu sichern.

Das Hefe- und Tresterschnapsbrennen als Nebengewerbe der Küfer ist allerdings zu unterscheiden vom traditionellen Brennereiwesen der West- und Nordpfalz, das auf Kartoffeln und Getreide beruhte. (63)

13. Das Faßeichen

Wenn sich das städtische Interesse an einer geregelten Wirtschaftordnung und das Gruppeninteresse einer Zunft überschnitten, war es zum beiderseitigen Vorteil, entsprechende Ämter mit Handwerksvertretern zu besetzen. Aus den Reihen des Küferhandwerks wurden so Meister zu Kommunalbeamten gewählt, denen z.B. das Eichamt übertragen wurde. Amtlich geeichte Gefäße waren Voraussetzung für einen gediegenen Handel. Mit dem Wasser des örtlichen Brunnens füllte man die Gefäße und versah sie mit einer Eichmarke. Auch die Oberamtsstadt **Bergzabern** war Sitz einer Eichstätte. Für die größeren Gefäße waren zwei vom Stadtrat vorgeschlagene und vom Oberamt verpflichtete Küfermeister als Eichmeister zuständig. Das kleinere Geschirr wurde durch zwei Bürger geeicht, die vom Stadtrat eigens mit dieser Aufgabe betraut waren. In den Stadtrechnungen werden öfters Ausgaben für die »Eich« und auch für einen »Brunnen an der Eich« erwähnt. Dabei handelt es sich vermutlich um ein Gebäude, in dem das Eichen stattfand und das vor dem Obertor am Zimmerplatz stand. (64) In vielen Weinstraßendörfern erinnern noch heute die Straßennamen »An der Eich« oder »Am Eichplatz« an diese besondere Einrichtung der Gemeinden.

15.Der Gemeindebrunnen mit überdachter Faßeiche in **Freinsheim***.*

14. Die Entwicklung des Fasses

Ursprünglich hatten bei uns schon zu Zeiten der Römer die Holzfässer eine runde Form. Wann das ovale Faß entstand, läßt sich nicht exakt ermitteln. Nach schriftlichen Aufzeichnungen sind ovale Fässer jedenfalls im 18. Jahrhundert bekannt gewesen, obwohl man damals noch den runden den Vorzug gab. Wahrscheinlich dürften bei der Herstellung ovaler Gebinde praktische Überlegungen eine Rolle gespielt haben, da sie bei höheren Kellern eine bessere Raumnutzung im Gewölbekeller ermöglichten. In der Pfalz sprach man in diesem Zusammenhang früher von »ablangen« Fässern. (65)

Es dauerte sehr lange, bis bei uns der Holzreifen vom Eisenreifen (Bandeisen) zusehends verdrängt wurde. Die alte Zeit kennt nur Holzreifen bei großen und kleinen Fässern. Das Eisenband kommt erst bei großen Fässern seit dem 18. Jahrhundert allmählich auf. Der Verschluß der Reifen erfolgte bis um 1800 vielfach durch Zusammenschmieden. Es sind aber mit eisernen Bolzen geschlossene Reifen, die jetzt allgemein übliche Verschlußart, schon im 18. Jahrhundert nachweisbar. Bis ins 19. Jahrhundert fand man oft auch verstellbare Reifen, die in Stifte enger oder weiter einzustecken waren. (66)

Im Laufe der Zeit veränderten sich auch die Dimensionen der Holzfässer. Die zunehmenden Faßgrößen führten zur Einrichtung der Faßtürchen, durch welche man zu Reinigungs- oder Reparaturarbeiten in das Innere kriechen konnte, nachdem die Fässer wegen ihrer Dimensionen nicht mehr aus dem Keller geschafft werden konnten. Diese Türchen sind in der Pfalz bis ins 19. Jahrhundert nur an größeren als einstückigen Fässern üblich gewesen. Erst allmählich wurden alle Lagerfässer bis einschließlich der Halbstücke damit ausgerüstet. (67) Zur gleichen Zeit müssen auch die Faßriegel aufgekommen sein.

15. Riesenfässer

Bei den Hölzfässern ging die Entwicklung zunächst mehr ins Große. Die Faßgrößen nahmen laufend zu, was teilweise mit der Notwendigkeit der Unterbringung von Zehntweinen zusammenhing.

Die kurpfälzische Schaffnei **Freinsheim** z.B. vereinnahmte 1775 über 15 Fuder Zehntwein, die eingelagert werden mußten. Diese Weine wurden zu einem Teil wieder verausgabt für die Besoldung der Geistlichkeit und der Lehrerschaft in Naturalien. (68)

Bis ins 19. Jahrhundert hinein war Wein für die Finanzminister ein wichtiges Zahlungsmittel, mit dem die Staatsdiener bezahlt wurden. Um diese Riesenmen-

16. *Im Jahre 1893 wurde das 75.000 Liter fassende Kurfürstenfaß aufgeschlagen, links Kommerzienrat CARL JOSEF II. HOCH, Geschäftsführer WETZEL, die Ökonomieräte LOUIS und KARL HOCH, rechts die Kellermanschaft mit Kellermeister WIEDEMANN und den Gehilfen, allesamt aus der Familie BECK.*

gen ordnungsgemäß lagern zu können und auch einer etwaigen Klage über unterschiedliche Sorten vorzubeugen, baute man jene riesigen Weinlagerfässer. Verschiedentlich wurden auch allein des Ansehens und der Prunksucht wegen riesige Fässer hergestellt, die nur selten einmal gefüllt waren. Vor allem die Fürsten in der Zeit des 16. bis 18. Jahrhunderts wollten sich gegenseitig in Dingen übertreffen, die Macht und Reichtum veranschaulichten.

LISELOTTE von der PFALZ äußerte sich darüber in einem Brief an LEIBNITZ lakonisch:

»Alle Churfürsten, so nicht getrunken, haben sie gebaut (große Fässer), und die so viel getrunken haben keine gemacht.« (69)

In jenen Zeiten ließ man solche hölzernen Ungetüme von erfahrenen Handwerkern bauen.

Die Kunst der **Landauer** Küfer erlangte im 16. Jahrhundert einen Ruf, der weit über das Gebiet der heutigen Pfalz hinausging. Es sei hier nur an den **Landauer** Küfermeister MICHAEL WERNER erinnert. Von Pfalzgraf JOHANN CASI-MIR nach **Heidelberg** berufen, baute er dort von 1589 bis 1591 das erste Riesenfaß, das für die Aufnahme des in Form von Wein gelieferten Zehnten bestimmt war.

Dafür mußte im Schloß ein eigener Neubau, der Faßbau, errichtet werden. Das Innere dieses Riesenfasses war so groß, daß darin ein Ritter mit Lanze aufrecht stehen konnte. Das Ungeheuer faßte 132 Fuder, drei Ohm und ebensoviele Viertel (= 123 638 Liter). Für seine Arbeit erhielt der geniale Küfermeister fünfzehnhundert Gulden. (70) Aber dieses Faß überlebte den Dreißigjährigen Krieg nicht.

Deshalb ließ der Kurfürst KARL LUDWIG im Jahre 1664 ein 204 Fuder, 3 Ohm, 4/4 großes Faß vom kurpfälzischen Hofkeller JOHANN MAYER bauen, das aber in den Stürmen der Kriege Ludwig XIV. ebenfalls unterging.

Daher ließ Kurfürst KARL THEODOR im Jahre 1750 ein 236 Fuder großes Faß vom Hofkeller JOHANN JAKOB ENGLER bauen. Es war mit rund 9 Meter Länge und 7 Meter Höhe und mit fast 230 000 Liter Fassungsvermögen das größte **Heidelberger** Faß. Aus diesem konnte der Wein mit Faustpumpen nach oben in den Ballsaal gepumpt werden. 1752 war es zum erstenmal gefüllt, später nur noch zweimal. Seit 1769 steht das Riesenfaß leer und wird als **Heidelberger** Faß von den Touristen aus aller Welt bestaunt. (71)

Das älteste und größte Riesenfaß, das in der Pfalz existierte, war das des Fürstbischof von **Speyer** in seinem Keller auf der **Kestenburg** bei **Hambach**. Es soll 100 Fuder gefaßt haben und wird zumeist im Zusammenhang mit der Geschichte des Bauernsturmes 1525 erwähnt. Es war gefüllt, als das Heer der aufrührerischen Bauern die Burg erstürmte und plünderte. Es soll damals geleert und anschließend zerstört worden sein. (72)

Der größte existierende Faßbau der Welt in **Bad Dürkheim**, von Küfermeister FRITZ KELLER, **Bad Dürkheim**, errichtet, ist allerdings nur mittelbar zur Aufnahme von Wein bestimmt. Es wird nicht aus ihm, sondern in ihm Wein getrunken. (73)

*17. Der größte Faßbau der Welt ist eine Gaststätte und bietet mit einem Rauminhalt von 1.700.000 Litern rund 500 Menschen Platz. 200 Kubikmeter Holz waren nötig, um das »**Dürkheimer** Faß« aus Schwarzwaldtannen zu bauen.*

16. Volkskunst am Faß

Nicht nur an fürstlichen Prunkfässern, sondern auch beim gewöhnlichen pfälzischen Lagerfaß brachten in früherer Zeit die Küfer oft kunstvolle Verzierungen an. (74)
Insbesondere die Faßriegel an den Türchen und die verschiedentlich verwendeten Sprießen, die zum Stützen der Faßböden angebracht wurden, waren Gegenstand der kunsthandwerklichen Betätigung.
Wie wohl bei keinem anderen Handwerk in unserer Region als dem der Küfer waren zugleich der Arbeitsgegenstand, das Faß, und das zu seiner Herstellung notwendige Werkzeug Träger kunsthandwerklichen Schmuckes.
Selbst die einfachsten Küfergeräte wie Hobel, Faßzirkel usw. sind oft mit schlichten Verzierungen geschmückt und mit Namenszeichen und Jahreszahl versehen, wie Sammlungen und Bilder aus der Pfalz zeigen. Auch darin hebt sich generell das Küferhandwerk von anderen Handwerken ab.
Diese auffallende Erscheinung kann als Ausdruck der Ehrwürdigkeit des Küferhandwerks und des Berufsstolzes seiner Vertreter gewertet werden.
Generelle Voraussetzung für die volkskünstlerische Gestaltung von Gegenstand und Gerät ist jeweils, daß das, was (zusätzlich) verziert wird, selbst schon eine hohe Wertschätzung haben muß. Damit es schließlich zur Volkskunst am Faß kommt, muß allerdings aber noch eine verkaufstechnische Voraussetzung gegeben sein:

*18./19. Als Meerjungfrau und Seeungeheuer geschnitzte Faßriegel aus **Rhodt**, 18. Jahrhundert.*

a. Figürliche Schnitzerei am Faßriegel

»Der geschnitzte Faßboden setzt voraus, daß das Faß zum dauernden Gebrauch des betr. Weingutsbesitzers bestimmt war, es konnte also allgemein nur da eine Heimat haben, wo es nicht üblich war, die Fässer als Pertinenz (Zubehör - der Verf.) des verkauften Weines dem Käufer mitzugeben, denn hierzu hätte man selbst in den Zeiten billigster Arbeit keine Schnitzereien verwendet. So kommt es, daß im größten deutschen Weinbaugebiet, der Rheinpfalz, eine große Menge solcher geschnitzter Faßböden das Weinmuseum zu **Speyer** schmücken und daß auch in Privatbesitz noch viele solcher Altertümer vorkommen, während in den meisten anderen deutschen Weinbaugebieten geschnitzte Fässer nur als besondere Ausnahme vorkommen, da in der Pfalz keine Fässer mitgegeben wurden, in anderen Gegenden dagegen, wie im Rheingau und an der Mosel, die Mitgabe der Fässer früher allgemein üblich war.« (75)

Seit dem 16. Jahrhundert wurden Faßböden und Riegel mit schmuckvollen Schnitzereien versehen. Das Anbringen eines Faßtürchens, das von einem Riegel bedeckt und so gesichert wurde, ist zunächst nur bei größeren Fässern üblich gewesen. Diese Erfindung erleichterte die notwendige Reinigungsarbeit wesentlich. In der Zeit billiger Arbeitsleistung im Küfergewerbe und als es noch mehr Volkskunst im Handwerk gab, war es selbstverständlich, daß der Faßriegel künstlerisch bearbeitet wurde. Die z.T. in Sammlungen erhaltenen geschnitzten Faßriegel bilden eine wichtige Facette im nicht gerade vielgestaltigen Erscheinungsbild der Volkskunst in der Pfalz. (76)

Die verwendeten Motive erschließen sich dem Betrachter in der Regel mit dem Inhalt und dem Verwendungszweck des Fasses. Das nächstliegende war, daß wie FRIEDRICH von BASSERMANN-JORDAN meint, das Volksempfinden dem Faßriegel eine Gestalt gab, die das Meer von Flüssigkeit andeutet, das hinter ihm ruht. Deshalb findet man die alten Faßriegel zumeist in der Form von Meerweibchen, Fischen, Delphinen u. dgl. dargestellt. (77)

Seltener als Meeresgestalten sind andere Darstellungen, wie Landtiere, z.B. Drachen- und andere Fabelwesen, menschliche Gestalten oder ganze Szenen. Es gibt noch viele erhaltene Riegel aus der sogenannten LOUIS XVI.-Zeit und aus dem Empire. Danach aber werden sie rasch plumber in der Ausführung und zudem immer seltener. Gegen Ende des 19. Jahrhunderts verschwinden sie im allgemeinen, abgesehen davon, daß noch mancher sich etwas aus besonderem Anlaß schnitzen ließ, wie Namenszüge auf Riegeln u.ä.m.

Eine Ausnahme bilden natürlich von jeher die besonders großen, zum Teil auch wegen des Prunkes erbauten Fässer, die mit künstlerischer Schnitzerei an Riegel und Faßboden versehen sind. (78)

b. Inschriften am Faßboden

Eine relativ einfache und preiswerte Art der Faßbodendekoration sind Sprüche, Redensarten, seltener Gedichte oder Psalmen, die eingeschnitzt oder aufgemalt wurden. (79)
FRIEDRICH WILHELM HEBEL weist im Zusammenhang mit dem pfälzischen Volkshumor auf geschnitzte Faßinschriften hin:
»Sehr zahlreich müssen naturgemäß in der Pfalz ehedem die Keller- und Weinsprüche oder Faßinschriften gewesen sein und auch heute noch ließe sich in den pfälzischen Weingegenden eine Menge zusammentragen.
Einige Proben mögen folgen:

Aus **Freinsheim**:
Erst müßten die Reben ausgerottet werden,
vielleicht wäre dann das Weib das Schönste auf Erden.

Auf einem 200 Jahre alten Fasse in **Sausenheim** ist zu lesen:
Hätt' Adam Pfälzer Wein besessen,
hätt' er den Apfel nicht gegessen.

Aus **Wachenheim** stammen folgende Faßinschriften:
Weintrinken und Weinsaufen
ist ganz verschiedener Art.
Das Erste kann erwärmen,
das Zweite tut verderben.

Dankt nicht nur für den Saft der Reben,
auch für den Durst, der euch gegeben.

Ich edles Faß rede das,
daß ich muß allzeit naß.
Bin ich nicht voll, ist mir nicht wohl.
Drum bitt' ich um Gottes Willen:
Tut mich doch erfüllen.
Aber mit Venus laßt mich ungeschoren.
CHRISTIAN ECKEL-ZOLLER hat mich geboren. (1779)« (80)

Häufiger als die Faßböden scheinen die Faßsprießen Inschriften zu tragen, in denen die Zeit der Erbauung, Namen der Besitzer u.ä.m. angegeben sind. Manche Inschrift bezieht sich auch auf den Inhalt des Fasses, wie die gesammel-

48

ten Beispiele FRIEDRICH SPRATERS zeigen. (81)
In jüngster Zeit sind wieder vermehrt geschnitzte Faßböden mit Sprüchen, Wappen und szenischen Darstellungen als Haus-, Hof- und Dorfschmuck in Mode kommen, die fast ausschließlich eine folkloristische Funktion als sinn- und weinentleerter Dekor haben. (82)

17. Geprägt vom Faß - Winzerhaus und Winzergehöft

Zum Keltern der Maische ist ein eigenes Kelterhaus erforderlich, das meist dem Keller zugeordnet ist und in dessen unmittelbarer Nähe errichtet wird. Da die Lagerung von Wein an Räume mit ausgeglichener, kühler Temperatur gebunden ist, muß ein Keller errichtet werden. In ihm lagern die Weinfässer, in denen unter ständiger Überwachung und Behandlung durch den Winzer der Wein heranreift. Drei charakteristische Elemente vereinigt das traditionelle pfälzer Winzergehöft:
1) das Kelterhaus (anstelle der Scheune) in räumlicher Nähe zum
2) Keller (anstelle des Stalls), und
3) Abstellräume (Schuppen) zur Unterbringung von Geräten und benötigten Materialien. (83)

a. Die Entwicklung des Faßkellers - das Keller-Hochwohnhaus

Bei uns befanden sich in frühester Zeit die steinernen, gewölbten Weinkeller ursprünglich neben den Wohnhäusern. Ähnlich finden wir diese separaten, unterirdischen Keller einheitlich bei den pfälzischen Kolonisten in Südrußland, teilweise auch in Pennsylvania wieder.
Die steinernen Wände dienten erst dann als Fundamente, als man Keller und Wohnhaus zu einer Einheit machte. Sandsteinfundament für den Keller und Fachwerkaufbau für die weiteren Stockwerke kennzeichnen die »gemischte Bauweise« des pfälzischen Winzerhauses bis heute. (84)
Ferner ist das Winzerhaus der Haardt nach WILHELM HEINRICH RIEHL durch zwei besonders ausgebildete Teile charakterisiert:
Zum einen zeichnet es sich durch das über eine Freitreppe zu erreichende Hochpaterre als die äußere Folge des hochgewölbten Kellers aus. (85) Um bequem auch größere Fässer befördern zu können, liegt der Kellerfußboden in der Regel nur wenige Stufen tief. Ein markantes Beispiel für das gehäufte Auftreten solcher Keller-Hochwohnhäuser in Reihe ist die Winzergasse in

Gleiszellen. Zum zweiten ist nach RIEHL das Aussehen der Winzerdörfer durch das freie, hochgewölbte Hoftor geprägt, das eigentlich zum Winzergehöft gehört. (86)

b. »Der steinerne Rundbogen als Triumphbogen des Winzers« - des Fasses runde Form gab die Norm

Die als Rundbogen gestalteten Ein- und Zugänge des Winzergehöfts, sowohl die an der Straße gelegene Hofeinfahrt als auch die Kellertür, haben nicht allein dekorativen Charakter. Sie sind beide auch funktional bestimmt und unterliegen den besonderen wirtschaftlichen Erfordernissen des Weinbaus, wie die anderen Teile des Winzergehöftes auch.

»Diese gewaltigen, freien steinernen Rundbogen sind die Triumphbogen des

*20. Blick durch das offene Hoftor eines Winzergehöftes mit seperatem Nadelöhr in **Leinsweiler** auf das gegenüberliegende Tor, in das eine kleinere Hoftüre eingelassen ist.*

Landmannes, durch welche er mit dem hochbeladenen Erntewagen als Triumphator einzieht. Und wie jeder gern den mächtigst getürmten Wagen heimführen möchte, so hat auch jeder nach dem höchstgewölbten Bogen gestrebt, als dem eigentlichen Steindenkmal seines Reichtums.« (87)

Unter Berufung auf RIEHL vermutet auch FRIEDRICH von BASSERMANN-JORDAN:

»Es ist wahrscheinlich, dass diese Einfahrtstore ihrer Form nach mit dem Hereinfahren von Wagen, worauf Fässer liegen, zusammenhängen.« (88)

Dieser Vermutung ist aus mehreren Gründen zuzustimmen und wie folgt mit drei Argumenten zu belegen:

Zum *ersten* blieb die Notwendigkeit, Fässer zur Reinigung oder zur Reparatur aus und in den Keller durch die Kellertüre zu bewegen, selbst nachdem die Tätigkeit der Weinschröter (siehe B. 7.) beim Faßtransport nicht mehr üblich war. Und selbst als wie im letzten Jahrhundert noch der Wein beim Verkauf von Faß zu Faß gepumpt wurde, mußten die Fuhrwerke den Weinwagen, auf dem die Fässer mit Ketten und Reiteln festgebunden waren, durch den Torbogen in den Hof hinein- und wieder hinausfahren, wie es z.B. das Bild von HEINRICH STRIEFFLER zeigt. Dem folgenden zweiten Argument muß eine grundsätzliche Feststellung vorausgeschickt werden:

Bei der für den pfälzischen Weinbau häufigsten und aus wirtschaftlichen Anforderungen günstigsten Gehöftform, der L-förmigen, wird der Hof an seiner zweiten Längsseite vom Nachbargrundstück begrenzt und an seiner Schmalseite zur Straße hin durch eine Toranlage abgeschlossen. Reihen sich solche Gehöfte aneinander, dann entstehen Straßenzüge, die durch den Rhythmus Haus-Torbogen-Haus-Torbogen ein besonders reizvolles Gepräge erhalten, wie z.B. besonders markant einige Straßenzüge in **Mußbach** und **Edenkoben**, oder die Theresienstraße in **Rhodt**. (89)

»Eine Verbreitungskarte für den Torbogen zeigt, daß dieser an der Weinstraße am häufigsten vorkommt und in der Rheinebene weit seltener wird.« (90)

Zu ergänzen bleibt, daß er auch in Orten des Pfälzerwaldes und der Nordpfalz anzutreffen ist, in denen einst Weinbau betrieben wurde oder noch wird (z.B. **Annweiler** Tal, **Gräfenhausen**, Bliesgegend).

Der steinerne Rundbogen an Hof- und Kellertüre ist also eine typische Erscheinung der pfälzischen Orte und Regionen, in denen der Weinbau in reinen Winzerbetrieben oder als Gemischtbetriebe Weinbau/Landwirtschaft üblich war oder noch ist. Es liegt also ein direkter kausaler Zusammenhang zwischen dem Weinbau und dem Auftreten des Rundbogens vor. (91)

Schließlich ist das *zweite* Argument aus statisch-architektonischer Sicht anzuführen. Der Rundbogen ist konstruktiv die einfachste Form zur Überbrückung einer breiten Öffnung auf der größere Mauerlasten ruhen, wie das z.B. bei der Kellertüre der Fall ist. (92) Damit zusammenhängend gewährleisten *drittens* unter weinbaulichem Aspekt grundsätzlich möglichst kleine Kelleröffnungen (Kellerschieber, Kellerfenster, Kellerlöcher) eine ausgeglichene, kühle Temperatur zur richtigen Lagerung des Weines. Auch dies ist zumal beim steinernen Rundbogen eher gegeben als bei der rechteckigen Tür. (93)

Die in früherer Zeit übliche Art des Verkaufs und Transports des Weins im Gebinde hat ursächlich zur Gestaltung der runden Hoftor- und Kellertorbögen

der pfälzischen Winzerhäuser beigetragen und ihnen entsprechend der runden Gestalt des Fasses ihre Form gegeben. Hinzu treten rein pragmatische Gründe der Statik und des Weinausbaus, die für die Verwendung der steinernen Rundbögen sprechen. Obwohl ihnen ein zusätzlicher dekorativer Charakter nicht abzusprechen ist, können sie nicht wie bisher allein als »rheinischer Schmuck« (RIEHL) oder »Zierform« (GLATZ/LEIST) angesehen werden.

21. Auch mit dem Fuhrwerk mußten die Fässer jeweils durch das Tor in den Hof und wieder hinaus transportiert werden. Der Torbogen paßte sich der Rundung des Fasses an.

18. Vom St. Michaelismarkt zum Dürkheimer Wurstmarkt - vom ehemaligen Küfermarkt zum größten Weinfest der Welt

»Kaiser KONRAD II. schenkte 1035 **Dürkheim** mit seiner Mark an das von ihm 1024 gegründete Kloster **Limburg**. Außerhalb **Dürkheims**, unmittelbar westlich der alten Heerstraße von **Wachenheim** in Richtung **Ungstein** und weiter, lag der St. Michaelis-Berg. Es konnte also das Kloster erst seit 1035 die Wallfahrtskapelle errichten und Wallfahrten zulassen, in deren Gefolge sich ein marktähnliches Treiben entwickelte, das wir bis 1417 sicher nachweisen können, aber ohne Zweifel älter sein dürfte.« (94)

Wir haben es also mit einem ausgesprochenen Klostermarkt zu tun, der von Anfang an weder mit der Gemeinde **Dürkheim**, noch mit den Grafen zu Leiningen zu tun hatte. Vom Wallfahrtsfest frommer Pilger geriet er zu einem marktähnlichen Treiben, bis er mit seiner Verlegung vom Berg auf die Brühlwiesen endgültig den Charakter eines die weite Landschaft beherrschenden Krammarktes annahm, dem Vieh- und Pferdemärkte angeschlossen waren.

Der Dreißigjährige Krieg verwandelte sein Gesicht der Verarmung der Zeit entsprechend. Der Markt erlebte den Wiederaufbau zu Anfang des 18. Jahrhunderts und die abermalige Zerstörung in den Franzosenkriegen bis nach 1800.

»Es kamen aus dem 'Westrich' viele Wagen mit Faßreifen, Fässern, Bütten und Zubern. Ferner standen zum Kauf: Hecheln, Spindeln, Kelterseife, Zapfenbohrer, Nagelbohrer, Ablaßbohrer, Schrauben für Faßriegel, Traubentrichter, Blasebälge und Pferdegeschirre aller Art.« (95) Noch im 19. Jahrhundert galt der Michelsmarkt als Absatzgelegenheit für einheimische und fremde Küfer oder Bender. Das »Grüne Buch« der Stadt **Dürkheim** berichtet mehrmals von Benderordnungen. Danach durften entsprechend der Benderordnung von 1541 lediglich auf den drei **Dürkheimer** Jahrmärkten, also auch auf dem Michelsmarkt, Erzeugnisse an Auswärtige verkauft werden. Die Bender- und Küfererzeugnisse mußten daher in der Zeit zwischen den Märkten ausschließlich bei der einheimischen Bevölkerung abgesetzt werden, damit deren Bedarf gedeckt wurde und der Holzverbrauch im Wald eingeschränkt blieb. Die Benderordnung von 1562 hob dies ausdrücklich hervor. Trotzdem gelangten Küfererzeugnisse zuungunsten der Einheimischen an auswärtige Käufer. Auswärtige Märkte zu besuchen stand unter Verbot und Strafe. Zeitweise kontrollierten die Wächter an den Stadttoren. Das 19. Jahrhundert kannte diese Einschränkungen nicht mehr. »Einer

Notiz in der 'Dürkheimer Zeitung' vom 1. Oktober 1864 entnehmen wir, daß außer den Krämerständen von verschiedener Länge die Küfer mit Fahrzeugen vertreten waren. Ein Wagen Zuber kostete 36 Kreuzer und ein halber Wagen Zuber stand auf 24 Kreuzer Schutzgebühr für den Polizeidiener.« (96)
Der Beginn des technischen 19. Jahrhunderts ließ ihn allmählich vom Grad des reinen Waren- und Kübelmarktes in die Periode der beginnenden Volksbelustigungen (1839) hineinleiten. Sein heutiger Name »Wurstmarkt«, das größte Weinfest der Welt, ist daher für die meisten Besucher der Inbegriff der Freude, des Ausgelassenseins und der Unbeschwertheit geworden. (97)
Ein weiterer bedeutender Markt für Küfergeräte in der Pfalz war der Kübelmarkt in **Edesheim**, der jeweils am letzten Annatag abgehalten wurde. Auch geschäftstüchtige Schwaben sollen sich diese günstige Verkaufsgelegenheit durch die Bereitstellung großer Mengen Bütten, Zuber, Kübel und Hotten auf dem Kübelmarkt nicht entgehen gelassen haben. Immer wenn ein wirklich guter Herbst in Aussicht stand, wußte sich das Küfer- und Küblerhandwerk vor Aufträgen kaum zu retten. (98)

*30. Der **Dürkheimer** Wurstmarkt war ursprünglich ein Küfermarkt, auf dem die Winzer der Gegend ihren Bedarf an Bütten, Logeln und anderen hölzernen Trage- und Transportgefäßen deckten. In Resten findet dieser Küfermarkt am Rande noch statt (links), während das Festgeschehen des Wurstmarktes schon die allgemeine Szene beherrscht, wie die Lithographie von LUDWIG MÜLLER aus dem 19. Jahrhundert zeigt.*

9. Faß und Küfer in Volks- und Brauchtum

In zahlreichen volks- und brauchtümlichen Erscheinungen spiegelt sich die kulturgeschichtliche Bedeutung des Küferhandwerks:
- das Tragen einer eigenen Berufstracht,
- der Bau von Fässern auf zugefrorenen Flüssen,
- die Überlieferung eines eigenen Zunftliedes,
- die Thematisierung von Faß und Küfer in volkstümlichen Sagen,
- die Verwurzelung des Fasses im Aberglauben sowie
- seine Verwendung als karnevalistisches Symbol der Redefreiheit gehören zu den vielfältigen Ausstrahlungen bis in die heutige Zeit hinein.

a. »Der Küferschlag« - das Küferzunftlied

Erst mit dem Aufkommen des Eisenreifens im 18. Jahrhundert entwickelte sich auch das Küferzunftlied, das bei verschiedenen Gelegenheiten in der Vergangenheit zu hören war, wenn im Arbeitsrhythmus die Reifen festgeschlagen

wurden. Ehemals sangen es auch die **Dürkheimer** Küfergesellen und Lehrlinge
bei der Eröffnung des Wurstmarktes.
Küferschlag und Faßschlüpfen kann man als Volksbelustigungen auf der alljähr-
lichen **Deidesheimer** Geisbockversteigerung an Pfingstdienstag auf dem Markt-
platz erleben.
Der folgende »Küferstreich« oder »Küferschlag«, bei dem die Küfer um das

*31. Küfer tanzen einen verschlungenen Reigen mit
Reifbögen um ein Faß, **Neustadt/W**. 1934.*

*32. Eine Küfergruppe mit Zunftfahne formiert sich um
eine mit Reblaub geschmückte Herbstfuhre für den Umzug
zur Wurstmarkteröffnung in **Bad Dürkheim** 1924.*

Holzfaß tanzen und dabei singend die Reifen aufziehen, wurde als Altpfälzer Zunfttanz beim Fest zu **Hambach** am Markustag und am darauffolgenden Sonntag 1914 vorgeführt:

»1. Folge:

Chor:	Luschdig sein wirs Handwerksleit, ja Handwerksleit,
	Luschdig sein wirs Küfer.
	Sollten wirs nicht luschdig sein, ja luschdig sein,
	Trinken stets vom beschden Wein.
Küfermeister:	Wer trinkt vom beschden Wein?
Küfer:	Die Küfer!
Küfermeister:	Wo sind sie?
Küfer:	Hier!
Küfermeister:	So laßt euch hören und aufbegehren!
Chor und Küfer:	Trallerallera,
	Trallerallera,
	Luschdig sein wirs Küfer da.
	Und wer die Küferei veracht,
	Den hol der Deifel bei der Nacht
	Trallerallera
	Trallerallera
	Luschdig sein wirs da.

2. Folge:

Chor:	Man tut streifen, man tut fügen, ja man tut fügen,
	Feuer und Wasser muß es biegen.
	Ist das nicht ein Küferstolz, ja Küferstolz,
	Er macht ein Faß aus Eichenholz.
Küfermeister:	Wer macht ein Faß aus Eichenholz?
Küfer:	Die Küfer! (wie oben)

3. Folge:

Chor:	Ist das Faß gewärmt genetzt, ja gewärmt genetzt,
	Dann wirds auf die Roll gesetzt.
	Greift die Säg mit frischem Mut, ja frischem Mut,
	Dann wird auch das Ende gut.

Küfermeister:	Wer greift die Säg mit frischem Mut?
Küfer:	Die Küfer!...

4. Folge:

Chor:	Ist das Ende fein und eben, ja fein und eben,
	Dann tut man sich dran begeben.
	Reißt die Gargel herzhaft nein, ja herzhaft nein.
	Fein muß gehobelt sein.
Küfermeister:	Wer reißt die Gargel nein?
Küfer:	Die Küfer!...

5. Folge:

Chor:	Dann tut man die Zirkel stellen, ja Zirkel stellen,
	Daß man kann die Böden fällen.
	Nicht zu groß und nicht zu klein, ja nicht zu klein
	Daß er paßt in die Gargel nein.
Küfermeister:	Wer tut die Zirkel stellen?
Küfer:	Die Küfer!...

6. Folge:

Chor:	Dann tut man das Faß absäubern, ja Faß absäubern,
	und zugleich die Reif antreiben.
	Schlagt dabei den Küferstreich, ja Küferstreich.
	Daß sich unser Herz erfreut.
Küfermeister:	Wer schlägt den Küferstreich?
Küfer:	Die Küfer!...

7. Folge:

Chor:	Dann tut man das Faß in Keller, ja Faß in Keller,
	Füllt es gleich mit Muskateller.
	Stellt e Stitz voll newedran, ja newedran,
	Daß man ihn versuchen kann.
Küfermeister:	Wer versucht ihn?
Küfer:	Die Küfer!...« (99)

b. »Zu spukenden Kellergespenstern verdammt« - Küfersagen

»In mehrentheils hellerer Tonart bewegen sich die Sagen aus dem Rebenlande der Hart, wenn namentlich die Wirkung des Weines im Kopfe, sein geheimnisvolles Treiben im Fasse, das Leben und Beben im Keller eine bestimmte Gestaltung gewinnt. Würde die goldene Quelle des Weines auf einmal versiegen durch irgend ein unabwendbares Verhängniß, fürwahr - sofort und in Fülle dürften neue Sagen sich bilden von den Geistern des Weines, von seiner beglückenden Thorheit, von seiner bezaubernden Macht ... Hiezu noch die Wein- und Kellersagen, welche je nach der Kraft und je nach dem besonderen Geiste des flüssigen Goldes bestimmte Gestalt und Farbe annehmen, und zweifelsohne sich noch einer Zukunft erfreuen. Was Wunder, wenn unsere weinseligen Küfer, unsere heimlichen 'Petzer' und dergleichen, und andererseits die Weinverfälscher, vorab die Gallisirer in ihrem geheimnisvollen unterirdischen Treiben nicht zu spukenden Haus- und Kellergespenstern vom Volksglauben verdammt werden sollten? So sind wir wieder in die Sagengruppe der Seelen und Gespenster gelangt, welche mit Inbegriff des im mythischen Theile enthaltenen Zuwachses auch hier eingereiht werden könnte.« (100)
So hat die kulturhistorische Bedeutung des Weinbaus entlang der Haardt mit all seinen Begleiterscheinungen auch in den volkstümlichen Märchen, Sagen und Legenden ihren selbstverständlichen Niederschlag gefunden.
Über ein Dutzend bisher bekannter Sagen ranken sich um Wein und Winzer, Keller und Küfer. Dabei treten häufig dieselben Motive auf, wie z.B. das geheimnisvolle Fässerrollen, der Küferschlag und der Wein, der in seiner eigenen Haut liegt, nachdem die Dauben längst vermodert sind. (101)

c. Die Truden als Faßreifen - das Faß im Aberglauben

Es scheint auch nicht verwunderlich, daß Faß und Wein im Aberglauben der pfälzischen Bevölkerung eine Rolle spielen. »Weinduft aus den Kellern verrufener Orte, gespenstisches Klopfen der Küfer u.s.w. sind dem Volke prophetische Zeichen.« (102) Als böses Vorzeichen galt es einst, wenn sich ein Reifen vom Weinfaß löste, dann war nach dem festen Glauben unserer Vorfahren ein Todesfall zu befürchten. Wenn jemand im Haus im Sterben lag, so war es früher u.a. in **Speyer** Sitte, an den Fässern zu rütteln, damit der Wein nicht verderben sollte. In AUGUST BECKERS Heimatroman »Nonnensusel« wird gesagt, daß an Advent, in der Zeit, wo die Gespenster ihr Unwesen treiben, »die Truden als Faßreifen in den Keller wollen.« (103) Kirchlicher Schutz des wichtigen Gutes

60

ist deshalb notwendig. »Am 3. Weihnachtstage wird in der Weingegend ein Kelch mit Wein vom Priester geweiht und nach der Frühmesse als 'Gehannswein' (Johannissegen) von der christlichen Gemeinde getrunken: einmal um den Wein im Fasse vor Schaden zu bewahren, daß namentlich die Hexen ihn nicht verunreinigen; dann das nächste Jahr der Herbst gut gerathe.« (104) Die Sitte des Leichentrunkes hat sich in Weingegenden bis heute erhalten. Abschließend sei noch auf das Faß als karnevalistisches Symbol hingewiesen, das im 19. Jahrhundert aufkam. Es wurde zum Pult des Karnevalredners (»Büttenredners«), da ursprünglich die Karnevalsrede stehend auf einer Tonne gehalten wurde.

d. »Seelöwenmütze und Schurzfell« - die Küfertracht

Nur wenige Handwerker wie die Wagner, die Fischer und die Küfer hatten einst eine eigene Berufstracht gehabt. Sie wird in der Literatur zumeist nur beiläufig

*33. Die hohe schwarze Schirmmütze, der blaue Leinenschurz und der gestreifte Leinenkittel entwickelten sich zur folkloristischen Berufstracht der Küfer. Der weiß-blau gestreifte Leinenkittel wurde schließlich von den Winzern übernommen, die ihn heute vor allem an den Weinfesten tragen. **Hambacher** Küfer beim Aufmarsch zum Küferstreich, ca. 1920.*

und bruchstückhaft beschrieben. Bei König LUDWIGS I. Triumphzug durch die Pfalz (1829) wurde in **Neustadt** eine Ehrenpforte errichtet aus lauter mit Weinlaub umkränzten Fässern, vom Stückfaß auf dem Boden bis zum Viertelohmfäßchen im Gipfel. Hüben und drüben standen in Gruppen die Winzer, und an den Seiten »je ein Küfer in seiner Tracht mit Sammetspenser und Schurzfell.« Bei der Begrüßung des Königs schlug dieser am Stückfaß den Hahnen an und füllte den silbernen Becher mit dem köstlichen Naß. Der König leerte diesen »Ehrentrunk« bis auf die Neige zum Wohle der Pfalz. (105)

Nach AUGUST BECKER trugen junge bürgerliche Weinküfer um die Mitte des 19. Jahrhunderts zumeist eine Mütze aus gelbbräunlichem Seelöwenfell. (106) Die Pelzmütze galt in dieser Zeit als die Krone aller Mützen und war der Stolz ihrers Trägers. (107)

KARL-AUGUST BECKER beschreibt die Küfertracht folgendermaßen: »Die Weinküfer hatten zumeist eine schwarze oder dunkelblaue Schirmmütze, einen blauen, oft in feinen hellen Streifen gemusterten Leinenkittel, der nur bis zur Hüfte ging, und eine blauleinene bis zum Knie reichende Schürze mit breitem Bruststück. Im Schürzenbund des Küfers, der den Kittel zusammenhält, sitzt der 'Schlegel' und die Hosen stecken in kurzschaftigen Stiefeln.« (108)

Allgemein trugen die Küfer das schon erwähnte Schurzfell wegen der Nässe im Keller, oder auch eine kurze Bluse und einen Leinenschurz.

In den 60er Jahren des letzten Jahrhunderts drang der weite blaue Leinenkittel mit dem Brustschlitz in die Bauerntracht ein und entwickelte sich zum Berufsgewand der Metzger, reisenden Händler und Küfer. Er wurde nach seiner Herkunft »Licher (**Lütticher**) Kittel« genannt.

Dieser blaue Küferkittel wird heute noch vor allem aus folkloristisch-touristischen Gründen auf den vielen Weinfesten von den Winzern getragen. (109)

e. »Eisfässer« - Faßbau auf dem zugefrorenen Rhein

Ein besonderes Brauchtum der Küfer war es, in an Flüssen gelegenen Städten bei starker Eisdecke ein Faß auf dem Fluß zu binden. Die Besonderheit und Gefährlichkeit des Unternehmens bestand darin, daß auf dem Eis ein Feuer entfacht und unterhalten werden mußte. Die Feuerstelle bekam dafür eine feste Unterlage, damit das Eis nicht schmolz. Diese mehrtägige öffentliche Demonstration ihres Könnens erinnert an moderne Handwerksschauen heutiger Zeit und hatte die gleiche Funktion: für das »ehrbare« Handwerk zu werben. (110) Als bei der strengen Winterkälte im Februar 1740 der Rhein bei **Mannheim** zufror, fertigte die dortige Küferzunft auf der Eisdecke des Flusses ein Faß an,

34. *Demonstration des Küferhandwerks auf dem zugefrorenen Rhein in* **Speyer** *am 18. Februar 1929. Küfermeister VALTIN JESTER aus* **Speyer**, *(Mitte) wird unterstützt beim Bau des Fasses von 1082 Liter Inhalt durch die Küfergesellen ROBERT HELLMANN aus* **Lingenfeld**, *links, und EMIL SCHÄDEL aus* **Heiligenstein**, *rechts. Zuvor wurde eine Eisenplatte auf das Eis gelegt, darauf ein Feuer entfacht und die Faßdauben »eingebrannt«.*

dessen vorderer Teil sich bis heute erhalten hat.

Der durch den waagrechten Spannbalken in zwei Hälften gegliederte Faßboden zeigt in flacher Reliefschnitzerei oben in einer Rokokokartusche ein verschlungenes CP, das Monogramm des Kürfürsten CARL PHILIPP, bedeckt mit dem Kurhut, gehalten von zwei gekrönten Löwen. Auf dem oberen Rand befindet sich die Zahl 1600, die sich wohl auf den Faßinhalt 1600 Maß bezieht. In der unteren Hälfte ist eine Inschrift eingeschnitten. Die Faßtür mit dem Spundloch und dem einfachen Faßriegel greift unten in die Inschrift ein, die fortlaufend in großen lateinischen Buchstaben angebracht ist. (111)

Auch der Winter 1766 war so kalt, daß der Rhein fest zugefroren war. Auf dem zentimeterdicken Eis haben **Speyerer** Holzküfer am 17. Januar ein wunderschönes Holzfaß mit einem herrlich geschnitzten Boden für Kurfürst CARL THEODOR gebaut. Das 5000-Liter-Faß ist heute noch im Weinmuseum in **Speyer** zu sehen. (112)

Auch in neuerer Zeit wurde die Tradition der Herstellung sogenannter Eisfässer auf dem zugefrorenen Rhein fortgesetzt. Als prächtige Schaufässer fanden die 1879, 1929, 1954 und 1956 gebauten Fässer ihren Platz vornehmlich in den Kellern von Weingütern und Kellereien. (113)

20. Die Herstellung eines Fasses von Hand

Die Arbeiten für die Herstellung eines Fasses sind im wesentlichen seit Jahrhunderten gleichgeblieben, wenngleich der Einsatz von Maschinen seit Beginn des 20. Jahrhunderts die Handarbeit wesentlich erleichtert hat. Die alte Arbeitsweise von Hand soll im folgenden in knapper und allgemeiner Form dargestellt werden, wie sie in der Pfalz allgemein üblich war.

Der 1923 geborene Küfermeister HEINRICH GIES und sein 1956 geborener Sohn MICHAEL, der nach der offiziellen Sprachregelung »Böttchermeister« und seit 1990 als Nachfolger seines Vaters »Obermeister der Küferinnung der Pfalz« ist, schildern gemeinsam als aktive **Bad Dürkheimer** Küfer ihre Arbeit: Wie bei allen Holzgerätschaften spielt auch bei der Herstellung des Fasses zunächst die Qualität des Ausgangsmaterials eine ausschlaggebende Rolle. Das Holz sollte deshalb
- keine Krankheiten und Fehler wie z.B. Fäulnis aufweisen,
- feinjährig sein, d.h. dichte Jahresringe haben,
- nicht aus Auwäldern oder Tallagen stammen und
- möglichst auf trockenen Höhenzügen gewachsen sein.

In der Regel wird Eichenholz verwendet, aber seit altersher auch Kastanie. Weil die Kastanie aber allgemein nicht die Stammdicke der Eiche erreicht, kommt Kastanienholz nur bei Fässern bis zur Größe eines Stückfasses (1200 Liter) in Betracht. Ein weiterer Nachteil ist, daß es zu Verformungen neigt, z.B. beim Abbinden oder Wärmen. Kastanienfässer galten früher als »Fässer der armen Leute«, die sich keine größeren und aus Eichenholz gefertigten leisten konnten. Heute erlebt das Faß aus Kastanienholz wie überhaupt das Holzfaß eine ungeahnte Renaissance. Sein Eigengeschmack ist begehrt und gewünscht beim Weinausbau. Der darin gelagerte Wein wie z.B. Riesling bekommt einen »süßlichen« Ton, ähnlich wie er dem Geschmack der Kastanienfrucht eigen ist.

a. Holz schneiden und spalten

Die Baumstämme werden zunächst auf Länge der Dauben und Bodenstücke des herzustellenden Fasses zugeschnitten. Dazu benutzt man die »Trummsäge«, heute vornehmlich die »Bandsäge«.

Die einzelnen Holzstücke werden nun der Länge nach mit »Spaltaxt« und »Holzhammer« auch unter Zuhilfenahme von Keilen halbiert, geviertelt u.s.w. zu rohen Dauben und Bodenstücken gespalten, bzw. gerissen.

Man kann sich vorstellen, daß diese kräftezehrende und grobe Vorarbeit einst einmal von sogenannten Daubenhauern vor Ort im Pfälzerwald ausgeübt wurde (s. Kap. A. 9.). Auch in Faßfabriken wie z.B. in der von JEAN TROPF in **Frankenthal** waren Daubenhauer nach dem Prinzip der Arbeitsteilung tätig.

Das von Hand gespaltene Holz hat gegenüber dem maschinengeschnittenen den Vorteil, daß es sich im Faß nicht so leicht wirft, da es der Faser nach verläuft und

einen sogenannten schönen »Spiegel«, d.h. aufrechtstehende Jahresringe, auf-
weist.
Doch auch mit der »Blockbandsäge« ist ein Spiegelschnitt möglich, indem mit
einem beweglichen Schlitten die Stämme so gedreht werden können, daß beim
Sägen die Jahresringe möglichst senkrecht zu stehen kommen.
Anschließend wird das Holz zum Trocknen in hohen Stößen über Kreuz
aufgesetzt, damit die Luft hindurchstreichen kann. Die Lagerungsdauer hängt
von der Dicke des Holzes ab. Als Faustregel gilt ein Jahr pro Zentimeter.

b. Riß und Model - Zeichnung und Schablone

Bevor der Küfer mit der eigentlichen Faßherstellung beginnt, muß er eine
Zeichnung, den »Riß«, anfertigen. Daraus gehen die notwendigen Maße des
Fasses hervor. Dabei ist ein großer verstellbarer »Reißzirkel« mit Metallspitze
das wichtigste Instrument. Diese Zeichnung benötigt er, um den »Model« zu
erhalten, der den Winkel der Fugen und die Rundung der Dauben bestimmt.
Der Küfer fertigt nun nach der Zeichnung den Model an. Diese Holzschablone
gibt einen Ausschnitt vom Grundriß des jeweiligen Fasses am »Kopf«, d.h. am
Faßende. Aus einem dünnen Brett wird ein akkurat der Rundung des Fasses
entsprechender Bogen herausgesägt, der in einem durch geometrische Konstruktion ermittelten Haken, der »Nase«, endet.
Die Nase ist das Lot auf die Tangente durch den Kreismittelpunkt. Der Bogen
gibt die Wölbung der äußeren Daubenseite, der Haken die Schräge der Längsseite der Dauben, der sogenannten »Fugen«, an.
Am Model zeichnet der Küfer schließlich die »Stiche« an, eine Maßeinteilung,
aus der sich später die Breite der Daube am Kopfende und an der Daubenmitte
(Faßbauch) bestimmen läßt.

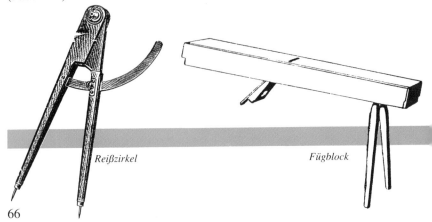

Reißzirkel   *Fügblock*

Für Fässer mit mehr als 1200 Liter Inhalt muß zusätzlich ein Bodenmodel angefertigt werden. Mit diesem wird die »Senkung«, das ist die Wölbung des Bodens zum Faßinneren, bestimmt, womit der Druck der Flüssigkeit auf den Boden vermindert wird (s.u.). Die Herstellung der Model ist eine einmalige Angelegenheit, da die Schablone für gleichartige Fässer immer wieder verwendbar ist.
Nun kann der Küfer mit der Herstellung des Fasses beginnen.

c. Dauben fügen und streifen

Die Daubenhölzer werden zunächst mit dem »Lenkbeil« innen ausgehauen, damit später nicht mehr so viel gehobelt werden muß. Auch das für die Faßherstellung ungeeignete Splintholz wird damit abgehauen und die »Spitzung« (s.u.) herausgearbeitet.
Entsprechend dem Model wird die Daubenoberseite mit dem »Streifhobel« gestreift«, d.h. rund gehobelt. Heute werden diese Arbeiten mit Hobelmaschine und Fräse ausgeführt.
Anschließend muß die Daubeninnenseite bearbeitet werden. Zu diesem Zweck hängt man die Daube der Länge nach an einen stehenden hölzernen Pfosten, den »Galgen«. An seinem oberen Teil ist eine Klammer, in welche die Daube eingeklemmt wird. Sie steht nun schräg nach unten und kann so leicht bearbeitet werden, d.h. »ausgezogen« werden. Der Küfer zieht das »Schneidmesser« mit seiner gebogenen Klinge mehrmals von oben nach unten über das Holz, so daß die Daube innen leicht ausgehöhlt wird.
Kurze Dauben werden nicht im Galgen, sondern auf der »Schneidbank« ausgezogen. Nach dem Ausziehen muß man die Daubeninnenseite noch »ausschrubben«, d.h. mit dem »Schrubbhobel« glätten.

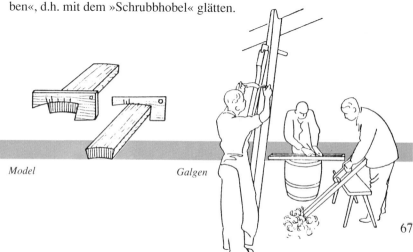

Model   Galgen

67

All diese verschiedenen Arbeiten werden heute von der Fräse erledigt.

Als nächster Arbeitsschritt folgt das »Fügen« der Dauben. Dafür wird der »Fügblock« verwendet, ein auf dem Boden stehender großer Hobel. Damit werden die beiden Längskanten der Daube leicht abgeschrägt, so daß sich die »Spitzung« ergibt. Die Dauben werden dabei immer wieder mit dem Model gestreift, d.h. solange kontrolliert, bis die Fugen und die Daubenoberseite dem Model entsprechen.

Bei kleineren Fässern wird eine »Rauhbank« in eine Hobelbank eingespannt und damit die kurzen Dauben gefügt.

Heute spannt man die Daube in den »Fügeapparat« ein, wo ihre Längskante an einer Fräse vorbeigezogen und Spitzung und Fugen gemäß dem in der Maschine eingesetzten Model herausgearbeitet werden.

Ist die Daube gefügt und gestreift, zeichnet der Küfer den Bauchriß an. Damit wird die Mitte der unterschiedlich langen Dauben bestimmt.

Sind alle Dauben fertiggestellt, werden sie sortiert. Der Küfer nimmt abwechselnd eine schmale und eine breite Daube, damit das Faß gleichmäßig rund wird. Er achtet ferner darauf, daß die besten Dauben unten den Grund des Fasses bilden, denn sie haben einen größeren Druck von oben auszuhalten.

Wichtig ist auch jeweils die Splint- und die Herzseite zweier Dauben nebeneinanderzusetzen, damit sie sich nicht verziehen. Dauben mit Aststellen oder anderen Fehlern kommen an den Spund. Die Spunddaube, in die später das Spundloch gebohrt wird, muß breit und von zähem und langfaserigem Holz sein, damit sie nicht bricht.

d. Das Faß aufstellen

Nachdem der Küfer alle Dauben sortiert hat, kann er das Faß am »Setzreifen aufstellen«. Bei kleineren Fässern wird folgendermaßen vorgegangen: Zunächst wird auf den Boden der spätere vierte Reifen gelegt, oben hin kommt ein weiterer Reifen, beide sind enger als der spätere Bauchreifen.

Dann stellt er im Viereck vier größere Dauben in den oberen und unteren Reifen. Ein oder zwei Personen müssen dabei anfangs beim Aufstellen helfen. Die vier Dauben werden mit Schraubzwingen am oberen Reifen befestigt.

Jetzt wird der etwas größere Setzreifen innen an diesen Dauben in Höhe des Bauchrisses hineingeklemmt. Der drückt die Dauben an dieser Stelle leicht nach außen, so daß sie unter Spannung stehen. Die Schraubzwingen können jetzt entfernt und die restlichen Dauben der Reihe nach eingesetzt werden.

Die letzte Daube muß von oben her in die verbleibende Lücke mit dem Hammer eingeschlagen werden, da die Dauben noch locker stehen und die Lücke schmäler ist als die letzte Daube. Unten wird sie mit einem Hebel hinter den am Boden liegenden Reifen gedrückt.

Bei größeren Fässern wie z.b. Lagerfässern wird Daube neben Daube gestellt und nur an dem einen Setzreifen oben mit Schraubzwingen befestigt.

Danach wird das Faß umgelegt und die Dauben mit Hammer oder Schlegel »ausgerichtet«, bis der Bauchriß eine gleichmäßige umlaufende Linie bildet.

Selten gelingt das Ausrichten vollständig und die Mittellinien der ersten und der letzten Daube müssen mit Zugeisen und Kette in Übereinstimmung gebracht werden. Die Mittellinie ist vor allem bei Lagerfässern notwendig, weil sie zum Anriß der Senkung dient.

Schließlich treibt der Küfer die Reifen mit »Setzhammer« und »Schlegel« nach. Wenn dadurch das Faß genügend Festigkeit erlangt hat, wird der Setzreifen im Faßinnern entfernt.

e. Das Wärmen des Fasses

Das »Wärmen« wird im Freien auf dem Hof durchgeführt. Ein Metallkorb, der sogenannte »Wärmkorb«, wird dafür mit Abfallholz gefüllt und angezündet. Das Faß wird nun über das offene Feuer gestellt und die Dauben solange erhitzt, bis an ihrer Außenseite die Wärme zu spüren ist.

Um zu vermeiden, daß das Holz in Brand gerät und um den Biegeeffekt zu unterstützen, wird es von innen und außen mit einem Lappen oder der Faßbürste naßgemacht.

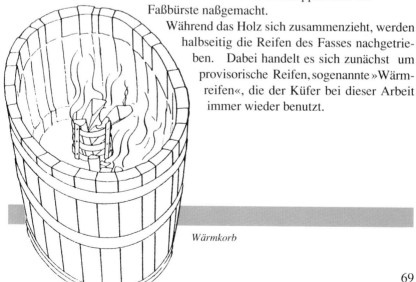

Während das Holz sich zusammenzieht, werden halbseitig die Reifen des Fasses nachgetrieben. Dabei handelt es sich zunächst um provisorische Reifen, sogenannte »Wärmreifen«, die der Küfer bei dieser Arbeit immer wieder benutzt.

Wärmkorb

Um die unten auseinanderstehenden Dauben wird der »Faßzug« gelegt, ein Seilzug, der allmählich zugedreht wird, bis die Fugen annähernd geschlossen sind. Dann wird das Faß mitsamt dem Seilzug umgedreht und mit einem »Fangreifen« gesichert.

Schließlich wird der Seilzug entfernt und die restlichen Reifen aufgetrieben. Bevor sie allerdings vollständig fest aufgetrieben werden, müssen die Dauben gegeneinander ausgerichtet werden.

Um die endgültige Form zu stabilisieren, muß der Küfer das Faß »nachfeuern« oder »trockenfeuern«. Dabei wird die Seite, die zuletzt mit dem Seilzug zusammengezogen wurde, nun nach unten über das Feuer im Wärmkorb gestellt. Diese Arbeit ist notwendig, um sogenannte »Wärmbrüche« am Faß zu vermeiden. Abschließend müssen nach dem Nachfeuern nochmals sämtliche Reifen fest angezogen werden.

f. »Kopfarbeit« an den Dauben

Nach dem Abkühlen des Fasses können die Faßenden bearbeitet werden. Da die Daubenköpfe trotz Ausrichtens noch keine vollständig gerade Linie bilden, werden sie mit der »Gestellsäge« oder »Handbandsäge« geradegesägt.

Stellt der Küfer ein Faß mit Senkung her, so muß er diese entsprechend aussägen. Danach fällt die Gesamtlinie der Daubenkopfenden von einer Seite zur anderen leicht ab und steigt wieder an. Die Schnittfläche wird mit der »Rauhbank« ebengehobelt. Der Sinn einer solchen Senkung liegt darin, daß die Böden dem Innendruck besser widerstehen können.

Mit dem »Rundmesser« werden die Köpfe schräg angeschnitten und mit dem »Kopfhobel« glattgehobelt. Danach erfolgt die Bearbeitung der Innenseite der Daubenköpfe, das »Ausgerben« mit dem »Ausgerbhobel«. Hier wird anschlie-

Ausgerbhobel *Bodeneinschneidhobel*

ßend die »Gargel« angebracht, die Nut, in die später der Boden eingesetzt wird. Sie wird mit dem »Gargelkamm gerissen«, d.h. ausgehobelt.

Heute wird die gesamte Kopfbearbeitung von einer Spezialmaschine erledigt, in die für das »Enden«, Ausgerben und »Gargeln« jeweils spezielle Fräser eingesetzt werden.

Jetzt kann der Küfer den Boden fertigen.

g. Der Boden noch ...

Die Bodenstücke werden »gestreift«, d.h. glattgehobelt, wobei für das grobe Hobeln der »Schrubbhobel«, für das feine der »Glätthobel« oder aber insgesamt der »Schlichthobel« benutzt wird. Beim Faß ohne Senkung wird das Fügen der Bodenstücke wie das der Dauben jeweils auf dem Fügblock ausgeführt. Allerdings geschieht das Fügen mit dem Bodenmodel und damit im rechten Winkel. Falls das Faß aber eine Senkung hat, müssen die Bodenstücke im Senkungswinkel gefügt und mit Spitzfugen versehen werden. Die Spitzfuge oder der »Abstich« beträgt bei einer Länge von 2 Metern ungefähr 2 bis 3 Millimeter. Die einzelnen Bodenstücke werden miteinander verdübelt. Dazu müssen mit einem »Handbohrer« Löcher für die Dübel in die Fugenseiten gebohrt werden. Die Dübel selbst werden aus Akazienholz gemacht.

Zwischen die Fugen werden Blätter von Liesch zum Abdichten gelegt, bevor je zwei Bodenstücke mit dem Hammer zusammengeschlagen werden. Abschließend muß der Umfang des Faßbodens ermittelt werden, indem mit dem Zirkel die Gargel ausgestochen wird. Mit der Handsäge, heute auch mit der Bandsäge, wird der Boden rundgeschnitten, mit dem »Glätthobel« die Schnittfläche glattgehobelt. Dann kommt das »Einschneiden des Bodens«.

Dazu wird am äußeren Rand des Bodens ein schräger Saum, der sogenannte »Bram«, am inneren Rand der »Hauschnitt« angebracht. Der äußere wird mit dem »Bramhobel« herausgearbeitet.

Der längere innere wird zunächst mit dem »Lenkbeil eingehauen«, mit dem »Bodenmesser« nachgearbeitet und abschließend mit dem »Bodeneinschneidhobel« nachgeglättet.

Der Bodenrand wird der Gargelstärke angepaßt, wozu die Stärke mit dem »Streichmaß« angezeichnet wird. Der Küfer überprüft die Ab-

Gargelkamm

71

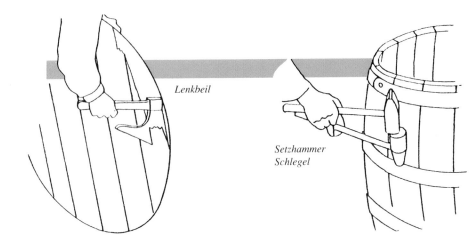

Lenkbeil

Setzhammer
Schlegel

messungen des Bodens noch einmal, indem er mit einem Probierzirkel die Maße in der Gargel und am Boden nachmißt.

In mechanisch eingerichteten Küfereien, besonders in Faßfabriken, werden Bram und Hauschnitt mit der Maschine eingefräst.

Vor dem »Einbinden« der Böden muß der Küfer zuerst mit Setzhammer und Schlegel alle Reifen bis auf die Bauchreifen abschlagen. Danach wird der erste Boden quer in die für ihn vorgesehene Öffnung hineingestoßen, gedreht und in die Gargel gesetzt.

Anschließend wird er von außen mit dem »Bodeneisen« herausgezogen, bzw. in die Gargel hineingezogen. Dies wird bei Faßgrößen bis 1200 Liter so gemacht. Zwischen Gargel und Bodenrand wird Liesch eingezogen und der Boden damit abgedichtet. Die Reifen (Kopf-, Hals- und dritter Reifen) werden wieder aufgezogen.

Der Boden besteht in der Regel aus einem breiten Mittelstück, wo das Faßtürchen angebracht wird, und aus den Seitenstücken. Der Türchenriß wird aufgezeichnet und die Faßtüre herausgesägt. Nun wird der Faßriegel vor das Faßtürchen gesetzt und innen mit der Faßschraube festgedreht. Damit die eiserne Schraube nicht mit Wein in Berührung kommt, muß man die Vertiefung, in der sie sitzt, mit Talg oder Paraffin ausgießen und dann mit einem kleinen Holzstück abdecken.

Schließlich wird noch mit dem »Spundenlochbohrer« in der Mitte der Spunddaube das Spundenloch gebohrt und mit dem »Zapfenlochbohrer« das Zapfenloch. Der Spund, mit dem man das Faß verschließt, wird vom Drechsler auf der Drehbank gedreht.

72

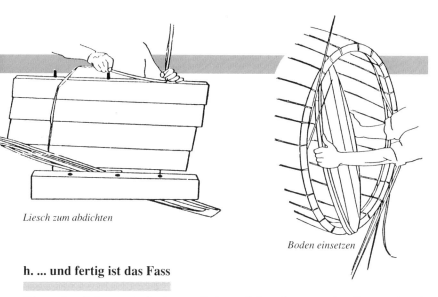

Liesch zum abdichten

Boden einsetzen

h. ... und fertig ist das Fass

Wenn das Faß soweit fertiggestellt ist, wird es innen und außen nochmals geglättet. Dazu müssen wieder alle Reifen bis auf die beiden Kopfreifen abgeschlagen werden. Mit Schrubb- und Glätthobel wird die Außenseite abgehobelt.

Anschließend schlägt der Küfer die Kopfreifen ab, hobelt auch an dieser Stelle das Holz glatt und zieht einen neuen Gargel- und Kopfreifen auf. Hierzu benutzt er die gleichen Werkzeuge, die er schon beim Antreiben der Wärmreifen verwendete: Setzhammer und Schlegel. Ist das Faß ganz fertig, wird es mit Faßöl gestrichen.

In der Pfalz werden die Fässer vor Gebrauch in der Regel »weingrün« gemacht, indem mit heißem Wasser und einer alkalischen Reinigungslauge wie Soda dem Holz die Lohe entzogen wird. Am Schluß schwenkt der Küfer das Faß noch mit reinem Wasser, d.h. er brüht es »süß«, bevor es seiner eigentlichen Bestimmung zugeführt wird: Wein in sich aufzunehmen, zu lagern oder zu transportieren.

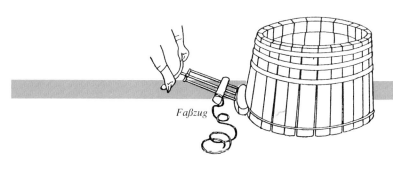

Faßzug

B. Weinverkauf und Weintransport

Vom Weintransport und vor allem vom Weinverkauf in früherer Zeit lassen sich nur ungenaue Vorstellungen gewinnen. Die wenigen geschichtlichen Hinweise zeigen lediglich ein skizzenhaftes Bild. Unsere pfälzische Heimatgeschichtsforschung hat diesem wirtschafts- und sozialgeschichtlich interessanten Thema bisher wenig Aufmerksamkeit geschenkt. (1)

Verschiedene Personengruppen waren beim Weinverkauf und Weintransport beteiligt. Ihre Tätigkeiten griffen vielfach ineinander und waren miteinander verbunden. Eine klare Trennung läßt sich nicht machen, zu groß scheinen die zeitlichen und örtlichen Unterschiede zu sein. Selbst identische Tätigkeiten wurden örtlich von verschiedenen Personengruppen ausgeführt. (2)

So stehen eine Reihe unterschiedlicher Gewerbe und Berufe im Zusammenhang mit dem Weinverkauf und seinem Transport, wie er sicherlich in allen Städten entlang der Haardt, in **Dürkheim**, **Neustadt**, **Landau** und **Bergzabern**, üblich war. Die folgenden detaillierten Beschreibungen der Tätigkeiten der Weinschröter, Weinläder, Weinsticher, Weinknechte, Weinrufer, Weineicher, Ungelder sowie der Rebleute (Winzer) sollen Anstoß geben zu einer stärkeren Beachtung in der weiteren Heimatgeschichtsforschung. Schließlich geht es um die Abrundung des bislang noch lückenhaften Bildes über die Kulturgeschichte des Weines in der Pfalz.

36. Die Aufgabe des Eichmeisters ist es, den Inhalt des Fasses zu messen.

1. Die Eichmeister

In **Landau** gehörte der Eichmeister zu den ersten städtischen Bediensteten, die im Weinhandel eine Funktion ausübten. Kein Wirt durfte ohne sein Wissen und nur mit seiner ausdrücklichen Genehmigung Fässer einlegen, eine Regelung, derentwegen es zwischen dem Eichmeister, später den Weinknechten und den Wirten zu ständigen Reibereien kam. (3)

Der folgende »Eichmeister-Eid«, den er bei Antritt seines Amtes zu leisten hatte, eine Art feierliche Erklärung, die einen Katalog seiner Amtspflichten enthielt, wurde im Jahre 1482 im Großen Ratsbuch der Stadt **Landau** eingetragen. In freier Übertragung lautet er:

»Er soll schwören dem Rate und der Stadt getreu und hold zu sein, sie vor Schaden warnen, auf derselben Nutz und Frommen allzeit bedacht zu sein; dann wird er gehalten ewiglich zu verschweigen, was er von des Rates oder der Stadt Heimlichkeit hört, sieht oder erfährt.

Auch hat er für jedermann, der seiner bedarf, zu eichen und sonst alle andern Dinge, die ein Eicher bisher verrichtet hat, wie sich's gebührt, getreulich und aufrichtig zu besorgen; dazu hat er auf das Ungeld (siehe Kap. B. 12) und die Wirte, die dasselbe schuldig sind oder es werden, genau achtzugeben.

Auch hat er mit den Knechten (Weinknechten, s.u.) oder allein in die Keller rechtzeitig zu gehen und jedesmal das vorzubringen, was er als dem Ungelde nachteilig und an den Wirten rügbar sähe, erführe oder gewahr würde; er soll darin niemand zu Liebe noch zu Leide etwas beanstanden oder verschweigen.

Auch darf er ohne Erlaubnis des Bürgermeisters und Marschalls nicht aus der Stadt über Land gehen oder über nacht ausbleiben. Er soll auch kein Spiel tun. Was er auch in solchem Dienst zu besorgen oder mit dem Rate und den Bürgern zu schaffen bekäme, das hat er nicht anders als vor dem Gerichte und dem Rate auszutragen und sich an keinen Herrn oder Amtmann gegen den Rat der Stadt

oder die Bürger zu wenden. Sollte ferner etwas mit ihm geredet werden, wovon er meinte, es möchte der Stadt Schaden davon kommen, so hat er solches alsbald vorzubringen. Würde man ihm etwas mehr nach diesem Eide auftragen, so hat er auch darin gehorsam zu sein, es zu halten und zu tun ohne jede Widerrede und Arglist.« (4)

Dieser Eid wurde 1482 von SIEGFRIED PFEILSTICKER geleistet, 1486 von JOST SCHEUERMANN, 1490 von HEINRICH BENDER, 1497 von NIKO-LAUS WEIDHEINTZ, 1498 hat wieder SIEGFRIED PFEILSTICKER den Eichmeister-Eid geschworen, 1509 tat dies LORENZ KENNEL, 1514 PETER VENNINGER, 1529 ein gewisser HENSELL und 1548 waren es VELTEN HOFFMANN und WENDELIN ZWEIBRÜCKER. (5)

Die städtischen Eichgebühren wurden nach Faßgrößen wie folgt festgesetzt:

»Item ein faß das da hellt 5 1/2 Ame gibt 2 Pfg. zu ychenn was darunter ist cleyn odder groß gibt auch zwene pfennig.

Item 6 vnnd 7 ome gebenn 3 pfenning.

Item 8 9 10 101/2 ame 4 Pfg.

Item 11 12 13 14 15 ame 6 Pfg.

Item 16 17 18 19 20 ame 8 Pfg.« (6)

Auswärtige Fuhrleute und Händler mußten eine höhere Gebühr, nämlich 2 Pfennig pro Ohm entrichten.

Im mittelalterlichen **Neustadt** waren es nach der Ordnung von 1315 die Milterer oder Mütterer, die das Eichen der Fässer besorgen mußten. Diesen wurde ferner auferlegt, bei Feueralarm mit den Haken zu erscheinen und eine halbe Nachtwache zu tun (siehe Kap. 7 und 10), wofür sie als Lohn u.a. für Fruchtmessen u.s.w. von der Stadt jährlich 2 Pfund und 10 Schillinge erhielten. (7)

Noch im 19. Jahrhundert bestand in der Pfalz das Gemeindeamt des Eichers. So wurde z.B. in **Maikammer-Alsterweiler** ab 1851 die Stelle des Eichmeisters alljährlich besetzt, für beide Gemeinden gab es jeweils einen. Zwei Drittel der Gebühren fielen dem Eichmeister, ein Drittel der Gemeinde zu. (8)

2. Die Weinknechte, Weinrufer oder Weinschreier

Der Weinhandel entwickelte bereits im Mittelalter besondere Formen der Absatzwerbung. Dazu gehörten die Weinschreier oder Weinknechte. Sie waren die personifizierte Werbung für den Weinausschank bei den Wirten. Als Reklameschreier betrieben sie Mundpropaganda vor den Gasthäusern für die darin zum Ausschank kommenden Weine nach der Art wie:

»Holent alle Wein bei N. N., der hat ufgetan einen guten newen Wein, ein Faß

voll, die Maß um x, y Pfennig!« In **Worms** werden im Jahre 1351 die Weinrufer *clamatori vini* genannt. (9) Die Wirte pflegten die Weinrufer für ihre Tätigkeit zu verköstigen und bezahlten sie nach der Menge des abgesetzten Weins. Die Weinknechte, die wir in **Speyer** bereits im Jahre 1375 zunftmäßig zusammengeschlossen finden, hatten die Aufgabe, den Wirt beim Kleinverkauf der Weine durch Ausrufen und Zapfen zu unterstützen, gleichzeitig aber im Dienste der Stadt die Entrichtung des Ungeldes (siehe Kap. 12) zu

37. Der Weinrufer oder Weinschreier machte einst in den Städten lautstark Reklame für das Produkt Wein, womit die Aufmerksamkeit der Kauflustigen erregt werden sollte.

überwachen. (10) Für den Weinverkauf in **Neustadt** wurde 1390 den sogenannten Weinschreiern die nötigen Vorschriften erteilt, die auch das Faßeichen und ihre Bezahlung betrafen. Sie mußten darüber hinaus bei einem Gewitter gemeinsam mit den Milterern und Bütteln die Glocken läuten, bei Bränden Löschhilfe leisten sowie eine halbe Nachtwache halten. (11)
Entsprechend der städtischen Wirtschaftsverfassung nahmen die Räte der pfälzischen Städte den Weinhandel unter ihre Kontrolle und setzten Beamte ein, die darüber zu wachen hatten, daß die genau festgesetzten Verkaufstaxen für den Wein eingehalten wurden und die Gastwirte das Ungeld, die Weinsteuer, in der geschuldeten Höhe zahlten.
Der Weinknecht oder Weinrufer, andernorts auch Weinsticher genannt, war anfänglich noch der Gehilfe des Eichmeisters. Seine Tätigkeit beim Weinverkauf läßt sich am ehesten mit dem des heutigen Weinkommissonärs vergleichen.
In den ersten Jahrzehnten des 16. Jahrhunderts, als offenbar der städtische Weinhandel wie z.B. in **Landau** größeren Umfang annahm, wuchsen den dortigen Weinknechten oder Weinrufern eigene Aufgaben zu.
Wollte ein Bürger Wein verkaufen, so zeigte er es dem Weinrufer an. Dieser

nahm dann einen Schoppen zur Probe aus dem Faß und versiegelte sie, um Fälschungen vorzubeugen. Darauf rief er diesen kaufbaren Gegenstand vom Rathaus bis zur Kornstraße öffentlich aus und bot Interessenten aus seinem Gefäß Proben zum Versuchen an.

Schon bald übten die Weinrufer über das gesamte Weingeschäft eine Kontrolle aus. Sie wurden damit zu den wichtigsten Personen des städtischen Weinhandels überhaupt. Vom ursprünglich einfachen Gehilfen des Wirtes, vom Reklameschreier und Privatangestellten, hatten sich die Weinrufer nun zum städtischen Bediensteten mit hoheitlicher Funktion emporgearbeitet. Als städtische Beamte waren sie schon rein äußerlich mit einer Uniform in des »Rats Farb« (schwarz, weiß und rot) gekennzeichnet. Über die von ihnen vereinnahmten Gebühren hatten die Weinknechte dem Rat alljährlich an Ostern Rechnung zu legen. Zudem waren sie noch verpflichtet, andere verkäufliche Gegenstände wie Häuser und Güter in der Stadt auszurufen und diese auf einer am Rathaus aufgehangenen schwarzen Tafel mit Kreide anzuschreiben. (12)

Gelegentlich scheint ihnen auch eine allgemeine soziale Aufsichts- und Kontrollfunktion zugefallen zu sein, wie folgende Episode zeigt. Im Jahre 1603 wurde in **Landau** über den nachlässigen Kirchenbesuch geklagt. Der Rat der Stadt ließ deswegen durch die Zünfte die Bürger zu fleißigem Kirchenbesuch ermahnen und traf zugleich die Vorkehrung, daß, wer während der Predigtstunden außerhalb der Kirche, auf der Straße oder an einem anderen Ort durch den Weinknecht angetroffen würde, um einen Batzen gestraft werden sollte. (13)

Bei ihrem Amtsantritt leisteten die Weinrufer, wie die anderen städtischen Beamten auch, einen Eid, der ihnen den Umfang ihrer Tätigkeit vorschrieb.

3. Der Weinrufereid zu Landau von 1519

Vom amtlichen Eid der Weinrufer zu **Landau** liegt eine Quelle vom Anfang des 16. Jahrhunderts vor. Sie lautet in freier Übertragung:

»Der Weinrufer soll schwören dem Rat und der Stadt getreu und hold zu sein, sie vor Schaden zu warnen, auf derselben Nutz und Frommen allzeit bedacht zu sein; ferner wird er gehalten ewiglich zu verschweigen, was er von des Rates und der Stadt Heimlichkeit hört und sieht.

Er soll gehorsam die Kohlen auf die Kammer (für die Wächter auf der Stadtmauer) tragen und sonstige andere Dinge tun, die ein Weinrufer bisher getan hat, insbesondere hat er eines jeden Wein für einen Pfennig auszurufen und zwischen Rathaus und vor der Korngasse auf und ab zu gehen und den Wein zu tragen. Ferner hat er alle Fässer zu versiegeln von der Stunde an, wo er einen Wein

38. Die Weinsticher hatten die Kaufinteressenten unparteiisch zu behandeln, in die jeweiligen Keller zu führen und ihnen eine Kostprobe von jedem gewünschten Wein zu geben.

ausgerufen hat. Seine Kanne soll nicht größer sein als ein Schoppen und geeicht. Er soll getreulich auf das Ungeld, das die Wirte schuldig sind, warten und acht geben, rechtzeitig mit einem Knecht oder seinem Gesellen in die Keller zu gehen.

Was er als dem Ungeld nachteilig und an den Wirten rügbar sei, das soll er jederzeit vorbringen. Er soll gehorsam sein einem jeden von Rechts wegen das auszurufen, was zu verkaufen ist, dies auf gleiche Art vornehmen und dabei niemanden weder aus Gunst noch aus Ungunst behandeln. Auch davon ist eine Rechnung zu haben, was man während des Handels als seinen Teil und Stubengeld neben dem Anteil der Stadt am Ungeld getreulich behalten hat.

Auch darf er nicht ohne Erlaubnis des Bürgermeisters und Marschalls aus der Stadt über das Land gehen oder über Nacht ausbleiben.

Er soll gehorsam mit einem jeden Gast in die Keller gehen, wo dieser Wein kaufen wolle oder wo er selbst Wein bei den Bürgern wisse, den man verkaufen wolle. Er soll niemandes Wein schlecht machen, noch dabei jemanden bevorzugen, ebenso nicht den Wein, den er ausruft.

Was er auch dabei mit dem Rat oder den Bürgern zu schaffen bekäme, das hat er nicht anders als vor dem Gericht oder dem Rat auszutragen, und sich an keinen Herrn oder Amtmann gegen den Rat, die Stadt oder die Bürger wenden.

Er soll auch kein Spiel tun.

Sollte etwas mit beredet werden, wovon er meinte, es könnte der Stadt Schaden bringen, so hat er dies alsbald vorzubringen.

Und wurde ihm etwas mehr nach diesem Eid aufgetragen, so soll er gehorsam sein, auch dies zu halten und alles ohne Widerrede und Arglist tun; wenn sein letztes Jahr beginnt, in dem er ausgedient hat und bis zum Ende dieses Jahres nicht mehr bleiben will, so soll er dies ein Vierteljahr zuvor dem Rat aufrichtig mitteilen, daß dieser ihm Urlaub geben könne.

Anno XVIIII (1519) vff fritag nach Sebastiani Jar als von dem Rate HEYNN-RICH GECKLINGER zu wynknecht angenommen der hat obgeschrybenn eyt geschworenn. Anno XLII vff fritag nach ... ENDRS vonn ... zu eym wynknecht angenom(en). Anno d(omini) XLIII vff dinstag nach mathei evangeliste haben meine herrn DEBOLTS HANSEN zu eynem weinknecht angenome(n) ist also Baldt den eyd Jn Rhat gethan.« (14)

Jederzeit, auch nachts, durften die Weinknechte die Keller der Wirte betreten und mußten dort mindestens 2 bis 3 mal in der Woche nach dem Rechten sehen. Die Wirte konnten nicht beliebig Fässer in ihre Keller legen. Auch darüber wachten die Weinknechte und Eichmeister, denen einfach alles anzuzeigen war, was die Weinkeller der Gastwirte und den Ausschank betraf. Schließlich hatten die Weinknechte darauf zu achten, daß die Wirte ihre Fässer immer voll hielten. Das Füllen der Fässer geschah im Beisein der Weinknechte, die im Anschluß daran die Fässer mit dem städtischen Siegel, dem Löwenwappen, versahen. (15)

4. Die wirtschaftliche Situation der Weinknechte in Landau

»Für das Ausrufen der Weinproben erhielten die Weinknechte jeweils einen Pfennig. Beim Weinverkauf kassierten sie vom Käufer und Verkäufer je einen Albus. Angesichts dieser geringen Entlohnung dürfen wir uns nicht darüber wundern, daß die Weinknechte sich bei der Annahme von Geschenken, heute würden wir sagen Bestechungsgeldern, nicht zimperlich zeigten.

Von Fuhrleuten und Verkäufern ließen sie sich 'schmieren' und schon im Jahre 1526 mußte der Rat die Mahnung an sie richten, nicht mehr als 2 Albus von den Bürgern zu nehmen und 'dass sie hinfuro von Fuhrleuten kein gollt mehr wechseln sollen'. Indessen war der Rat vernünftig genug einzusehen, daß mit

Ermahnungen und Strafandrohungen allein diese Unsitte nicht zu steuern war. Daher zahlte er den Weinknechten vom Jahre 1561 an für ihre Dienste - die von nun an auch dafür sorgen, daß an Markttagen die Wagen und Kärche ordentlich gestellt wurden - zusätzlich 1 fl. pro Vierteljahr.

Diese Vergütung erwies sich aber als nicht ausreichend, denn auch in den folgenden Jahren beklagten sich die Bürger immer wieder darüber, daß die Weinknechte und ihre Gehilfen ganz nach ihrem Belieben von den Fuhrleuten Lohn forderten. Daher entschloß sich der Rat im Jahre 1597, die Entlohnung der Weinknechte völlig neu festzulegen und drohte zugleich dem 'Überfahrer' dieser neuen 'Weinknecht-Ordnung' mit einer Strafe von einem Pfund Pfennig (= 20 Schilling = 240 Pfennig) an.« (16)

Darin wird zunächst festgestellt, daß »bisher allerhand vnordnung gegen den fremden fhurleuten, durch die Weinknecht, Eicher, Mulder und Spenner, auch Kueffer in schwenkung vnd einbrennung der faß, des Atzs vnd belohnung halb fürsprungen, daß sie Ires gefallens von den fhurleuten gefordert«.

War künftig ein Weinknecht beim Weinladen dabei, so sollte künftig nur noch ihm und nicht auch seinem Kollegen, wie es offenbar bisher üblich gewesen war, der »Imbst« vom Fuhrmann gezahlt werden. Pro Wagen erhielten die Weinknechte jetzt vom Verkäufer 3 Batzen, während der Fuhrmann 2 Batzen zu zahlen hatte. Dies bedeutete eine erhebliche Aufbesserung gegenüber den aus den Jahren 1526 und 1561 festgesetzten Löhnen. (17)

5. Die Weinsticher

Bis zur Mitte des letzten Jahrhunderts bestand in den Weindörfern der Pfalz das Institut des Weinstichs. Darunter verstand man das Gemeindeamt des Weinstichers oder Weinläders. Der Weinsticher kann als Vorgänger unserer heutigen Eichmeister, Weinkommissionäre und zum Teil auch der Küfer gelten.

Die Einrichtung dieses Amtes hatte den Zweck, Sicherheit und Beförderung beim Kauf und Verkauf des Weines zu gewährleisten. Der Weinstich ist als ein Sozial- und Wirtschaftsdienst der Gemeinden aufzufassen, der dazu diente, jedem Weinbauern im Ort die gleichen Verdienstmöglichkeiten beim Weinverkauf zu ermöglichen. Doch wie bei jedem auf Gewinn gerichteten Gewerbe, kam es auch bei den Weinstichern immer wieder zu Verfehlungen und mißbräuchlichen Praktiken. Schon im »Wochenblatt« von 1833 wird über die »Vetter- und Basenwirtschaft« der Weinmäkler oder Weinsticher geklagt:

»Wer nicht den Herrn Weinmäkler zum Vetter oder dessen Frau zur Base habe oder das Mittel anwende: wer gut schmiert usw., der könne oft Jahre lang keinen Wein verkaufen.«. (18} Darüber hinaus stand der Weinsticher noch in

39. Die Weinsticher
waren Bedienstete der Gemeinde
und als amtliche Lebensmittelkontrolleure
wie als Steuerbeamte gleichermaßen tätig.

der Funktion als beamteter Lebensmittelkontrolleur und vereidigter Finanz-beamter der Gemeinde.

Der Name rührt daher, daß er den zum Verkauf offerierten Wein zur Entnahme von Proben anzustechen hatte, entweder mit einem Stechheber oder einem Kränchen. In kleineren Orten mit nur einem Weinsticher als Gemeindebeamten rief eigens eine Weinsticherglocke den Weinsticher wegen eines angekomme-nen Käufers, Weinwagens usw. in die Ortschaft. (19)

Der Weinsticher in **Maikammer-Alsterweiler** z. B. mußte über sämtliche im Ort feilgebotenen Weine und deren Preise ein Verzeichnis führen. Es gehörte zu seinen Aufgaben, die Kauflustigen hiervon in Kenntnis zu setzen und sie in die Keller der Verkäufer zu führen. Er hatte in jeder Hinsicht den Vermittler zwischen Käufer und Verkäufer beim Verkauf und Abfüllen des Weines zu spielen und deren gegenseitiges Interesse zu wahren. Dabei mußte er bei Verkäufen den Geldbetrag berechnen, wenn der Wein nicht gleich gefüllt wurde, den Preis und das sogenannte Draufgeld notieren und das Faß unter Siegel legen. (20)

Der Weinsticher in **Maikammer-Alsterweiler** war auch zugleich Eichmeister. Er hatte als solcher alle ungeeichten Fässer zu eichen und Inhalt und Eichzeichen auf dem Faßboden anzubringen. Ferner mußte er kontrollieren, ob die Zeichen auf den Fässern der Käufer richtig waren. Beim geringsten Zweifel hatte er die Fässer nachzueichen.

»Das Amt des Weinstichers bekamen nur Männer, die allgemein als redlich, unparteiisch und völlig tadellos in der Gemeinde bekannt waren. Sie wurden vereidigt und für alle Handlungen verantwortlich gemacht. Das geringste Dienstvergehen zog ihre Entlassung nach sich.« (21)

In den Jahren 1648 bis 1656 erhielt **Maikammer** eine Dorfordnung, die, wie aus dem Inhalt und Wortlaut hervorgeht, schon von altersher in Gebrauch war. Bezüglich des Weinstichers wird in drei Artikeln bestimmt:

»19. Alle Jahre soll man ein neuen Weinsticher ziehen. Und so die Schwobe oder andere Fuhrleut kommen in das Dorf und begehrten Wein zu kaufen, so soll man sie zum Weinsticher weisen; wann aber der Weinsticher im Dorf oder Gemark nit wär, soll man sie zu dem Dorfmeister weisen, damit die Fuhrleut nit gehindert werden. Und so ein Fuhrmann Wein kauft, soll derselbig Käufer 4 Pfennig und der Verkäufer 2 Pfennig von einem Fuder Wein zu geben schuldig sein.

20. Wann ein Gemeinsmann wollt Kaufleut umführen Wein zu versuchen ohn Befelch (Auftrag) des Schultheißen oder der Dorfmeister derselbig soll der Gemeind für ein Taler verfallen sein.

21. So ein Weinsticher oder Gemeinsmann Fuhrleut außer Dorf führen tät, derselbig Übertreter soll der Gemeind 1 Pfund Pfennig verfallen sein.« (22)

Der Weinstich bot eine willkommene Möglichkeit, Steuern und Gebühren zu erheben und damit die Gemeindekasse zu füllen. Sei es, indem das Amt an den Meistbietenden versteigert wurde, oder daß die Gemeindekasse am Verkaufsgewinn beteiligt war.

Auch in **Maikammer-Alsterweiler** leitete man einen Teil der anfallenden Gebühren in die Gemeindekasse, die dadurch eine solche Einnahme erhielt, daß eine weitere Umlage unnötig war. Durch Regierungsverordnung vom 8. April 1825 wurde bestimmt, daß die Gebührenerhebung beim Weinstich einer neuen festen Regelung zu unterstellen sei, was unterm 26. Januar 1826 durch das Kgl. Landkommissariat **Landau** erfolgte. Daraufhin setzte der Gemeinderat am 6. Mai und 5. Juni 1826 fest, daß für 1 Fuder Wein (bis 1855: 1080 Liter) für den Weinstich, das Eichen und das Laden jeweils 30 Kreuzer zu zahlen seien. Davon erhielten die Weinsticher 10 Kreuzer Stichgeld und 15 Kreuzer Eichgeld und der Läder 15 Kreuzer. Der Rest von 50 Kreuzern kam in die Gemeindekasse.

Am 22. Dezember 1838 fand noch einmal eine Regelung statt. Es wurden für **Maikammer** und **Alsterweiler** je 2 Weinsticher gewählt, die von nun an dem Gemeinderat angehören sollten. Jedes Jahr schied einer aus und ein neuer kam per Losentscheid dazu. Ein Weinhändler konnte kein Weinsticher werden. Nach der neuen Regelung hatte der Käufer nun von 1 Fuder Wein 1 Gulden 30 Kreuzer zu zahlen. Davon erhielt der Weinsticher 5 Kreuzer Stichgeld und 15 Kreuzer Eichgeld, der Läder bekam 15 Kreuzer, der Rest von 55 Kreuzern floß in die Gemeindekasse. Kaufte ein hiesiger Weinhändler im Ort Wein, der auch hier blieb, so erhielt der Läder 40 Kreuzer Trägerlohn, wovon 8 Kreuzer in die Gemeindekasse gingen.

Alljährlich wurde im Gemeindebudget ein Einnahmebetrag zwischen 200 und 2000 Gulden eingesetzt. Je nach den Weinjahren schwankten die Einnahmen, die geringste war 1831 mit 385 Gulden 21 Kreuzern, die höchste 1836 mit 2004 Gulden 17 Kreuzern.

Die Weinhändler, die seit 1820 in **Maikammer-Alsterweiler** aufkamen, waren gegen diese einseitig erhobenen Gebühren und forderten die Aufhebung der Einrichtung des Weinstichs. Am 14. Januar 1842 wandte sich der Gemeinderat mit einem ausführlichen Bittschreiben an die Kgl. Regierung um Erhaltung des Weinstichs. Im Jahre 1846 schließlich hörte das jahrhundertealte Institut des Weinstichs auf zu bestehen. (23)

In **Gimmeldingen** gab es einst Weinsticher, Eicher und Weinschröter. Vom Jahre 1768 an wurden diese einträglichen Ämter versteigert, weil für sie bestimmte Gebühren festgesetzt waren. Die Weinsticher zahlten hier für ihr Amt zusammen 74 fl. Ihnen wurde auferlegt, allen Fleiß anzuwenden, die Käufer in den Ort hereinzuziehen. Sie sollten ohne die geringste Parteilichkeit handeln, keine Verwandtschaft ansehen und die Käufer von Haus zu Haus führen, wo Wein vorhanden war. Insbesondere war es verboten, einen Weinkäufer außer Orts zu führen. Das Stichgeld vom Fuder war festgelegt. (24)

In **Dürkheim** mußten die Küfer zusammen mit den Weinstichern bei jedem Weinverkauf anwesend sein. Die Weinsticher führten die Käufer durch die einzelnen Keller, entnahmen Proben, stachen mit dem Weinheber in den Wein und besorgten den Versand. Das Handwerk der Küfer war mit der Benderordnung geregelt, die im »Grünen Buch« 1504 und 1541 genannt ist. (25)

Im »Roten Buch« von **Deidesheim** wird über die Verleihung des städtischen Weinsticheramtes an den »Bürger ENDRESS, den Bender« aus dem Jahre 1540 berichtet:

»Uff heut dato Sonntags vor Jacobi anno 1540 ist durch Amtmann Edle und ganze Gemein(de) beschlossen und geordnet, also dass Maister ENDRESS der Bender das Weinsticher Amt haben und tragen solle, und solle von einem jeden Fuder haben 1 Schilling Pfennige (Silberpfennig) Stichwein. Item weiter solle ein jeder (dem) Bender für Wein ablassen 3 albos (Weißpfennige) von einem Fuder geben. Doch soll der Bender das Fass umsonst säubern und butzen.

Wäre aber (ein) neuer Reif darzu vonnöten, soll der Kaufmann dem Bender für einen zweiohmigen Reif 2 Pfennige, für einen 1/2fudrigen 4 Pfennige und für einen fudrigen 6 Pfennige zu bezahlen schuldig sein.

Würden auch Riegel anzulegen vonnöten sein, soll er bei einem ohmigen Fass 2 Pfennige, für ein halbfudriges 4 Pfennige geben.

Mit dem Ladewein solle es gehalten werden wie von alters her, nämlich für ein Fuder 4 Batzen oder ein Viertel Wein und 8 ...« (26)

Im 18. Jahrhundert hatten in **Deidesheim** zumeist Schultheißen das Weinsticheramt inne. Nach einem Protokoll des Amtes **Deidesheim** vom 3. Juli 1733 wurden die fünf Batzen Stichgeld auch dann erhoben, wenn sich der Käufer der Dienste eines Weinstichers nicht bediente. Am 9. September desselben Jahres wurde den Schultheißen die Führung des Weinsticheramtes wieder verboten. (27)

In **Kirrweiler** waren es bis zum Jahre 1732 die vereidigten Küfer, die berechtigt waren, an »Fuhrleit und Schwobe« Wein zu verkaufen bzw. anzukaufen. Hatte der Weinbesitzer seine letztjährige Grundsteuer bezahlt, so stand dem Weinverkauf nichts im Wege. Das Ladegeschirr und die »Weinladers« wurden von der Gemeinde gestellt. Die Ladefässer wurden mittels Stütze und Hotte im Keller gefüllt und dann auf den Wagen geschrotet. Die Ladung versah der Küfer mit

dem Ortssiegel und der Fuhrmann erhielt den »Brief«, der jeweils beim Zoll kontrolliert wurde. Im Brief waren folgende Fragen auszufüllen:
Wie der Fuhrmann heiße ...
Wo er herkomme ...
Ob er den Wein um Lohn führe ...
Ob sonst jemand mehr Teil daran habe ...
In wieviel Fässer er sei ...

Die Brief- und Siegelgebühr, die der Verkäufer zu tragen hatte, war beträchtlich und erreichte oft 15 Prozent des Verkaufswertes. Damit wurde der Lohn der Küfer, das Ladegeschirr und die Arbeit der Weinläder abgegolten. Auch das Armensäckel der Gemeinde konnte mit diesen Einnahmen aufgebessert werden. Erst nach 1732 wurden in **Kirrweiler** die Küfer von dieser Tätigkeit entbunden und wie in den anderen Orten das Weinsticheramt eingeführt. (28)
In **Neustadt** mußte nicht nur der Weinsticher, sondern auch einer der Ungelder nach einer Bestimmung von 1515 künftig bei der Versiegelung des Zapfweins gegenwärtig sein, um Unterschleif zu vermeiden. 1618 wird den städtischen Beamten aufgetragen, auf den Weinsticher fleißig acht zu haben, daß er sein Amt treu und redlich versehe, weil bisher viel Unterschleif vorgefallen sei. Trotzdem sahen sich einige Bürger 1664 veranlaßt, sich in einer Beschwerde an den Stadtrat zu wenden mit dem Inhalt, daß die »Weinsticher nie gewesen Ungleichheit halten«, da sie die Kunden nach eigenem Wohlgefallen nur zu Verkäufern ihres Wohlwollens führten. Noch bis in die zweite Hälfte des 19. Jahrhundert wird dieses Amt hier ausgeübt. Am 15. Februar 1861 wird der Weinstich zum letzten Male vom Bürgermeisteramt **Neustadt** verpachtet. (29)
Der Pachtvertrag für das Amt des Weinsticher von 1768 in **Haardt** bestimmt:

»1. Wird das Weinsticheramt an zwei Personen nebst der Aich zum ersten versteigert.

2. Die Steigerer müssen des lesens, schreibens und rechnens wohl erfahren, auch solche angesehene Männer sein.

3. In dem Fall, wann in diesem Amt etwas versehen wird, sie solches ersetzen können, wozu sie ihre Pflicht verbindet.

4. Wird dabei denselben eingebunden, daß selbige die Weinkäufer der Ordnung nach und zwaren, ohne eigene Vortheiligkeit und unter Verlust ihres Amtes nebst annoch zu gewarden habender Herrschaftsstraf von Haus zu Haus, ohne

Unterschied eines reichen oder armen Mannes, oder Freunde und Feinde anweißen und begleiten sollen, worunter sich hauptsächlich verstehet, mit keinem Wein zu handeln..

5. Ausdrücklich verboten sey, daß keiner der Weinsticher einen Weinkäufer aus diesem Ort führet oder die geringste Anleitung dazu geben dörften.

6. Seien die beyden Steigerer von Amtswegen in Pflichten zu nehmen, jedoch dasselbige die diesfalls vorgehenden Kosten tragen sollen. Das Weinsticheramt und die Aich wurden auf 3 Jahre versteigert, das erste dem JAKOB SIEGEL um jährlich 40 fl., die letztere dem Gerichtsdiener FRANZ ADAM GERNETH um jährl. 42 fl.« (30)

In einem »Versteigerungs-Act vom Weinsticheramt« von 1817 lesen wir die Bedingungen, die mit der Übernahme des Amtes verbunden waren. Die Pachtzeit dauerte drei Jahre. »Der Weinstich wird in zwei Theilen getheilt, nemlich zwei Steigerer, wovon jeder seinen Theil von Jahr zu Jahr von dem Erlös der Weinsticher-Gelder zu beziehen hat.«
Von jedem verkauften Fuder Wein erhielten die Weinsticher 30 Kreuzer oder 1 Franken 7 Centimen, »es magen Einheimische oder Fremden Weinkäufer seyn.« Den Pachtpreis mußten beide am Ende des Jahres an den Gemeinde-Einnehmer entrichten.
Es wurden nur solche Leute als Steigerer zugelassen, die sich jeder Parteilichkeit enthielten und sich nicht zugunsten ihrer Freunde und zum Schaden des Weinkäufers betätigten. Die Unkosten für Papier, Stempel, Ausrufen und Ausschellen trugen die Weinsticher selbst. Der erste Bezirk wurde für 34 Franken ausgeboten. Unter sieben Bewerbern erhielt PHILIPP JACOB ZINCKGRAF für 62 Franken den Zuschlag. Der zweite Bezirk, um den sich zwölf Bürger bewarben, ging bei einem Ausgebot von 15 Franken an FRIEDRICH WEEGMÜLLER, der 114 Franken gab. (31) In **Rhodt** wurde das Weinsticheramt ebenfalls versteigert. In einer Mitteilung der kgl. Bayerischen Landkommissare an die Bürgermeisterei **Rhodt** vom 13. Mai 1818, betr. Gesuch um Nachlaß oder Verminderung des Weinstichersteigpreises, heißt es:
»Auf das Gesuch des DANIEL STEIGELMANN von **Rhodt** um Verminderung des Steigpreises des Weinsticheramtes wird dasselbe auf das Gutachten des Gemeinderats ab und zur Ruhe verwiesen, weil nicht erwiesen ist, daß der Steigerer der Modizität des Steigpreises wegen einen Verlust erlitten hat. Der Gegenstand ist vielmehr als eine Enterprise (Unternehmung - der Verf.) zu betrachten, wovon die Gemeinde weder an dem Gewinne noch an dem Verluste Anteil

nehmen kann.« (32) Der Weinstich in **Forst** wurde im Jahre 1748 von AND-REAS REICHERT für 26 Gulden, ein Jahr später von Schultheiß MARSILIUS SCHELLHORN für 17 Gulden 26 Kreuzer, 1773 wiederum von ANDREAS REICHERT zu 51 Gulden 15 Kreuzer gepachtet. Im Jahre 1785 ersteigerte GEORG SCHELLHORN den Weinstich um 60 Gulden mit der Bedingung: »der Steigerer hat das Weinstichgeld mit 20 Kreuzer pro Fuder zu beziehen.« Im Jahre 1747 hatte GEORG BENDER das Weinsticheramt inne mit der Auflage, als Pacht den Gemeindefasel (Zuchtbulle - der Verf.) zu halten. Am 30. September 1801 pachtete JOHANNES SPINDLER jr. den **Forster** Weinstich für 50 Gulden. Er hatte die Pflicht, im Rechnen unerfahrenen Winzern die Rechnungen zu schreiben. Zum letzten Male wurde 1845 in **Forst** das Amt zu 206 Gulden versteigert. Die Stichgebühr betrug pro Fuder 50 Kreuzer. (33)

Auch die Aufhebung der Weinstichgebühren 1846 in **Mußbach** kündet vom allmählichen Niedergang und schließlich vollständigen Verschwinden des Weinstichers in den pfälzischen Dörfern und Städten.

In handschriftlichen Aufzeichnungen aus dem Jahre 1906 aus **Haardt** erinnert man sich noch an den hier »Weinstöher« genannten Weinsticher, der die Fässer kontrollierte, die genaue Literzahl feststellte, die Rechnungen anfertigte und sogar beim Geldzählen helfen mußte, um die Winzer vor Schaden beim Weinverkauf zu bewahren, weil viele noch immer keine richtige Schulbildung besaßen. (34)

Der Weinsticher, ein traditionsreicher Beruf und zugleich ein wichtiges Gemeindeamt, das zur wirtschaftlichen und sozialen Chancengleichheit der Winzer beitrug, war um die Mitte des 19. Jahrhunderts in der Pfalz für immer verschwunden.

6. Die Rhodter Weinsticher-Verordnung von 1754

Das **Rhodter** Weingesetz vom 27. 11. 1752, das der Markgraf KARL FRIED-RICH von Baden-Durlach erlassen hatte, handelt auch von den Vorschriften für die Weinsticher. Dem Einfluß der Weinsticher sowohl in ihrem Verhältnis zu den Mitbürgern als auch in ihren Beziehungen zu den auswärtigen Weinkäufern wird eine ganz besondere Bedeutung beigemessen.

»Schlieslichen gehet Unser Wille und Meinung dahin, daß denen Fremden, welche sich zu **Rhod** des Weinhandels wegen einfinden, alle nur mögliche Beförderung geschehen solle; Wannenhero dann Unserem jeweiligen Beamten daselbst auf das nachdrücksamste eingebunden wird, alles Fleisses dahin zu sehen, daß besonders die Weinstichere sich der ihnen gegebenen Vorschrift gemäs betragen und denen Fremden bey ihren Händelen (Handel) allenthalben an die Hand gehen, die Wirthe auch in Anrechnung derer Zöhrungen keine Uebermaaß brauchen, sondern sich mit demjenigen, was billig ist, begnügen lassen;...« (35)

Die Weinsticher werden also ermahnt, den Handel zwischen Käufer und Kunden fleißig abzuwickeln und gleichzeitig wird den Wirten eingeschärft, für den Verzehr während des Handels nicht zuviel zu verlangen.

Zwei Jahre später, am 24. Juli 1754, wird durch den Markgrafen eine spezielle Verordnung für die Weinsticher erlassen. Der »Entwurf einer Ordnung, wornach hinkünfftig die weinstichere zu **Rod** zu verpflichten wären« stellt für die Beschreibung dieses ausgestorbenen Berufes in der Pfalz eines der wertvollsten Zeugnisse dar. Die Aufzeichnung der Pflichten ist für die Geschichte des Gewerbes eine wertvolle Quelle. Sie spricht für sich allein und kann un-kommentiert verstanden werden. Die später auch in dieser Form veröffentlichte Ordnung lautet wie folgt:

»1. Sollen die ieweiligen weinstichere zu **Rhod** sich iedesmahl gleich nach vollendetem Herbst von sämtl. Einwohnern und angehörigen, welche daselbst wein zum verkauff liegen haben und von denen Ortsvorgesetzten unter auffsicht des amts gehörig dazu anzuweisen sind, eine Verzeichnuß ihrer weine, die sie gerne verkauffen möchten, nach denen Jahrgängen, den quanto und der Güte durch die drey Classen, gut, Mittel, gering, wofür ... zustehen hetten und etwa mit beysezung des Preißes, welch letzteres iedoch eines ieden Belieben zu überlaßen und bey den Steigen und Fallen derer weine von keiner verbindlichkeit ist, geben laßen, sodann diese sämtl. verzeichnüße entweder selbst oder durch iemand anderen in ihrem Nahmen und auff ihre Kösten in behörige Ordnung nach Lage derer Keller etwa nach art des hier anliegenden Entwurffs in ein allgemeines

Register bringen, bey iedem Nahmen etwas Platz laßen und wann entweder ein mehreres darzu käme oder ein in dem weinsticher Register eingetragenes Faß wein würckl. ganz oder zum Theil verkaufft wäre, solches allezeit dabey anmercken, sodann bey abtretung des amts denen folgenden weinstichern dieses Register um es gehörig fortzuführen und seiner Zeit zu erneuern, getreulich ohne Entgelt übergeben.

2. Findet sich nun ein weinkäuffer ein, so ist demselben in alle wegen frey zu lassen, ob er einen weinsticher, der ihn herumfuhre, haben wolle oder nicht. Jedoch ist solch letzteren Falls, um allen verdacht zu meiden, keinem **Rhoder** Eingeseßenen oder daselbst begütherten außer denen verpflichteten weinstichern erlaubt sondern ieden bey Straffe von 2 fl. für ieden übertretungs Fall zu verbieten, einen solchen weinkäuffer anstatt eines weinstichers herum zu führen. Erstenfalls aber, dafern nehml. der sich einfindende weinkäufer ein weinsticher verlangt, hat dieser von jenem zu vernehmen, welche gattung wein er zu kauffen begehre, sofort denselben der Reyhe nach in diejenige Keller zu führen, worinnen dergl. gattung weine als der Käuffer begehret, zu verkaufen sind, iedoch dergestalt, daß sobaldt sich Käuffer einfinden, die einen weinsticher haben wollen, der beruffene weinsticher gehalten (sein) solle, denenselben auff erfordern sein Register vorzulegen und selbiges von denen Nahmen an, wo die Reyhe stehet, mit ihnen zu durchgehen, auch wo sie selbst einen gewißen wein außer der Reyhe wählen würden, sie unter Beruffung auff die eingeführte Ordnung dahin zu bewegen, daß sie wenigstens vorher in 2 bis 3 Kellern, welche die Reyhe am nächsten trifft und worinnen eben dergl. gattungen weine sind, solchen versuchen, alsdann aber erst dieselbe in denjenigen Keller zu führen, den sie selbst erwählet haben. Will aber der Käuffer nicht, so hat der weinsticher es bey seinem bitten bewenden zu laßen und jenen nachzugeben, damit auf solche art einem ieden verkäuffer soviel möglich gelegenheit verschafft werde, seinen wein an Mann zu bringen und gleichwohl die sich einfindende Liebhabere nicht ursach haben mögen, sich zu beschwehren, daß man sie wieder ihren willen nöthigen wolle, weine, die sie nicht begehren, zu kauffen oder doch mit ... langem aufenhalt, Mühe und Kösten zu versuchen.

3. Auf solche art also haben die weinstichere die Kauffleute in der Ordnung von Hauß zu Hauß zu führen und nach denen gattungen des Weins, welche dies suchen, wo sie das eine mahl in der Reyhe auffgehört das andere mahl fortzufahren.

90

4. Solle ein ieder weinsticher auf alle Einheimisch und fremde nichtswürdige Mackler, welche nur, um Geldt zu verdienen, die Kauffleute auf allerhand schwäzhaffte arth einzunehmen und denselben manchen wein wieder die gebühr verächtl. zu machen oder unverdient anzuruhmen suchen, ie nachdem sie etwa einen privatvortheil davon zu hoffen haben fleißige obacht tragen und solche bey amt anzeigen auch ...

5. vor sich selbst keinen wein loben oder verachten, sondern, wann der Käuffer von ihnen seine Meinung fordern würde, demselben dahin verweisen, daß er nach seinen Belieben andere dargegen versuchen und denjenigen erwählen könne, welcher ihme in ansehung und güte und des preises am anständigsten seye.

6. Solle kein weinsticher während dieses seines weinsticheramts mit wein handeln, worunter iedoch sein eigen gewächs nicht mitbegriffen.

7. Soll ein solcher bey ihme übertragenen Comissionen aller nur ersinnlichen Dexterität (Gewandtheit - der Verf.) und Aufrichtigkeit sich befleißigen und nicht den geringsten Unterschleiff dabei begehen.

8. Auch sollen die weinstichere bey allen vorgehenden weinverkäuffen, wobey sie gegenwärtig sind, sorgfältige Aufsicht tragen, daß niemand dabey betrüglicher weiße hintergangen noch wider die ausgekundete fürstl. verordnungen vorvortheilet werde, alle desfalls wahrnehmende Ungebühr aber iedesmahl auff frischer That zur untersuchung bei Amt anzeigen.

9. Würde nun ein weinsticher dieser verordnung und seinen Pflichten zuwieder etwas sich zu Schulden kommen laßen, so sollen ihm die ganz geringe versehen von dem amt verwiesen und er zu eiffriger Beobachtung seiner Pflichten ernstl. ermahnt werden, bey bezeigender größerer Nachlässigkeit hingegen soll ein solcher nebst Erstattung derer nöthigen process kösten seines weinsticher Amts entsetzt, bey allzu groben versehen aber noch darzu nach Befinden mit gefängnüß oder geldstraffe, von welch letzterer der anbringer die Helffte und gnädigste Herrschafft die andere Helffte zu beziehen hat nebst Bezahlung derer process Kosten angesehen, herentgegen in dem Fall, da er sich vorsetzl. und Boßhaffter weise aus Eigennutz oder anden Pflicht vergeßenen Absichten zum Schaden seines Nebenmenschen wieder diese Ordnung vergehen würde, die Sache gehörig untersucht zu Fürstl. Canzley einberichtet und daselbst der verbrecher nach erfinden derer Umstände als ein Eydbrüchiger für Ehrloß mit der in Fürstl.

Landrecht P. 7 Tit. 29 § 1 hievon abhangenden Wirckung erkläret und über dieses in eine nahmhaffte geld Straffe von 15 bis 30 fl., woran der anbringer ebenmäßig die Helffte zu Beziehen hat oder nach gestalt der Sache zur Landesverweisung nach abgeschwohrner urphed (eidlicher Verzicht auf Fehde oder Rache - der Verf.) oder in eine empfindl. Leibes Straffe und Ersaz aller Schäden und Kösten verdamt werden.

10. Wohingegen gedachte weinstichere von iedem Käuffer, der sich ihrer würckl. bedienet, von ieder erkäuffenden Ohm zwey Kreuzer auser diesem aber nichts zu erfordern, gleichwohl aber dasjenige, was ihnen ein solcher Käuffer über die geordnete Gebühr von freyen Stücken verehren wolte, mit Danck anzu- nehmen die Erlaubnuß haben und der vertheilung halber unter sich gleich anfangs ihres weinsticher Amts billigmäßig vergleichen sollen.

11. Uebrigens solle kein weinsticher von ie- mand, der durch ihn wein verkäufft hat oder gerne verkauffen möchte, das geringste geschenck oder son- derbare gegen gefälligkeit, es Bestehe, worinne is immer (wol)le, weder für (sich) annehmen noch durch andere zu seinem und der seinigen vortheil annehmen laßen. Würde ihm auch iemand dergl. Tranckgeld versprechen oder geben wollen, derselbe soll um noch einmahl soviel gestrafft werden als er ihme versprochen und darneben in alle Kosten verurtheilet werden, wie dann er weinsticher in krafft seines Eydes solches iedesmahl sogleich bey amt anzeigen oder im wiedrigen Fall, wann er auch schon das angebottene nicht angenommen hätte, in gleiche Straffe verfallen seye und über dieses annoch nach vorschrifft des § 9 weiter angesehen werden soll. Hette er aber solches gar ange-nommen, so soll der geber um noch einmahl soviel, er der weinsticher aber, der sich durch die annahme sträfflich gemacht, sowohl in den Ersatz des an-genommenen als auch in eine Straffe von zwey mahl soviel und über dieses weiter in die hier oben § 9 bemerckte Straffe nach Ermessen verurtheilet werden und es auch hier dabey bleiben, daß der anbringer von allen (fallenden) geldstraffen, (die) von dieser weinsticher Ordnung herrührend, die Helffte zu beziehen haben solle.

12. Soll ieder von der gemeind zu wählender weinsticher einen Leibl. Eydt vor versammelter gemeinde schwören, dieser weinsticher Ordnung in allen stücken getreulich und fleißig nachzukommen und solches iedesmahl gehörig zu proto-

coll verzeichnet werden, nicht weniger ist diese verordnung gleich nach deren inlangender gnädigster confirmation (zu ieder)manns (wissen-)schafft und ... zu bringen, auch alljährl. zwey mahl zu schicklicher zeit vor versamleter gemeinde deutl. vorzulesen und sowohl vor dem Amt als gemeind vorgesezten ieder Einwohner und angehöriger zu Beobachtung seiner Gebühr hiernach ernstl. anzuweisen sofort über deren ...« (36)

Leider ist den Archivalien nicht zu entnehmen, wieviele Weinsticher ihr Amt in **Rhodt** ausübten, sicherlich sind es mehr als zwei gewesen. Die Gemeinde vergab jährlich dieses Amt für 40 fl.
Die Weinsticher GEORG DANIEL EBERHARD und LEONHARD KRIEGER erhoben am 22. Juli 1762 Klage gegen den Apotheker PAULI von **Landau**, weil dieser ihnen für die 19 Fuder Wein nicht die begehrte Gebühr bezahlt hatte, sondern ihnen zumutete, für all ihre Arbeit mit einem kleinen französischen Taler zufrieden zu sein.
Sie verlangten fürs Fuder 20 Kreuzer (55 Pfg.), entsprechend der Weinsticher-Verordnung von 1754, nach der ihnen für ein Ohm Wein (100 l) eine Gebühr von 2 Kreuzern zustand. Die beiden **Rhodter** Weinsticher mußten sich, da in Güte keine Einigung zu erzielen war, beschwerdeführend an den Markgrafen wenden. Der entschied schließlich, daß binnen 14 Tagen die beiden Weinsticher schadlos zu halten seien.
Daraus ist zu erkennen, daß die Weinsticher in **Rhodt** zwar einer strengen Ordnung unterlagen, daß aber gleichzeitig ihre verbrieften Rechte von der Herrschaft geschützt wurden. (37)

7. Die Weinschröter

Bevor die Abfüllung des Weines in Flaschen Ende des 18. Jahrhunderts aufkam, wurde der Wein zumeist im ganzen Gebinde faßweise verkauft. Die vollen Fässer mußten dafür durch die Kellertüre und den Kellerhals in den Hof und auf das bereitstehende Fuhrwerk befördert werden, und dann wieder zurück in den nächsten Keller. Diese Tätigkeit wurde »schroten« genannt. (38)
In früheren Jahrhunderten war die Beförderung der vollen Weinfässer in und aus dem Keller die Aufgabe einer eigenen Berufsgruppe, der Weinschröter, gewesen. Sie waren wie die Fuhrleute hauptsächlich Transportarbeiter, ihre Arbeit hatte keinen handwerklichen Charakter.
Wein war ein zu kostbares Transportgut, als daß man es Laien überließ oder gar selbst versuchte, die - je nach Faßgröße - weit über 1 000 Kilogramm schwere Bürde über steile und kantige Steinstufen hinauszuschaffen. Der Winzer wußte um den Wert seiner Ware. Er war nicht bereit, ein Risiko einzugehen, und der Handelsmann erst recht nicht. Lieber zahlte man dafür und wälzte die Arbeit und die damit verbundene Verantwortung und Gefahr auf eine spezielle und erfahrene Berufsgruppe ab.
Weinschröter arbeiteten mit Schrotleitern, großen Seilwinden (Haspeln), Strikken, Ketten und Schmierseife, um die schweren, vollen Fässer aus dem Keller auf den bereitstehenden Wagen zu hieven und wieder in den Keller hinunterzulassen.
Die Arbeit der Weinschröter wurde durch die Verwendung der Pumpe hinfällig. Ein einfaches technisches Gerät löschte einen ganzen Berufsstand aus. Die Weinpumpe wird deshalb heute mancherorts als »Schrötertod« bezeichnet.
In der Geschichte tauchen auch noch andere Berufsgruppen auf, die mit gleichen oder ähnlichen Aufgaben betraut waren. Sie versuchten in die Befugnisse der Weinschröter einzudringen, so wie diese umgekehrt Versuche unternahmen, über den reinen Transport hinaus weiter in das Weingeschäft einzusteigen. Daraus ergaben sich dann Überschneidungen mit den Eichern, Weinstichern und Weinrufern. Die Ungeldeinzieher wurden gelegentlich mit den Schrötern identisch.
Vor allem war eine nahe Verwandtschaft zu den Küfern gegeben. Vielfach wird deutlich, daß sich die Schröter aus dem Küferhandwerk rekrutierten. Grundkenntnisse dieses Handwerks waren in der Tat Voraussetzung für die Arbeit als Schröter. Ein effizientes Schroten setzte profundes Wissen der Faßherstellung voraus, insbesondere Kenntnisse über die Stabilität der Faßdauben und Reifen, die früher aus Holz und später aus Eisen waren. Das Faß wurde beim Schroten großen Strapazen ausgesetzt und das Schleifen und Ziehen stellte an alle Teile

des Fasses höchste Anforderungen. Daraus wird verständlich, daß ein Küfer Schröter sein konnte und umgekehrt. (39)

Charakteristisch für das Schröterhandwerks in der Pfalz ist ferner, daß es häufig ein Gemeindeamt war und per Dekret mit bestimmten anderen Gemeindeämtern verknüpft wurde. Dies war auch bei dem verwandten Gewerbe der Weinläder (s.u.) üblich gewesen.

Gelegentlich wird zwischen Weinschrötern und Weinlädern unterschieden. Als grundsätzliches Unterscheidungsmerkmal zwischen diesen beiden verwandten Berufsgruppen kann die Art des Weintransports gelten. Die Schröter bewegten das ganze volle Faß, die Weinläder trugen mit ihren Ladegefäßen den Wein von Faß zu Faß. Doch sicher waren die Grenzen zwischen beiden Berufsgruppen fließend gewesen, und mancherorts überschnitten sich die Tätigkeitsbereiche. Die Ausübung mehrerer an sich selbständiger Berufe in Personalunion macht es zumal in einer Darstellung über das Schröterhandwerk schwierig, eine genaue Trennung der jeweiligen Aufgaben- und Arbeitsbereiche am einzelnen Ort zu erkennen.

40. Die Weinschröter beim verladen eines vollen Fasses vor dem Keller. Holzstich von J. SIMMLER in »Deutsche Bilderbogen.« **München** *ca. 1870.*

8. Aus der Geschichte des pfälzischen Schröterhandwerks

Frühe urkundliche Belege über die Schröter finden sich zunächst in den mittelalterlichen Städten, in denen sich das zünftige Handwerk aufgrund der herrschenden Gewerbefreiheit entwickeln konnte, und wo Weinbau und Weinhandel eine Rolle spielten.

In **Mainz** trifft man schon im Jahre 1300 drei Gilden von Weinschrötern *(viniscratarii)*, die jährlich als Abgabe 3 *carratae* Wein abzugeben hatten. In einer Mainzer Urkunde von 1322 heißt es: *schrotariis dictis vulgariter Winschroter.* (40)

In **Worms** werden im Jahre 1392 die Weinschröter als *vini tractor* erwähnt. (41)

Bezüglich der Weinschröter und Weinläder in **Neustadt** wurde 1390 festgesetzt, daß sie für einen jeden Wein laden sollten. Dafür erhielten sie von einem Fuder 8, von einem halben Fuder 4 Pfennige Lohn. Diesen mußten sich Käufer und Verkäufer je zur Hälfte teilen, wenn sie aber Wein lediglich abluden, so zahlte der Käufer allein. Wer seinen Wein selbst auf- oder ablud, mußte den Weinschrötern dennoch ihren Lohn entrichten. (42)

Da das Amt des Weinschröters verpachtet oder durch Kauf erworben worden war, konnten die zu zahlenden Gebühren keiner Lohnzahlung im üblichen Sinne gleichkommen, sie stellten vielmehr eine städtische Abgabe dar. So erklärt es sich auch, daß der Schröterlohn auch dann fällig wurde, wenn der Wirt oder ein sonstiger Eigentümer den Wein selbst aus dem Keller schaffte, oder umgekehrt in den Keller hinein. (43)

Im Jahre 1439 existierte auch in **Heidelberg** eine Zunft der Weinschröter, die den verkauften Wein aus dem Keller zu schaffen und zu verladen hatte. (44)

HANS FOLZ (um 1450 - 1515), ein Meistersinger aus **Worms**, nennt unter den Kellereigerätschaften auch eine Reihe von Schröterwerkzeugen:

»Nun nempt des Kellerzeuges acht: Faßparer, Kuner, zapffen, hannen-, Stentner, drichter, flaschen, kannen-, Weinleyter, weinleger, hebrigel-, Weinseil, probirkrans, ein lichtdigel-, Weinror, damhader, demmesser-, Van nicht verrun, es wer vil pesser ... Mit zangen, keupseln und faßdecken-, Und alle meßgeschirr sein verhanten-, Untersetzschusel, spunt und stanten-, der man hart eins geraten kan-, Ob man an nicht will mangel han.« (45)

Gemäß einer Ordnung vom Jahre 1553 gehörten die **Speyerer** Weinschröter zur Krämerzunft. (46)

Nach der **Disibodenberger** Schaffneirechung von 1628 wurde den Weinschrötern 3 Albus bezahlt für ein Maß Wein zu schroten. (47)

1750 wurden von A. REICHERT in **Forst** als Unkosten für zehn Fuder Wein als Auslagen in Rechnung gestellt:

41. *Die Schröterwinde mit ihren zwei Eichenbalken wird außen vor der Kellertreppe der Weinstube »Zum Domstein«, in* **Trier** *an die Hauswand angelehnt. Auf die waagrechte Seilwelle sind zwei dicke Hanfseile gewickelt, an deren Ende jeweils Eisenhaken sind, die am Kopf des Fasses angehängt werden. Durch Drehen der beiden Räder der Seilwelle kann das Faß sicher in den Keller hinabgelassen werden, im Sommer 1914.*

»Zu eichen a Fuder 16 Kreuzer, Weinstecher und Kiefer a Fuder 20 Kr. Weinschrother a Fuder 24 Kr.« (48)

Den Weinlädern oder Weinschrötern in **Gimmeldingen** waren zwei weitere Männer als »Beigegebene« behilflich. Sie hatten die Pflicht, den Wein ordentlich und auf ihre Gefahr hin aus dem Keller auf den Karch oder Wagen zu schroten und Käufer und Verkäufer nach Tunlichkeit zu unterstützen. Das nötige Geschirr, wie Seil und Leiter, wurde von den Vorgängern zum Schätzungspreis übernommen.

Sie sollten alle Bescheidenheit erzeigen gegen Käufer und Verkäufer und sich mit Wein nicht übernehmen. Wenn ein Unglück entstand durch ihre eigene Schuld, hatten sie dem Käufer und Verkäufer allen Schaden zu ersetzen. Nach dem Aufladen sollten sie sich nicht länger im Haus des Verkäufers aufhalten. Die

Ladegebühr von jedem Fuder war festgesetzt.

Waren die Weinläder im Feld oder Wingert, wenn man sie benötigte, wurden sie durch besondere Glockenschläge je nach Bedarf heimgerufen. In **Gimmeldingen** war ihnen wegen ihrer ansehnlichen Gebühreneinnahmen zusätzlich noch das Nachtwächteramt auferlegt worden. (49)

9. Das Schroten

Das Schroten war einst eine Gemeinschaftsarbeit einer Gruppe von kräftigen Männern. Die Mannschaft der Schröter, in einigen Weinbaugebieten wird eine Zahl von acht bis neun Mann genannt, mußte sich zunächst eingehend an ihrem Einsatzort, im jeweiligen Keller, umsehen.

Die eingehende Besichtigung des oder der zu schrotenden Fässer, der Kellereianlagen und der entsprechenden Einrichtungen am Ort, war Voraussetzung zum Erfolg ihrer Arbeit. Man diskutierte Einzelheiten der Gänge (Schrotgänge), der Bodenunterschiede, Wegestrecken, Stufenhöhen und die Art und Form der Ausgänge, prüfte die Möglichkeiten für das Herausschaffen der Fässer aus dem Lager hinaus ins Freie.

Kam man grundsätzlich überein, daß ein Hinaushieven des Fasses möglich ist, ging es an die Besichtigung des Transportgegenstandes, der geschrotet werden sollte. Man nahm sich Zeit und dabei meist auch einen guten Schluck, denn nicht umsonst waren die Schröter wegen ihrer Trinkfestigkeit bekannt und gefürchtet. Trinken, als Stärkung gedacht, gehörte zur Arbeit, und ohne einen guten Trank lief nichts. (50)

Hatte man die Fässer eingehend geprüft und Daube um Daube auf Haltbarkeit und Stabilität untersucht, legte der Schrötermeister seine Hand auf das Faß. Mit dieser Geste deutete er an, daß damit ab sofort die Verantwortung für Faß und Inhalt an die Schröter übergegangen war. Mit dem feierlich gesprochenen Satz des Meisters »Es wird geschrotet!« wurde die Übernahme besiegelt. Diesem Vorgang mit rechtlichem Vertragscharakter folgte ein kurzes Gebet.

Durch geschickte Schauckelbewegungen wurde das nach der Längsachse ausgerichtet liegende Faß in den meist schmalen Kellergängen zwischen den lagernden übrigen Fässern aufgerichtet. Diese Arbeit erforderte eine besondere Technik und einige Geschicklichkeit.

Um die Fässer gegen Bruch zu sichern und ihnen für den weiteren Transport zugleich ein besseres Gleitvermögen zu geben, zogen die Schröter zusätzliche Reifen aus Eisen oder Holz auf. (51)

Mit kräftigen Schlägen des hölzernen Schlegels auf die Treiber und Keile, die auf die eisernen Faßreifen aufgesetzt worden waren, wurden die vorhandenen und zusätzlich angebrachten Bänder weiter zur bauchigen Faßmitte getrieben. Jeder einzelne Reifen wurde auf diese Art gesichert. Sie sollten so vor dem Abrutschen bewahrt werden, was beim folgenden Schleifen des Fasses über den Kellerboden und die Schrotleiter durchaus passieren konnte.

Um das Gleitvermögen zu erhöhen, fetteten die Schröter auch die Schrotleitern ein, von denen es mehrere in verschiedenen Größen gab. Eine der größeren wurde auf die Kellertreppe gelegt.

Als Kraftübertragung und Widerlager diente entweder die Schröterwinde oder ein einfacher Schrotbalken.

Die Schröterwinde mit ihren zwei Eichenbalken wurde außen vor der Kellertreppe schräg an die Hauswand angelehnt. Die beiden massiven senkrechten Eichenbalken waren so schwer, daß einer nur von zwei Mann getragen werden konnte. An seinem unteren Drittel waren die Lager für die waagrechte Seilwelle angebracht. Auf diese Seilwelle waren zwei dicke Hanfseile gewickelt, deren jedes am unteren Ende einen kräftigen Eisenhaken besaß, der beim Aufwinden am unteren Kopf des Fasses befestigt wurde. Die Seilwelle war an beiden Enden viereckig. Auf diese Vierecke wurde je ein starkes Rad aufgesetzt, dessen verlängerte Speichen als Griffe dienten. So konnten durch Drehung der Räder die Seile sicher ab- oder aufgespult werden. (52)

Sogenannte Schrotsteine oder »Grienköpfe« an manchen Winzerhäusern an Mittelrhein und Mosel sind noch sichtbare Zeugen des Schröterhandwerks. Es sind über den Kellertüren, im Schlußstein der Bögen oder der darüber aufgehenden Wände hervorstehende, etwas ausgehöhlte Steine, in deren Höhlung ein Schrotbalken schräg eingestemmt werden konnte. Um diesen wurde dann mehrfach das Seil gelegt und diente so als Widerlager in der Art eines Flaschenzugs, um die Fässer damit heraufzuziehen oder herabzulassen.

Diese Schrotsteine wurden in gotischer und barocker Zeit als Masken gebildet. Die als weit geöffnetes Maul gestaltete Höhlung diente zur Führung und Drehung des Rundbalkens. Solche Schrotsteine oder »Grienköpfe« sind für die Pfalz allerdings nicht bezeugt. (53)

Waren nun alle Vorbereitungen getroffen, kam das Kommando »Faßt an!« Zwei Mann, jeder mit einem breiten, starken Ledergürtel ausgestattet, der wie eine Schärpe schräg über eine Schulter hing, und an dem unten ein Eisenhaken befestigt war, der an den Kopfenden und den Holzreifen der Fässer beim Ziehen eingehakt wurde, hoben das im Gang stehende Faß seitlich etwas an, worauf die Faßschließen, auf denen das Faß ruht, entfernt werden konnten. Dann legten sie es mit einem kräftigen Ruck längs auf die kleinere Schrotleiter, die zuvor dicht vor das Faß gelegt worden war.

Eine andere Leiter wurde genau gegen die Mitte des Fasses auf den Kellerboden gelegt. Nun ging ein Mann hinter das Faß, legte sich mit dem Rücken dagegen, die Hände faßten dabei die Kopfenden des Fasses. Zwei andere Männer hakten die Eisen ihrer Schulterriemen ebenfalls dort ein; die letzten zwei Mann befestigten ihre Eisen unter den Holzreifen.

Es kam jetzt das Kommando: »Zugleich!« So zogen und schoben die fünf Mann das Faß gleichmäßig über die vorher gut eingefettete, auf dem Kellerboden liegende Leiter. Dieser Anstrengung aller Kräfte folgte eine kleine Ruhepause mit einem Umtrunk. (54)

Dann wurde in der gleichen Manier weitergearbeitet, immer ein Mann hinter dem Faß, mit dem Rücken zum Schieben, die anderen an den Seiten zum Ziehen. So bewegte man sich langsam über die eingefetteten, vorgelegten Leitern bis an die Kellertreppe. Jetzt wurden die beiden Schrägseile der Winde mit den starken Eisenhaken am unteren Ende des Fasses befestigt. Ein anderes dünneres Seil wurde hinter einem der Holzreifen in der vorderen Hälfte des Fasses um Faß und Schrotseile geschlungen und fest verknotet, damit die Seile nicht verrutschen konnten.

An jedes der Räder an der Winde traten nun zwei Mann. Es folgte wieder das Kommando »Zugleich!« Und so wurde das Faß mit gleichmäßigen Griffen an den Rädern über die mit einer Schrotleiter belegte Kellertreppe in die Höhe gezogen, bis es oben auf einer anderen zurechtgelegten Leiter angelangt war. Hatte man so das Faß glücklich ins Freie befördert, folgte meist ein weiterer stärkender Trunk.

Zu ebener Erde wurde das Faß an den Wagen gerollt und dann über eine kurze Schrotleiter auf den Schrotwagen gezogen. Er war meist ein niedrig gebautes, hölzernes Fahrzeug aus besonders kräftigen Bohlen. Auf dem Wagen wurde das Faß mit kräftigen Keilen vorne und hinten, aber auch von beiden Seiten so gesichert, daß es nicht abrutschen oder wegrollen konnte. (55)

Die Schrotleitern hatten starke Seitenbalken und ihre Sprossen waren der Rundung des Fasses entsprechend gebogen, so daß dieses wie in einer passenden Rinne über sie hinwegglitt.

Ein in **Mainz** gefundenes römisches Monument, das in der Wende vom ersten zum zweiten nachchristlichen Jahrhundert entstanden sein muß und vermutlich das Grabmal eines reichen Weinhändlers geziert hat, zeigt Weinschröter, die gerade dabei sind, ein Weinfaß die Schrotleiter hinaufzurollen. Diese römische Schrotleiter hat schon die Form der uns heute bekannten und einst gebräuchlichen Schrotleitern. (56)

Das römische Grabmal ist auch ein Dokument für die 2000-jährige Geschichte des Schröterhandwerks im Rheinland, das noch in der längsten Zeit des 19.

100

Jahrhundert an der Mittelhaardt bestand. Es ist z.B. in **Deidesheim** etwa in der Zeit seit 1860 rückläufig und bis zur Jahrhundertwende hin schließlich vollständig verschwunden. (57)

10. Die Weinläder

Im Weintransport erfolgte eine weitere Spezialisierung. Wenn nicht das ganze Faß zu schroten war, trugen die Weinläder den offenen Wein mit ihrem Ladegeschirr von einem Faß zum anderen. Sie waren häufig eigens von der Gemeinde bestellte und vereidigte Männer und wurden vom Gemeinderat aus den Reihen der Winzer und Tagelöhner bestimmt. Da es sich um einen begehrten Nebenerwerb handelte, waren die Bewerber um einen solchen Posten oft sehr zahlreich.

Die Weinläder transportierten den Wein mit Hilfe ihrer geschwefelten und geeichten Stützen oder Logeln, das sind hölzerne Rückentragegefäße, die anderenorts »Hotte« oder »Butte« genannt werden. Mit ihrer schweren Last hatten die Weinläder den Weg vom Keller über die oft steile Treppe hinauf in den Hof oder auf die Straße zurückzulegen, bis die entsprechende Menge des Weines aus den Fässern der Verkäufer in die der Käufer umgeladen war. Auch bei ihnen gehörte ein guter Schluck Wein und mehr zur Arbeit:

»Sapperlot! Das waren breitschulterige, ʼgeschworeneʼ Männer mit der Kraft eines Bären, die zu der Zeit, da man die Pumpen noch nicht kannte (wenn auch schon das Pumpen), den verkauften Wein mit der geeichten Logel aus dem Keller zu der im Hof oder auf der Straße stehenden Fuhr hinauszutragen hatten. Wenn sie gerade auf dem Feld waren, so rief man sie in kleineren Orten im Bedarfsfall zurück mit einem Zeichen der Kirchenglocke: ʼs iß for die Weiʼläderʼ, sagten dann die Leute. Bei ihrer schweren Arbeit am offenen Wein waren Durst und Versuchung gleich groß. Da aber der Weinläder, wenn er die Logel auf dem Rücken die steile Kellertreppe auf- und niederstieg, bei Gefahr seines Genickes Herr seiner Beine bleiben mußte, so ergab sich bei seinem Beruf die Forderung nach einer ausgiebig bemessenen Leistungsfähigkeit von selbst. Und zwar im Trinken sowohl wie im Vertragen, denn das ist zweierlei! Allein wie überall, so galt auch hier das Wort: Uebung macht den Meister. Und so kam es, daß sich über die Aufnahmefähigkeit dieser alten Weinläder mit der Zeit Legenden bildeten, die sich nicht mehr auf dem Maße von Schoppengläsern und Milchhäfen aufbauten (da wäre nicht soviel dahinter gewesen), sondern von Stütz und Gießkanne. Kränkende Uebertreibungen natürlich, an denen nur soviel richtig war, daß man hinter einem alten Pfälzer Weinläder nicht gerade

einen Liebhaber von Sinalko suchte, vielmehr einen Mann, dem der landesüb-
liche Aichstrich zwei, drei Finger breit höher gesetzt war wie den anderen
Leuten. Das war bei dem Geschäft eben nötig.« (58)

Das Verladen des Weines geschah in **Neustadt** ebenfalls durch die Weinläder.
Sie wohnten in der Gegend der heutigen Markt- und Strauchelgasse, wo der
»Lederbrunnen« war, der eigentlich richtig »Läderbrunnen« hätte heißen müs-
sen. Schon im Jahre 1390 wird in **Neustadt** verfügt, daß die Weinschröter und
Weinläder für Weinladen pro Fuder 8, pro halbem Fuder 4 Pfennige Lohn
bekommen, hälftig vom Käufer und Verkäufer. (59) Die Weinläder, die wegen
ihrer großen Verantwortung vereidigt waren, gingen normalerweise dem
Winzerberuf nach und mußten im Bedarfsfall durch ein Glockenzeichen aus dem
Feld gerufen werden.

Auch in **Haardt** wurden sie durch Läuten der kleinen Kirchenglocken bei Bedarf
gerufen, wenn sie einmal nicht zu Hause waren. Es wurde einmal geläutet, wenn
einer gebraucht wurde, zweimal, wenn zwei kommen sollten, und dreimal, wenn
sie alle Arbeit hatten. Dieser zweckmäßige Brauch wurde vor 1867 wieder
abgeschafft. (60)

Der Pachtvertrag über das Weinläderamt in **Haardt** von 1768 gibt einen umfassenden Überblick über Pflichten und Aufgaben dieses Amtes:

»1. Das Weinläderamt wurde auf drei Jahre an einen einzigen und wohlver-
möglichen Mann begeben, welchem unbenommen bleibt, die erforderlichen
Männer nach Willkühr auszuwählen, jedoch unter der Bedingung, daß in wiefern

2. Eine Nachlässigkeit, oder seine Leit sich ereignen, würder der Steigerer
alsdann zum Ersatz gebunden und gehalten sein, (d.h. auch für Versehen seiner
Leute mußte er aufkommen), wogegen

3. Der Steigerer zu seiner Belohnung per Fuder nicht mehr denn 20 kr. und
1 Maas Wein zu beziehen hat, wodurch dann die gewöhnliche 6 kr. per Fuder
Stichgeld zu ceßiren kommen, wobei

4. Das Weinlädergeschirr sammt dem Seyl dem Steiger als eigenthümlich
aufgeliefert wird unter der Bedingung gleichwohlen dasselbiger 4 fl. an die
Gemeind (Pfand für das Gerät - der Verf.) dafür, gleich bei eintritt zu beziehen
haben, übrigens bleibt es

5. an dem bereits angesetzten Termine, nehmlich den 6. Januar 1769 wo alsdann
der Steigerer erst in sein Amt eintritt und hat endlich:

6. Derselbe das auffallende Quantum an den gemeinen Empfänger jährlich, ohne Nachlaß zu entrichten, wobei schließlich:

7. Dem Steigerer eingebunden wird, sich in denen Keller ehrbar zu betragen, an den Fässern nicht zu klopfen, noch zu visitiren, viel weniger solche Leut zu stellen, wonach die mindeste Klag, besonders wegen dem Trinken erhoben werden könnte.

Dasselbe wird um 17 fl. 30 kr. jährlich dem JOHANNES NEESER zugeschlagen.« (61)

1672 wurde das Amt der Weinläder in **Haardt** zum ersten Mal urkundlich erwähnt. Im Jahre 1817 waren hier Nachtwächter und Weinläder identisch. Bedingung bei der Übernahme des Weinläderamtes war die Bereitschaft zur Nachtwache, sie »müßen von 10 Uhr bis morgens 3 Uhr ihr Amt treu und redlich thun, dafür ist die Zahlung vom Weinladen das Geld vor ihren Lohn.« (62)
In **Ungstein** erhielten die »Weinläder« für das Laden eines Fuders Wein 24 Kreuzer. Der Tagelohn betrug damals 30 bis 35 Kreuzer. Das Amt der Weinläder war auch hier wie in **Kallstadt** mit dem Nachtwächteramt verbunden.
Die Weinläder oder Weinschröter von **Kallstadt** erhielten von jedem nach auswärts verkauften Fuder Wein 1/2 Gulden.
Durch eine Entschließung der Regierung der Pfalz vom 12. November 1847 wurde die Versteigerung dieser Ämter abgeschafft und von der Gemeinde zwei Eichmeister aufgestellt. (63)
Nach den **Deidesheimer** Ratsprotokollen erhielten die drei im Jahre 1669 angestellten Weinläder für das Fuder 24 Kreuzer.
Unter den Küferlöhnen, die in den Küferrechnungen des herrschaftlichen Küfermeisters und fürstbischöflich-speyerischen Schultheißen J. G. BRAND-NER zu **Kirrweiler** 1685 aufgestellt wurden, erscheinen auch Weinläderlöhne: »Zum Erst 5 1/2 Ohm Wein in den Keller getrag, so von Eden Koben (**Edenko-**

ben) kommen ist, 84 (= 1684er) Wein, thut zwei Batzen, drei Kreuzer ... Mehr von **St. Marttin** und **Weyer** an Bett-Wein (Betwein) in Keller mit Hotten getragen 2 Fuder thut 7 Batzen 8 Pfennig ... Mehr ein Ohm Gilt Wein (Gültwein) in Keller getragen so von Alltorf (**Altdorf**) kommen von dem grafen thut 6 Kreuzer.« (64) Am 16.7.1714 war in **Rhodt** Kirchenvisitation gewesen. Darauf wurde vom Markgrafen KARL u.a. der Bescheid erlassen, daß an Sonn- und Feiertagen das Weinverkaufen, Füllen, Laden und Wegfahren verboten sei. Kommen indes die Leute von ferne her, so kann mit Bewilligung des Pfarrers Dispens eintreten. (65) Die Weinläder in **Maikammer-Alsterweiler** eichten beim Mostverkauf zur Herbstzeit auch den Most. Bis 1826 wurden hier die Ämter des Weinstichers und des Weinläders jährlich verpachtet. Letztere zahlten 75 fl. Pacht. (66) 1815 wurden in **Deidesheim** 65 fl. 36 Kr. an GEORG PLATZ, »der Zeit Weinläder« für 164 Stück als Lohn verrechnet. (67) Nach handschriftlichen Überlieferungen aus dem ersten Jahrzehnt dieses Jahrhunderts aus **Haardt**, gab es nach getaner Arbeit einen fröhlichen Schmaus für die Weinläder, zu dem die Hausfrau den besten selbstgemachten Käse auftrug und dazu guten Wein kredenzte. (68)

11. Die Weinfuhren

Mit dem Anwachsen des städtischen Weinhandels vergrößerte sich auch der Kreis der beim Abfüllen und Laden des Weines beteiligten Personen, ganz wie es dem mittelalterlichen Zunftgeist mit seiner differenzierten Vielgestaltigkeit an Handwerksberufen entsprach.

Neben Eichmeister und Weinknechten treffen wir im 16. Jahrhundert, wie es das Beispiel von **Landau** zeigt, auf die Spenner und Multer, die die Fuhrleute und Weinknechte beim Weinladen unterstützen. Die Spenner waren die Auflader, welche die Fässer mittels Seilen so auf die Wagen der Fuhrleute »spannten«, daß sie während der Fahrt sich nicht lösen konnten. Sie erhielten vom Fuhrmann 2 Pfennig pro geladenes Ohm. Die Multer (69), die sich mit den Spännern die Arbeit beim Aufladen teilten, erhielten von den Fuhrleuten, »wann sie im laden schrenken«, die Fässer also kreuzweise legten, 4 Pfennig, und wenn nicht

42. Eine von drei Pferden gezogene
Weinfuhre kommt in die Stadt, Lithographie
von A. WAGNER, in »Bavaria«, 1867.

geschrenkt wurde, einen Batzen pro Ohm. Im Jahre 1528 ordnete der Rat der Stadt **Landau** an, daß dem Multer für das Auf- und Abladen eines Fasses 8 Pfenning zu zahlen sind. Die Taxe der Küfer für das Schwenken, Einbrennen und Füllen der Fässer betrug 3 Pfennig je Ohm, die vom Fuhrmann zu zahlen waren. (70)

Das alte Lagerfaß war lange nicht so groß wie heute. Meist faßte es zwischen 1000 und 1200 Liter. 1842 wird in **Neustadt** das Fuder zu 1 000 Liter gesetzlich eingeführt. (71) Transportfässer waren selten größer als Fuderfässer, denn ein Fuder ist als Maß soviel, wie auf eine Fuhre geladen werden kann. Allein aus der Geschichte des Wortes »Fuder« geht schon der Warenversand auf Straßen hervor. »Fuder« ist eine Wagenlast, die in älterer Zeit auch für Kalk, Sand, Steine u.a.m. auftritt, also nicht nur für Flüssigkeiten. Das Fuder ist unser ältestes Weinmaß, daher die pfälzische Bezeichnung »Stück« und »Stückfaß«. (72)

Auch die Mieten für das Transportfahrzeug und die Löhne für die Fuhrleute waren auf dem Weg von Verordnungen oder durch die Zünfte genau festgelegt. 1623 hatte man für den Transport von einem Fuder Wein von **Deidesheim** nach **Speyer** 8 Taler aufzubringen. 1648 belief sich sich der Fuhrlohn je Tag auf 1 fl. Nach einer bischöflichen Verordnung von 1676 durften die Fuhrleute je nach der Entfernung 7 bis 7 1/2 fl. verlangen, wobei man auf Schätzungen der Wegstrecken angewiesen war.

Im Verlauf des Jahres 1783 bekam der Kutscher FILIAN von **Gronau** für den Transport von drei Stück Wein (a 1200 Liter) von **Deidesheim** nach **Frankenthal** 10 fl., für fünf Stück 21, für zwei Stück 8 und für ein Stück 4 fl. Im 19. Jahrhundert betrugen die Kosten für ein Mietfuhrwerk 1 Kronentaler je Tag, 1906 lagen sie bei 7 Mark. (73)

Noch bis weit in das 18. Jahrhundert hinein war das Anzapfen der Weinfässer auf dem Transport weit verbreitet. Diese unredliche Selbstbedienung erfolgte oft auf raffinierte Weise, indem z.B. unter einem abgetriebenen Reifen ein Loch gebohrt, Wein entnommen, dafür Wasser zugesetzt und, nach Verschließen des Bohrloches mit Wachs oder Holzpflöcken, der Reifen wieder an die frühere Stelle gebracht wurde. Diese Art der Selbstversorgung und Verwässerung des Transportgutes muß einst solche Ausmaße angenommen haben, daß allerhöchste Stellen gezwungen waren, sich damit zu befassen. So enthält auch die von Kaiser MAXIMILIAN I. im Jahre 1498 erlassene »Satzung und Ordnung über den Wein« ein ausdrückliches Verbot der unerlaubten Weinentnahme und nachträglichen Wässerung der Weine während des Transports. (74)

Die Weinfuhren gehörten bis ins 20. Jahrhundert hinein zu den typischen Erscheinungen der Weinbaudörfer entlang der Haardt, wobei allein schon die Fuhrleute durch ihre besondere Kleidung auffielen. (75)

12. Das Ungeld und die Ungelder

Schon in mittelalterlichen Quellen taucht das Wort »Ungeld« auf. Es war ursprünglich eine Abgabe von den zu verzapfenden Weinen. Wer in einer Stadt Wein ausschenkte, hatte Ungeld zu entrichten. Es stellt im heutigen Sinne eine Konsum- oder Umsatzsteuer dar. Da der Inhalt der geeichten Weinfässer vor dem Ausschank gemessen wurde, konnte der genaue Steuerbetrag festgesetzt werden. (76)

Schon frühzeitig wurde das Ungeld allgemein auf zu verkaufenden, einzulegenden und zu transportierenden Wein erhoben. Diese Weinsteuer war über lange Zeit eine der wichtigsten Steuern, mit der Staats-, Stadt- und Gemeindesäckel gefüllt wurden, und die immer wieder Anlaß zu allerlei Streitigkeiten bot. (77) Der Ungelder hatte, um in der heutigen Sprache zu reden, das Amt eines städtischen Steuer- und Finanzbeamten inne, der mit der Getränkesteuer auf das Lebensmittel »Wein« befaßt war. Darüber hinaus nahm er auch Aufgaben eines vereidigten Lebensmittelkontrolleurs wahr.

Eine bereits 1697 erneuerte »Wirtsordnung« des Rates der Stadt **Annweiler** wurde 1731 zu Papier gebracht, wonach sich alle Wirte und Ungelder künftig bei Vermeidung der gesetzten Strafe zu richten hatten. Die Zusammenarbeit zwischen Wirt und Ungelder wird darin bis ins kleinste geregelt:

»1. Soll jeder Wirt, der Wein einführt, schuldig und gehalten sein, die Ungelder zu rufen, daß sie die auf dem Wagen oder Karch liegenden Weine vorher, ehe sie abgeladen werden, besichtigen und wieviel des Weines gewesen, die Faß ordentlich aufschreiben bei Strafe 3 fl.

2. Wie dann zweitens den sämtlichen Küfern oder Weinschrödern (!) allhier allen Ernstes verboten wird, keinen Wein von der Fuhre abladen zu helfen, er sei denn von gedachten Ungeldern vorher besehen und specifice aufgeschrieben gestalten jeder Küfer alles so viel ihm wissend auf des Rats Befragen und bei seinen Pflichten anzeigen solle, bei Vermeidung unnachlässiger Strafe von 1 fl. 7 bz 8 hlr.

3. Soll kein Wirt sich unterstehen, einigen von seinem im Keller vorrätigen Wein, es sei wenig oder viel, zu verkaufen oder wegführen zu lassen, er habe denn vorher dem Herrn Bürgermeister oder Ungelder ordentlich angezeigt, damit solcher Wein samt dem Tag des Verkaufs auch ordentlich aufgeschrieben und keine Confusion bei jedesmaliger Abrechnung entstehen möge, bei Vermeidung 3 fl. Strafe.

4. Es soll kein Wirt befugt sein, einigen Wein zu verzapfen, er habe denn solches den Herrn Ungeldern vorher angezeigt und das oder die volle Faß im Keller gewiesen und zu versuchen geben (Lebensmittelkontrolle - der Verf.), daraufhin den Wein taxieren, wie teuer solcher bezahlt werden sollte (Preiskontrolle - der Verf.), welchen Tax der Ungelder jedesmal an das Faß mit Kreide und auch in sein Buch aufschreiben solle, und wann das Faß leer sein wird, soll der Wirt den Ungelder rufen, der das Pitschaft (Stadtsiegel - der Verf.) vom leeren Faß abtun soll, alles bei Vermeidung 3 fl. Strafe.

5. Wann ein Wirt für sich und die Seinigen Trinkwein haben will, soll er solches dem Herrn Bürgermeister oder Ungelder anzeigen und um Erlaubnis ansuchen, ein kleines oder größeres Faß zu färben, welches gemeldter Ungelder fleißig aufschreiben solle bei Vermeidung 3 fl. Strafe.

6. Weil sich auch bei den jedesmaligen Kellervisitationen eine große Unordnung gefunden, daß viele Faß nit voll Wein gewesen, und daher solcher Mangel nur ungefähr beschätzt, ein folglich gemeiner Stadt dadurch Schaden am Ungeld zugefügt worden, als soll jeder Wirt alle seine große als kleine Faß im Beisein Herrn Bürgermeisters oder eines Ungelders ordentlich visitieren lassen und in des Ungelders Buch geschrieben, einfolglich alle Weine, was für Qualität und Jahr Gewächs, auch wo sie gewachsen sind, an jedes Faß, worin sie liegen, angeschrieben, auch numeriert werden, damit bei der Visitation man denjenigen Wein, der im Faß mangelt, nach Abzug des Abgangs desto besser taxieren und das Ungeld davon abrechnen könne, bei Vermeidung 3 fl. Strafe.

7. Wird sowohl dem Herrn Bürgermeister als Ungeldern hierdurch injungiert (eingeschärft - der Verf.) so oft es möglich einen oder mehrere Wirtskeller zu visitieren und zu sehen, ob es darin ordentlich zugehe und kein Nachteil darin sich finde, auf welchen Fall er den Wirt vor Rat bringen soll, damit er darüber zur Rede gesetzt und allenfalls zu gebührender Strafe gezogen werden möge.

Welche Verordnung den sämtlichen Wirten sowohl in als außerhalb der Stadt ordentlich vorgelesen, darauf ihnen allen Ernstes anbefohlen worden, derselben stricte nachzuleben, so geschehen eod. quo supra.« (78)

43. Die Ungelder überwachten als städtische Bedienstete
den Weinausschank der Wirte, weil darauf
eine Art Getränkesteuer lag, die für die Gemeinden
von großer wirtschaftlicher Bedeutung war.

»Der Weinbau entfaltete seit dem 13. Jahrhundert im Rahmen der ständischen Sozialstruktur ein eigenes gesellschaftliches Gerüst aus verschiedenen Gewerben. Mit der Ausdehnung von Produktion und Handel, mit Neupflanzungen und Ausfuhr, mit der sich verschärfenden Kontrolle durch den Rat entstanden immer mehr Weinberufe. ... In dieser Spezialisierung entwickelte jedes einzelne Gewerbe ein Berufsbewußtsein, das diese Arbeitsleistung von anderen Gewerben unterschied und eine Zielsetzung aufwies. Diese Gewerbe schlossen sich zu Zünften zusammen. Als Vorbild für die Winzerzünfte (Innungen) diente die Organisation der übrigen Handwerker.« (1)

Heute betrachten wir wie selbstverständlich die Arbeit der Winzer als bäuerliche Tätigkeit. Doch einst waren nicht nur die handwerklich oder gewerblich Tätigen, sondern auch landwirtschaftliche, garten- und weinbauliche Berufe berechtigt, sich in Zünften zu organisieren. Winzer und Ackerer, die in einer Zunft zusammengeschlossen waren, fielen schon der Natur ihrer Beschäftigung nach aus dem Rahmen der übrigen Zünfte heraus. Trotzdem unterschieden sich ihre Zunftverfassungen nicht von denen anderer Handwerksberufe.

»Die einzelne Zunft im Handwerk wie im Weingewerbe bildete eine Art Hierarchie, kannte also eine Stufenleiter: Anfänger im Gewerbedienst, Gesellen, denen man bereits eine selbständige Leistung zuerkannte. Darüber erhoben sich die Meister, die eine reiche Erfahrung besaßen und Jüngere anlernen durften.« (2)

Es ist eine bemerkenswerte und in der zahlreich erschienenen Weinbauliteratur bisher vernachlässigte Tatsache, daß auch in der Pfalz solche Winzerzünfte bestanden. Allein die sichtbaren Zunftzeichen, zumeist an den Torschlußsteinen der Winzerhäuser, zeigen, daß wir es mit einer handwerksmäßig gearteten und einst auch zünftig organisierten Tätigkeit zu tun haben. Zumindest spiegeln sie das Selbstverständnis der Winzer wider, daß sie sich als eine Art Handwerker verstanden. Sie zeigen ihre gewerbetypischen Handwerkszeichen wie es auch andere zünftige Handwerker tun. Zumeist ist es ein Sesel, ein Rebmesser, ein Mosterkolben, eine Wingertspflugschar oder eine Traube. (3)

1. Die Entwicklung der Bruderschaften und Winzerzünfte am Oberrhein

Von besonderer Bedeutung für das pfälzische Weinbaugebiet und das des gesamten Elsaß waren die Winzer- oder Rebbruderschaften.

Im allgemeinen bestanden kirchliche Bruderschaften in allen mittelalterlichen

44. Ich bin ein Häcker im Weinberg
Im Früling hab ich harte Werck /
Mit graben / pältzen* und mit hauen /
Mit Pfälstossn / pflantzen und bauen /
Mit auffbinden und schneiden die Reben /
Biß im Herbst die Trauben Wein geben:
Den man schneidt und außprest den fein
Noa erfand erstlich den Wein.

veredeln

Kirchenorten. In den kleineren, ländlichen Sprengeln waren sie aber nur als »Bruderschaft« oder als »größere Bruderschaft« bekannt. Bei ihnen bestand jedoch keine Trennung nach Beruf oder Zunft. In den Weinbauorten entlang der Haardt dominierten in diesen »allgemeinen Bruderschaften« stets die Winzer als der tragende Berufsstand. Wo besondere »Bruderschaften der Rebleute« bestanden, waren sie wie alle anderen streng in das kirchliche Leben eingeordnet. Der Nothelfergedanke war das bewegende Element. Im Namen ihrer Vereinigung spiegelt sich manchmal dieser grundlegende Gedanken der »Bruderschaft« wider:

So sorgten die Rebleute in »Elendsbruderschaften« für die Armen und Kranken. Sie gaben ihren Toten die letzte Ausstattung mit ins Grab, deckten den Sarg mit dem Bahrtuch und erfüllten ihre Begräbnispflicht. Ferner feierten sie Jahrgedächtnisse für ihre verstorbenen Mitglieder, gaben Stiftungen zu frommen Zwecken und zur Ausgestaltung kirchlicher Räume. Selbst Kirchenbauten erhielten bedeutende Geldzuwendungen aus der Bruderschaftskasse.

Darüber hinaus trafen sich gelegentlich die Mitglieder zu einer Feier, wo sie sich gemeinsam bei Trank und Speise erfreuten. Das Bruderschaftsbuch gab Auskunft über jedes Mitglied.

Obwohl diesen Zwecken anfänglich nur die rein kirchlichen »Bruderschaften

der Rebleute« dienten, konnte es nicht ausbleiben, daß später auch die weltlichen Zünfte sich teilweise geistliche Ziele setzten. So beteiligten sich schließlich die Rebleute- oder Winzerzünfte ebenfalls am religiösen Leben, betreuten sogar besondere Altäre und errichteten Stiftungen.

In allen Städten am Oberrhein standen die Winzerzünfte im städtischen Zunftregister, oft vereint mit den Ackerleuten zu einer Zunft, wenn ihre Zahl zu gering war. Die wirtschaftliche Entwicklung im Mittelalter bewirkte, daß die Handwerkerzünfte sich zunächst um das Wohlergehen ihrer Berufsgenossen bemühten.

Sie versuchten den bevormundenden Zwang der städtischen und ländlichen Herren abzuschütteln, so daß sie zur selbständigen Entfaltung kommen konnten. Als Folge dieser Erstarkung der Zunft entwickelten sich die Kämpfe um die Mitregierung im Stadtparlament.

An dieser Entfaltung waren die Vereinigungen der Winzer oder Rebleute ebenso intensiv beteiligt wie die anderen Zünfte. Allerdings war das im heutigen Gebiet der Pfalz weniger auffällig geschehen, als dies im gesamten Elsaß der Fall war. Vornehmlich seit dem 14. Jahrhundert, als die sozialen Kämpfe und Verfassungsstreitigkeiten in den oberrheinischen Städten entbrannten, traten die Winzer mit auf den Plan. (4)

2. Die Entwicklung der Bruderschaften und Winzerzünfte in der Pfalz

Die Weinbauern waren von jeher freier als die Ackerbauern. Sie zählten bereits in der merowingischen Zeit zu den *artifices*, den Handwerkern. Schon in der Mitte des 11. Jahrhunderts kann man die »Wingertbauernschaften« als die Aristokratie der grundhörigen Bevölkerung bezeichnen. (5)

Die ersten Nachweise von Winzerzünften stammen aus dem 14. Jahrhundert. So wird z.B. eine Winzerzunft schon im Jahre 1336 in **Metz** erwähnt.

Auch von einigen wenigen Orten der Pfalz sind uns Vereinigungen der Winzer urkundlich überliefert. Sie erscheinen unter dem Namen

- »Winzerbruderschaft **Gimmeldingen**«, erstmals 1472 genannt,
- »Rebzunft«, oder »Bruderschaft und Schwesternschaft der Rebzunft« in **Bad Dürkheim**, bereits im Jahre 1387 erwähnt,

- »Weingärtnerzunft« von **Landau** im 15. Jahrhundert. (6)

Wie die Beispiele zeigen, blühte das Bruderschafts- wie das Zunftwesen hauptsächlich bei den Bürgern in den Städten.

Die Winzer hatten dem Ruf der Zeit Folge geleistet und die politische Aufgabe neben dem berufsbedingten Zusammenschluß erkannt. Mit je zwei Vertretern saßen die Zünfte der Rebleute in der Regel im Mittelalter im Rat der Städte. Der Winzerstand war den Erfordernissen der Verantwortung nicht ausgewichen. Im pfälzischen Raum konnte dies jedoch wegen der hier dominierenden und fest verankerten, kleineren Territorialherren nicht in dem Maße zum Durchbruch kommen wie im Elsaß.

Aber immerhin verstanden es die Winzerbruderschaften in **Gimmeldingen** und in **Bad Dürkheim** von Anfang an, sich durch ihr kirchliches Wirken auch im Leben ihrer politischen Gemeinde Geltung zu verschaffen. Erst der wirtschaftliche Verfall im späten Mittelalter und die Verflachung des Bruderschaftswesens bereitete den kirchlichen Bruderschaften der Winzer eine Ende und leitete die allmähliche Auflösung der Zünfte ein. Aus den einstigen, nur kirchlichen Bruderschaften waren im Laufe der Zeit vielfach politische und berufsständische Organisationen geworden.

Der alte Nothelfergedanke der Bruderschaft blieb in einem gewissen Sinne bis in die heutige Zeit erhalten, nur hat er eine andere Form der Solidarität angenommen. Als Nachfolger der einstigen »Winzerbruderschaften« und der »Rebleutezünfte« kann man heute die Winzergenossenschaften ansehen, deren Ursprung ebenfalls der Gedanke der Solidargemeinschaft ist. Allerdings beschränkt sich deren Tätigkeit allein auf das wirtschaftliche Fortkommen und die Pflege des Weinbaues. Eine unmittelbare politische Einflußnahme haben sie nie erstrebt, wie das ihre mittelalterlichen Vorläufer taten. Winzergenossenschaften sind rein wirtschaftliche Organisationen des Berufsstands der Winzer. (7)

3. Die Dürkheimer Zunftbruderschaft

Der Berufsstand der Winzer in **Dürkheim** im Mittelalter war organisiert in der »größeren Bruderschaft« (1387), in der »Rebzunft« (1405) und in der »Zunftbruderschaft der Rebleute« (1448).

113

1448 spielte hier offensichtlich die »Bruder- und Schwesterschaft der Rebzunft« eine Rolle. In jenem Jahr wird ein HANS GUNTHER als Brudermeister genannt. Ihre Zusammenkünfte fanden statt in der »Rebstube« in der »Endengasse«, der jetzigen Mannheimer Straße, etwas unterhalb des Anwesens SCHUSTER in der Nähe der Herberge »Zum Speer« am Römerplatz. (8) »Im Jahre 1600 finden wir die Mitteilung in dem **Dürkheimer** Morgenbuch, daß JAKOB SCHÖNEHR auf dem Gelände der Rebbruderschaft eine Scheune errichtet hat. Trotzdem liefen die Stiftungen für die Rebstube, die zu ersten Mal 1405 Erwähnung findet, laut Morgenbuch weiter. DIELMANN BENGEL mußte für sein Hause 18 Pfennig und ENDRES BAUMANN 1/2 Pfund Heller Zinsen zahlen.« (9) Die Rebzunftordnung, die während des Dreißgjährigen Krieges in Vergessenheit geraten war, wurde 1753 durch den Grafen zu Leiningen wieder in Kraft gesetzt.

4. Die Gimmeldinger Winzerbruderschaft

»An der Spitze der Bruderschaften standen die Brudermeister, die die Interessen der Bruderschaft vertraten. Wo Gelder verwaltet werden mußten, wie bei der Winzerbruderschaft in **Gimmeldingen**, wurden eigene Pfleger bestellt. Viele Bruderschaften setzten sich als *Aufgabe*, den einzelnen Mitgliedern der Bruderschaft ein ehrbares Begräbnis und ein christliches Gedenken nach dem Tode zu sichern. Diesem Zweck diente die in **Gimmeldingen** blühende Winzerbruderschaft. Nach den Statuten soll jedes Mitglied an allen Fronfasten 2 Pfennig entrichten.

Alljährlich soll am Dienstag nach dem Fest der hl. Luzia vom Pfarrer und den 2 Kaplänen in **Gimmeldingen**, sowie 3 benachbarten Geistlichen ein Jahrtag für die verstorbenen Bruderschaftsmitglieder mit Vigil, Seelenamt und fünf Beimessen gehalten werden, dem die lebenden Mitglieder bei einer Strafe von 9 Pfennig an die Bruderschaftskasse beiwohnen müssen.

Jeder der amtierenden Geistlichen soll mit 18 Pfennig für seine Mühewaltung entlohnt, oder es soll ihnen allen ein gemeinsames Mahl bereitet werden. Die Bruderschaftsmitglieder geleiten die Leiche eines verstorbenen Mitgliedes zu Grabe.« (10)

5. Die Landauer Weingärtnerzunft

Als zwölfte Zunft steht im **Landauer** Innungs-verzeichnis die »Winzer- und Ackerzunft«. Sie ist die einzige ihrer Art in der Pfalz, sicher-lich auch deshalb, weil **Landau** im Mittelalter zur Reichsvogtei im Unterelsaß gehörte, wo sowohl die städtische als auch die zünft-lerische Entwicklung fortschrittlicher war. Diese Winzerzunft beteiligte sich auch nach 1500 aktiv im hiesigen Stadtparlament. Davor traten die Weingärtner im städtischen Zunft-wesen von **Landau** fast überhaupt nicht in Erscheinung. Doch schon in einem aus dem Jahre 1517 stammenden Zunftverzeichnis wird die »Wingart-Zunft« unter den insgesamt 13 Zünften an fünfter Stelle auf-geführt. Zugleich mit dem Ausbau des Weinhandels wuchs auch die Bedeutung und das Ansehen der Weingärtnerzunft. Mit der Zunahme ihrer wirtschaftlichen Macht gewann die Zunft bald auch Einfluß auf das politische Leben der Stadt. Die Zunftmeister der Weingärtner bekleideten städtische Ehrenämter und namhafte Vertreter der Zunft wurden, ebenso wie die Vertreter anderer einfluß-reicher Zünfte, Mitglieder des Rates.

Von großem Nutzen für die **Landauer** Weingärtner war die Zugehörigkeit der Stadt zu der seit 1291 bestehenden Oberhaingeraide. Als Geraidegenossen konnten sie sich das Rohmaterial für den Weinbau unentgeltlich beschaffen. Die Weingärtner bezogen aus den Haingeraiden das notwendige Eichen- und Bir-kenholz für den Faßbau und das Kammertholz für die Weinberge. Die Steinbrü-che der Geraide lieferten außerdem die Wingertssteine. (11)

Eine bevölkerungs-, wirtschafts- und sozialgeschichtliche Quelle von hoher Bedeutung ist das aus den Jahren 1495/1510 stammende sogenannte »Pfennig-büchlein«. Es ist ein Verzeichnis der Reichssteuer des Gemeinen Pfennigs, die von allen Ständen und Personen über 15 Jahre erhoben worden ist und praktisch alle in **Landau** ansässigen Familien erfaßt. Von den insgesamt 1 469 Einwohnern gehörten demnach allein 301 Personen der »Wingarter-Zunft« an, gefolgt von der Schuhmacherzunft mit 275 Mitgliedern. Auffallend bei dieser Zusammenstellung ist vor allem die große Zahl der Weingärtner, die 25 Prozent von der in zwölf Berufsgruppen der Zünfte gegliederten Einwohnerschaft ausmachen. Dieses zahlenmäßige Vorherrschen des Standes der Weinbautreibenden unterstreicht in eindeutiger Weise **Landaus** Stellung als Weinhandelsplatz. (12)

Im Jahre 1542 befaßte sich erstmals der Rat in einer »Weinordnung«

mit dem städtischen Weinhandel. Die Anordnung, daß Wein außerhalb der Stadt nur in der Zeit von Michaelis bis Kerztag (29. September bis 2. Februar - der Verf.) eingekauft werden darf, läßt eindeutig darauf schließen, das fremder Wein aufgekauft wurde. Wer nach Mariä Lichtmeß ausmärkischen Wein einkaufte, wurde mit 10 fl. je Fuder bestraft. Von 1592 an verlängerte der Rat die Einkaufszeit bis Georgi (23. April - der Verf.).

Diese protektionistische Anordnung wurde eindeutig zum Schutze der einheimischen Weingärtner getroffen und findet sich in allen nachfolgenden Weinordnungen bis zum Jahre 1597.

Um eine möglichst paritätische Teilnahme der einheimischen Weingärtner im Handel zu gewährleisten, bestimmte der Rat in der Weinordnung vom Jahre 1590, daß jeder Verkäufer bei Strafe von 10 fl. nach einem Verkauf immer einen Monat warten mußte, bis er wieder verkaufen durfte.

Während in der ersten Hälfte des 16. Jahrhunderts, als die Weinknechte und Eichmeister die vom Rat für den Handel aufgestellten Richtlinien streng anwandten, auch die weniger begüterten Weingärtner die Sicherheit hatten, für ihr Erzeugnis einen Abnehmer zu finden, verlor später diese Schicht mehr und mehr die Chance, mit den freien Händlern ins Geschäft zu kommen.

Denn die wirtschaftlich Stärkeren waren die Gastwirte, die auch über einen ansehnlichen Grundbesitz verfügten. Ganz folgerichtig gewannen sie Einfluß in der Verwaltung der Stadt und gegen Ende des Jahrhunderts erreichten sie auch, daß die für sie so lästigen Handelsbeschränkungen aufgehoben wurden.

Die wirtschaftlich schwachen kleineren Weingärtner waren nach der Ansicht HANS ZIEGLERS auch nicht in der Lage, die Weinknechte durch »Geschenke« ebenso gefügig zu machen, wie es offenbar die Gastwirte fertig brachten.

*45. Die Truhe der **Landauer** Weingärtnerzunft aus dem Jahre 1784 trägt auf der Deckelinnenseite die Namen der beiden der Zunft vorgesetzten Ratsherren, das biblische Motiv der Kundschafter Josua und Kaleb, die eine Riesentraube aus dem gesegneten Lande davontragen, rechts und links daneben die Namen der zwei Zunftmeister. Auf dem Deckel sind ferner als Intarsie ein Sesel und eine Rebsäge zu sehen.*

Dagegen erwuchs den Gastwirten in den »Heckenwirten«, den vornehmlich kleineren Weingärtnern, eine scharfe Konkurrenz, indem diese ihre eigenen Gewächse ausschenkten, gleichsam als Ersatz dafür, daß sie mehr und mehr aus dem Handelsgeschäft hinausgedrängt wurden. (13)

Einen späten Hinweis auf das Fortbestehen der Zunft in Form einer »Bruderschaft der Winzer« *(confrerie des vignerons)* haben wir in einer in französischer Sprache geschriebenen Notiz, die (in deutsch) von »FRIEDRICH CLAUSS als alder Zunft Meister« und einem weiteren Zunftmeister unterschrieben ist. Sie besagt, daß die unterzeichnenden Meister der Bruderschaft der Winzer bestätigen, daß sie von den Herren des Magistrats als Miete für ihr Haus (Zunfthaus) vom ersten August 1724 bis zum heutigen Tag (»Geschrieben in **Landau** am 8. November 1725«) des laufenden Jahres die Summe von 20 Pfund erhalten haben. (14) Von der **Landauer** Weingärt, erzunft legt auch eine hübsche Truhe Zeugnis ab. Dieses Meisterstück ist gefällig und gediegen gearbeitet. Es weist als Bildschmuck jenen aus der Heiligen Schrift bekannten Vorgang auf, wonach von den durch Moses abgesandten beiden Kundschaftern, Josua und Kaleb, eine Riesentraube aus dem gesegneten Lande an einer Stange davongetragen wird. Über dieser Szene erkennen wir die Namen der beiden Ratsherren, welche die Stadtbehörde **Landau** der Zunft vorgesetzt hat: den Lutheraner HEINRICH GEORG KINZELBACH und den Katholiken FRANTZ DAGUESANT. Beiderseits des Bildes lesen wir die Namen der zwei Zunftmeister: JOHANN JACOB STOLZENBERGER und JOHANN FRIEDRICH KLEINER, darunter die Jahreszahl 1784. In dieser Zeit der Bourbonenherrschaft war **Landau** in der Besetzung der Ämter nach Vorschrift konfessionell paritätisch.

6. Die Neustadter Rebleutebruderschaft

Im Jahre 1513 wird zum ersten Mal von der Rebleutebruderschaft in **Neustadt** berichtet, die einen Prozeß vor dem kurfürstlichen Gerichtshof gegen Abt und Convent von **Eußerthal** führte. (15)

Im selben Jahr berichtet eine Urkunde, daß die Rebleute für einen bestimmten Betrag Sicherheit für »1 Morgen Wingertt uff dem Vyhnberg« leisteten. Eine Reihe weiterer Urkunden aus der ersten Hälfte des 16. Jahrhunderts befassen sich mit Bürgschaften, die die Bruderschaft für Weinberge oder Häuser übernahm.

Ergiebige Hinweise für die Existenz einer Vereinigung der Winzer oder Rebleute stammen erst wieder aus der Mitte des 18. Jahrhunderts.

Aus dem Jahre 1796 gibt eine Verordnung des Stadtrates einen letzten Anhaltspunkt für das Bestehen einer Rebleutezunft, denn hier wurde befohlen, daß jeder Zunftgenosse eine Axt oder ein Beil auf das Rathaus zu liefern habe.

Die Rebleutebruderschaft traf sich zu ihren Zusammenkünften im Haus »Zum Stern«, das als *hospitium zum Sterren* 1372 erstmals erwähnt wird. Dieses Haus diente über 200 Jahre als Versammlungsort der Rebleutebruderschaft, wenn auch zeitweise nur eine Stube unterhalten werden konnte.

Die Zunftordnung der Rebleutebruderschaft wurde 1616 gemeinsam von Oberamt und Stadt erneuert. Diese älteste vorhandene Zunftordnung diente lange Zeit als Grundlage und Vorbild für später geschaffene Ordnungen. (16)

a. Die Zunftordnung von 1616

Die enge Verbindung von Stadt und Rebleutebruderschaft kommt schon im ersten Artikel der Zunftordnung zum Ausdruck. Hier wird bestimmt, daß neben Schultheiß, Bürgermeister und Rat alle Einwohner, die Wein- und Ackerbau treiben, sich mit einem Pfund Heller in die Bruderschaft einkaufen müssen. Wie in **Landau** waren hier Winzer und Ackerer in einer Zunft vereinigt.

Die Obrigkeit war mit »Schultheiß, Bürgermeister und Rath« obligates Mitglied der Rebleutebruderschaft, sodann gehörten dazu »allesamt jeder Bürger so mit oder ohn Taglohn sich vom Weingartbau ernehren und keine Handwerker treiben«. Winzer oder Bauern, die sich neu in der Stadt niederließen, oder Bürgersöhne, die sich dem Weinbau widmen wollten, konnten sich für ein Pfund Heller in die Zunft einkaufen.

Weiterhin bestand im Unterschied zu allen anderen Zünften die Einrichtung eines Kollegiums von acht Mitglieder. Neben »denen vom Rath« standen der Bruderschaft acht Personen, die sogenannten »Achter« vor. Sie hatten dieses Amt »ihr Lebtag« inne, im Falle ihres Ablebens mußten Schultheiß und Rat von zwei vorgeschlagenen Personen eine geeignete als Nachfolger auswählen. Repräsentanten der Bruderschaft waren zwei Brudermeister, die jährlich am Antoni-Tag (17.1.) unter dem Beisein eines Ratsmitgliedes jeweils aus den vier ältesten und vier jüngsten Achtern gewählt wurden. Sie waren für die Geschäftsführung der Bruderschaft verantwortlich und hatten insbesondere die Rechnung zu führen. Daß die erprobte Selbstverwaltung der Winzer unter obrigkeitlicher Aufsicht stand, wird auch am Amt der Schätzer deutlich. Ebenfalls am Antoni-

Tag hatten Rat und Achter zwei Personen aus den Achtern und zwei aus den »gemeinen Brüdern« zu Schätzern zu wählen. Die Gewählten mußten sich per Handschlag dem Schultheiß verpflichten.

Ihre Funktion als vereidigte Sachverständige lag mehr in der Kontrolle als in der Begutachtung. Mindestens zweimal im Jahr mußten sie alle Weinberge der Gemarkung besichtigen, um deren Pflegezustand und den sachgemäßen Bau zu überprüfen. Ihr besonderes Augenmerk sollte besonders den Weinbergen unmündiger Waisen gelten, die von Vormündern verwaltet werden.

Versäumnisse in der Bearbeitung der Weinberge waren anzuzeigen, und die Säumigen wurden mit einem Ortsgulden als Geldbuße belegt. Wer Weinberge zur Bearbeitung übernommen hatte und seinen Verpflichtungen nicht nachkam, unterlag ebenfalls der Bestrafung. Da ein Teil der Geldstrafen den Schätzern zugute kam, ließ deren Aufmerksamkeit sicher nicht zu wünschen übrig.

Daneben hatten die Schätzer »auf Geheiß des Schultheißen oder der Bürgermeister« die Aufgabe, Güter in Erbteilung oder Schäden an Gütern, die »durch Diebe, fremb Gesindt, Vieh oder dergleichen zugefügt werden«, zu schätzen.

Die Voraussetzung für einen ordnungsgemäßen Weinbau waren in jedem Falle eine Bodenbearbeitung vor »Johannis-Baptista (24.6.)« und eine vor Ägiditag (1.9.). (17) Zur Besprechung und Regelung gemeinsamer Angelegenheiten wurde alljährlich am Antonius-Tag der sogenannte Zunfttag abgehalten, zu dem alle Mitglieder erscheinen mußten. Die Versammlung begann nachmittags in der Zunftstube im Hause »Zum Stern« mit der Verlesung der Zunftordnung, damit sie nicht vergessen und auch den Neuaufgenommenen bekannt wurde. Jeder, der zu spät erschien, wurde mit einer Strafe von sechs Pfennigen belegt. Wer überhaupt nicht kam, mußte das Doppelte bezahlen.

Nach Erledigung der Regularien wurde dann am Abend »zünftig« gefeiert, wobei Bier und Fleisch »reiniglich und sauber gekocht« den Anwesenden unentgeltlich vorgesetzt wurden. Was aber darüber hinaus verzehrt wurde, das mußte jeder aus eigener Tasche bezahlen.

Ähnliche Festmähler wurden auch an den Sonntagen nach den Fronfasten abgehalten, doch dabei hatte jeder selbst für seine Zeche aufzukommen. Ferner wurden laute Reden, Fluchen und ungehöriges Benehmen ausdrücklich und bei Strafandrohung verboten. Eine letzte Bestimmung über die Verwahrung der Zunftakten und sonstige der Zunft gehörigen Wertsachen beschloß die aus nur neun Artikeln bestehende Ordnung aus dem Jahre 1616. (18) Eine Wanderpflicht bestand für die Rebleutezunft im Gegensatz zu allen anderen Zünften aus verständlichen Gründen nicht, da sie keine Handwerker im herkömmlichen Sinne des Wortes waren. Ebenso fehlten zunächst noch Bestimmungen über die Anfertigung eines Meisterstückes und über die Lehrlingsausbildung.

22./23. Das Winzergehöft mit seinem runden Hoftorbogen aus Sandstein ist typisch für die Mittelhaardt, während die als Keller-Hochwohnhaus gebauten Winzerhäuser in der Südpfalz verbreitet sind. Idealtypisch zeigt sich eine Aneinanderreihung von Keller-Hochwohnhäusern in der Winzergasse in Gleiszeilen, während die Theresienstraße in Rhodt durch den Rytmus Haus - Torbogen - Haus - Torbogen geprägt ist; hier ein Winzerhaus in Gleiszellen, nächste Doppelseite ein Winzergehöft in Göcklingen.

24. Sesel und Wingertkast als wichtigste Arbeitsgeräte der Winzer in einem stilisierten Wappen in Göcklingen, Pfaffengasse 8.

Die Torschlußsteine waren einst so
etwas wie die Visitenkarte ihrer Erbauer.
Auf diesen waren neben den Initialien
zumeist die wichtigsten Arbeitsgeräte
oder gar die Arbeit selbst dargestellt,
was von ihrem beruflichen Selbstbewußt-
sein als Handwerker zeugt.

*25. Zwei Küfer beim Auftreiben der
Reifen in **Siebeldingen**, Hauptstraße 47;*

*26. Schlegel und gekreuzte Reithaken mit
Faß (im Dreiviertelprofil) als Zunftzeichen
die goldene Krone als Ausdruck des
Sozialprestiges des Küfergewerbes, **Rhodt**
Weinstraße 65;*

*27. Rebe mit Trauben, Rebsäge und Sesel
schmücken den Torschlußstein in **St. Mar**
Kirchgasse 5;*

*28. Traube, Wingertpflugschar und Reb-
säge sowie gekreuzte Reithaken, Schlegel
und Hobel bezeugen die Tätigkeit als Wir
und Küfer in Personalunion, **Hainfeld**,
Weinstraße 43;*

*29. Zwei Trauben, darunter ein Moster-
kolben und zwei gekreuzte Sesel als
Handwerkszeichen der Winzer, **St. Marti**
Lärchengasse 3.*

In den Grundzügen behielten die Zunftregeln über lange Zeit ihre Gültigkeit, doch ist allmählich eine Verschärfung der Vorschriften festzustellen, wie z.b. die Auflagen für die Aufnahme in die Bruderschaft zeigen.
Die Zunftordnung aus dem Jahre 1746 schreibt vor, daß jeder, der sich in der **Neustadter** Gemarkung vom Weinbau ernähren will, sich der Bruderschaftsordnung zu unterwerfen habe. Ausländischen und nicht zur Bruderschaft gehörigen Personen soll die Verrichtung von »einigen Weingartsarbeiten verboten sein«. (19)

b. Die Verschärfung der Zunftordnung zur Beseitigung der Mißtände

Trotz dieser strengen Vorschriften scheint es nicht gelungen zu sein, daß ausschließlich »Zünftige« die notwendigen Weinbergsarbeiten machten. Offenbar wurden von den Zunftangehörigen auch nicht sämtliche notwendigen Weinbergsarbeiten ausgeführt.
Es wurde festgestellt, daß die von den Achtern »einsichtig« in die Bruderschaft aufgenommenen oft »schlecht verständige Arbeiter« seien, die sich »groppe(r) Unordnung und viel Schaden sowohl gnädigster Herrschaft an dero gebührenden Interesse ... als der Bruderschaft zukommenden Nutzen« schuldig machten. Durch »nicht verrichteten regulirten Wingertsbau« wurden angeblich viele Güter von zwar »sich ausgebenden Weingärtnern aber nicht verstandene Arbeiter Nachlässigkeit und ohnerfahrenheit ruinirt«, so daß das »Herrschaftliche Cammerialinteresse merklich geschwächt worden sei ...«
Deshalb nahm die Herrschaft schon sechs Jahre nach der Abfassung einer Zunftordnung die Mißstände zum Anlaß, die Zunft erneut zu reformieren »zu angedeyhlicherem Nutzen deren Güterbaus«. (20)
Im Jahre 1752 wurde, nachdem ähnliche Versuche 1739 bereits gescheitert waren, innerhalb der Rebleutebruderschaft erneut der Wunsch laut, durch Änderung der Zunftordnung eine Angleichung an die übrigen Zünfte zu erreichen. Die neue Ordnung enthielt jetzt strenge Aufnahmebedingungen. So wurde eine fachliche Ausbildung als Bedingung für den Eintritt in die Bruderschaft vorgeschrieben, wie aus Artikel 1 hervorgeht:
»Wer sich in die Reben Zunft begeben wolle, der solle 2 Jahr bey einem zunftmäßigen Weingärtner, alß ein Jung zuvor lehrnen, sich aufdingen, lossprechen lassen, und wann er Meister zu werden gesinnt, das Meisterstück, wie hernach beschrieben, machen.« (21)
Wenn Leute diese Vorschrift nicht befolgten, sollten sie als »Fuscher und Stümpler« angesehen werden. Ebenso gelten »ausländische« als nicht zünftig,

so daß ihnen in der »**Neustadter** Gemarkung zu schaffen verbotten sein solle«. Die neue Ordnung enthält nun auch Vorschriften zur Berufsausbildung sowie eine Gebührenordnung. Die Auszubildenden mußten für das Lossprechen und Meisterwerden »ein Viertel Wein der Zunfft geben«, bzw. einen Geldbetrag zahlen, der zwischen der Zunft und der Lehrherrschaft aufgeteilt wurde. Kinder von Nichtzunftangehörigen zahlten das Doppelte.

Der Stadtschultheiß persönlich nahm zusammen mit der Zunftführung die Prüfung ab. Zunächst mußten die Prüflinge errechnen, welcher Materialbedarf für das Anlegen von einem Weinberg mit »160 Ruten« Größe notwendig war. Dann war in der Zunftstube die Anlage eines neuen Wingerts maßstabsgerecht mit Kreide auf den Boden zu zeichnen, aus dem die Anordnung von »Reben, Stiebeln, Balken und Trudtlen« (= Kammertbau, siehe Kap. C. 19) genau hervorging. Fehler in den Aufgaben sollten einer »billigmäßen Straf« unterworfen sein.

Es wurde auch eine Vorschrift in die Zunftordnung aufgenommen, die es der Bruderschaft ermöglichte, ein strenges Arbeitsreglement über die Mitglieder auszuüben. So konnten künftig ältere Weingärtner oder Weinbergsarbeiter, die ihre Arbeit nur nachlässig verrichteten, als »nicht zünftig« aus der Zunft ausgeschlossen werden.

Desweiteren wurde die Führung der Zunft neu geregelt. Sie sollte jetzt aus zwei Zunftmeistern, und als völliges Novum unter den **Neustadter** Zünften, einem sogenannten Zunftschultheißen sowie dem Zunftfähnrich und zwei Schaumeistern bestehen. Letztere waren zugleich Feldschätzer, zu denen ein Dritter aus den »gemeinen Brüdern« gewählt wurde.

Selbst die Beerdigung eines Zunftgenossen wurde nun »zünftig« geregelt. Die sechs jüngsten Meister hatten beim Begräbnis den Sarg zu tragen, »die anderen zünftigen Meister aber hierbey alle zur Leicht gehen sollen«. Ansonsten stimmten alle anderen Vorschriften weitgehend mit den älteren überein. (22)

c. Widerstand gegen die neue Zunftordnung

Sehr schnell regte sich Widerstand gegen die neue Zunftordnung, was bei den damaligen Besitzverhältnissen nicht verwunderlich ist. Viele Bürger hatten landwirtschaftlichen oder weinbaulichen Besitz zur Selbstversorgung, während sie hauptberuflich einem anderen Gewerbe nachgingen.

Bei strenger Auslegung und Befolgung der Bestimmungen der Rebleutebruderschaft durften diese nun ihre Weinberge nicht mehr selbst bewirtschaften. Das brachte sie gegen die Rebleutebruderschaft auf und gemeinsam mit einem Teil der ebenfalls unzufriedenen Rebleute erreichten sie, daß die Viertelmeister, die Vertreter der einzelnen Stadtteile, einen geharnischten Protest verfaßten und dem Stadtrat vorlegten. Darin wird betont, »daß die Sach (die neue Zunftordnung) nur von wenigen vertreten wird, welche von Eigennutz und Hochmuth beherrscht und aufgeblaßen sind«.

Man unterstellte ihnen, daß die »darunter nur ihren Vortheil und eingebildete Ehr ... hingegen aber der Bürgerschaft größeren Schaden befördern gesucht haben«.

Gegen die Einteilung der »profeßionen« in Zünfte bestünde grundsätzlich keine Einwendung, wenn aber eines Landes Obrigkeit eine solch »schädliche Gesellschaft in einer Vereinigung aufkommen lassen« würde, so würde »man sogleich finden, daß hiesiger Bürgerschaft, ja aller Orten, wo Weinwachs ist, nie was schädlicheres zugefügt werden könnte«.

Ferner hielt man für richtig, daß man es jedem selbst überlassen soll, wie er seine Weinberge bewirtschaften wolle. Vermutlich nicht zu Unrecht hegte man die Befürchtung, daß die Weinberge der außerhalb der Zunft stehenden Besitzer von den Zünftigen »nicht zur rechten Zeit, sondern nach gefallen dieß oder jenes Zünftigen« erst nach »dessen eigene Weinberg gebaut würden«.

In massivem Ton wies man darauf hin, daß »die gesambte begüterte Bürgerschaft zu ihrem Verderben auf einen und die beysassen auf der anderen seithen unter dem quasi monopolio deren Weinbergsleuth stehen und derselben Gunst oder ungunst abwarten müßten«.

Auch die einzelnen Prüfungsaufgaben wurden von den Protestierenden angegriffen: »das Meisterstück besteht nicht in der Kreite, einen Weinberg auf dem Tisch abzuzeilen, sondern in rechtschaffener und treuer arbeith, woran einem jeden bauherrn mehr alß an einem gantzen aufgeblasenem Bauernzunftschultheißen« gelegen ist.

»Die Untertanen seyen an sich selbst schon genügsam beschwert«, daß man ihnen nicht auch noch Kosten zum Erlernen der sowieso leichten Feldarbeit, für das »auffdingen und lossprechen« aufbürden sollte.

Das Protestschreiben endet mit der Hoffnung, daß »eine hohe Regierung verhofentlich gnädigst einsehen undt nicht gestatten (wolle), daß eine so ohngewöhnliche Zunft zum Schaden der ganzen Bürgerschaft aufgebracht werde«. Der Stadtrat wird noch gebeten, »einen kleinen Bericht an das hochlöbliche Oberambt gelangen (zu) laßen«.

Der Brief wurde unterschrieben von den Viertelmeistern und »52 Weinbergsbesitzern allhier«, welche zur Einrichtung einer »Rebleutzunft nicht mit einwilligen«.

Das alles bewog dann sowohl die kurpfälzische Regierung in **Mannheim**, wo der Entwurf der neuen Zunftordnung eingereicht wurde, als auch das Oberamt

Neustadt, es bei der bisherigen Ordnung bewenden zu lassen. (23)
Das wenn auch vergebliche Bemühen eines Teiles der Rebleutebruderschaft,
sich mit Hilfe einer neuen Zunftordnung unbillige Vorteile zu verschaffen, zeigt
deutlich die allgemeine Tendenz jener Zeit, das Zunftmonopol egoistisch zum
Schaden der Allgemeinheit auszunutzen. Der ursprüngliche Bruderschafts-
gedanke geriet demnach in späterer Zeit in Vergessenheit und mußte zusehends
dem Gedanken des Eigennutzes weichen. (24)

7. Die Weinleutezunft und Weingärtnerbruderschaft in Speyer

Die Stadt **Speyer** war im Mittelalter ein bedeutender Umschlagsplatz für den Weinhandel am Oberrhein. (25) Der bei weitem größte Teil des Weines, der dort in Fässern gelagert und zum Weitertransport auf die Rheinschiffe vornehmlich in Richtung Norden verladen wurde, stammte vermutlich aus den Weinbaugebieten an der Haardt. (26)

In **Speyer** selbst wurde nur in begrenztem Umfang Weinbau betrieben. Nach neueren Schätzungen könnte hier um 1400 die Gesamtfläche der in der Stadtmark angelegten Wingerte in der Größenordnung von etwa 100 Morgen gelegen haben. (27)

Der älteste urkundliche Beleg für die Existenz einer **Speyerer** Weinleutezunft datiert aus dem Jahr 1327. (28) Damals gab es insgesamt 13 große, politische Sammelzünfte. Innerhalb eines hochentwickelten Zunftsystems bildeten die Weinleute *(winlute)*, zunächst - 1327 und 1352 (29) - unter der etymologisch noch ungeklärten Bezeichnung »Kolhenger«, lateinisch *caupon(es)*, (30) gemeinsam mit den Zünften der Gärtner und Ackerleute eine Sammelzunft. Nach der Umorganisation der Zünfte erscheinen sie dann in einer von den »wynknehten« ausgestellten Urkunde von 1377 (31) getrennt von Gärtnern und Ackerern als eigenständige politische Zunft. (32)

Aufgrund der unzulänglichen Überlieferungssituation ist die innere Organisation und Zusammensetzung der **Speyerer** Weinleutezunft im einzelnen nicht mehr rekonstruierbar. Trotz der unbefriedigenden Quellenlage und der Vieldeutigkeit des Zunftnamens steht jedoch außer Zweifel, daß in **Speyer** unter diesem Sammelbegriff in erster Linie mit dem Weinausschank und der Erhebung des Weinungeldes befaßte Berufsgruppen vereinigt waren: die Weinwirte, Weinknechte, Weinmesser, Weinrufer und Bronnetregler (Weinschröter); mit dazu gehörten ferner auch die Bender (Faßmacher, Küfer). (33)

Ihre Trinkstube hatten die Weinleute zwischen 1424 und 1430 im Haus »Zur Mühle« gegenüber der St. Georgs-Kirche, (34) zwischen 1430 und 1432 nutzten sie die »Güldene Krone« in der Herdgasse als Trinkhaus. (35)

Neben der Weinleutezunft, die seit ihrer Anbindung an die Schmiedezunft 1432 allmählich in anderen, ihr teils wenig artverwandten Zünften aufgeht, (36) wird in **Speyer** erstmals zu Beginn des 15. Jahrhunderts eine Bruderschaft der Weingärtner urkundlich faßbar, über die wir jedoch nur äußerst spärliche Nachrichten besitzen.

Im Jahre 1407 erwirbt ein HANS REBESTOCK (nomen est omen!) namens dieser Weingärtner- oder Rebleutebruderschaft *(fraternitas vineatorum)* einen Jahreszins von insgesamt 8 Schilling und 3 Pfennigen für eine ewige Kerze der

Bruderschaft vor dem Marienaltar im Karmeliterkloster zu **Speyer**, dem Bruderschaftsaltar dieser Vereinigung. (37)

Gut ein halbes Jahrhundert später (1470) notiert eine heute im **Frankfurter** Stadtarchiv aufbewahrte Karmeliterchronik, daß damals verschiedene Bruderschaften in der **Speyerer** Karmeliterkirche existierten, unter ihnen die *fraternitas initorum seu der Rebenleutt oder Weingaertner in capella beatae virginis*. (38)

Demnach ist auch die Bruderschaft der Weingärtner in eine Reihe mit den typischen, meist religiös ausgerichteten Gesellenbruderschaften des Spätmittelalters zu stellen. Gerade in der Bischofsstadt **Speyer**, wo es um 1470 neben dem Domstift noch drei Kollegiatstifte, acht Klöster, elf Pfarrkirchen und zahlreiche Kapellen gab, erlebte das religiös-kirchlich motivierte Bruderschaftswesen am Ausgang des Mittelalters eine Zeit hoher Blüte. (39)

Außer der Sorge um das Seelenheil der Brüder war die **Speyerer** Weingärtnervereinigung allerdings auch auf die Wahrnehmung der wirtschaftlichen Interessen ihrer Mitglieder bedacht. So erhebt im Jahre 1522 HEINRICH WYSSELOCH »von wegen der wyngarter bruderschafft« gegen HANS BREGENTZER in der Eurichsgasse Klage auf etliche Äcker im Galgenfeld am Ingelheimer Pfad wegen eines mehrfach versessenen (nicht gezahlten) Zinses. (40)

Seit 1451 entrichtete die Weingärtnerbruderschaft ihrerseits jährlich einen Zins von einem Gulden an das **Speyerer** Stockalmosen; hierüber finden sich entsprechende Belege in den überlieferten Rechnungen und Zinsbüchern aus diesem Zeitraum. (41)

Das Zins- und Salbuch des Stockalmosens verzeichnet für das Jahr 1584 unter dem Titel »Weingart knaben bruderschafft«, Fälligkeitstermin »Michaelis« (September 29), folgenden Eintrag (Fol. 76):

»Item i fl. von ii morgen ackers an dem Sternacker, mit xx fl. zu lossin laut brieffs am dato 1451 jar an s(ant) Georg(en) abent, gibt JOST ALCZHEIMER unnd HANNS SOLDT.«

Nach einem Marginalvermerk in derselben Quelle wurde der Zins im Jahre 1617 abgelöst.

Näheres über die Zunftzugehörigkeit der beiden hier als Zinsner genannten Weingärtner zeigt ein Blick in die **Speyerer** Musterungsbücher aus dem 16. Jahrhundert, (42) die glücklicherweise gerade für die in Betracht kommenden Jahre erhalten sind. Die Namen JOST ALCZHEIMER und HANNS SOLDT erscheinen dort auf der Liste der Gärtnerzünftigen. (43) Dies ist ein Beleg dafür, daß die **Speyerer** Winzer zu dieser Zeit der Zunft der Gartenbautreibenden angegliedert waren. (44)

Wie die Gärtner lebten auch die Weingärtner wohl vorwiegend in der Gilgenvor-

130

stadt, einige hatten allerdings ihre Häuser innerhalb der Stadtmauern in unmittelbarer der Nähe des Roßmarktes. (45) Zahlenmäßig stellten sie gegenüber der Hauptzunft nur eine verhältnismäßig kleine Gruppe dar. Eine Auszählung der Nennungen von Gärtnern *(ortulani)* und Weingärtnern *(wingerther)* im zweitältesten **Speyerer** Kontraktenbuch zwischen 1420 und 1425 ergibt ein Zahlenverhältnis von etwa 10 : 1, wenn man davon ausgeht, daß dort begrifflich exakt zwischen beiden Berufen geschieden wird.

Die Zunftstube der Gärtner lag 1427 (46) und 1574 (47) in der Wolhartsgasse vor dem Neupörtel; über eine Trinkstube der Weingärtner ist nichts bekannt.

Seit dem Spätmittelalter verlor der Weinanbau in **Speyer**, sicherlich mitbedingt durch die großen Kriege, mehr und mehr an Bedeutung. (48)

An der Eingliederung der Rebenleute in die Gärtnerzunft änderte sich in den darauffolgenden Jahrhunderten nichts mehr. Noch 1777 werden in **Speyer** die Weingärtner (Wingertsleute), ebenso wie die Schuhflicker, zu den inkorporierten Gärtnerzünftigen gezählt. (49)

An der Spitze der Zunft stehen jetzt allerdings vier Zunftmeister, statt wie der im Mittelalter üblichen zwei. (50) Auf die speziellen Belange der Weinbautreibenden gehen die Zunftordnungen der Gärtner im allgemeinen nicht ein. Lediglich in einer Ordnung von 1740, die vermutlich 1777 erneuert wurde, findet sich eine Bestimmung über den Beginn der jährlichen Traubenlese: »Wann die Zunfftmeister in Herbstzeiten sehen, daß die Trauben zeitig unnd die Leeße zu veranstalten nöthig sey, sollen sie wie gewöhnlich solches vor der Rathsstube anzeigen und Bescheides erwarten.« (51)

Im Jahre 1773 soll es in **Speyer** noch insgesamt sechs hauptberufliche Weingärtner (Weingärtsmänner) gegeben haben. (52)

8. Exkurs: *in vite vita* - die Weinbruderschaft der Pfalz

Die »Weinbruderschaft der Pfalz« ist keine berufsständige Vereinigung der pfälzischen Winzer und damit kein Nachfolger der alten Weinbruderschaften. Sie ist vielmehr ein eingetragener Verein, der unter dem Motto *in vite vita* das Kulturgut Wein propagiert.

Die »Weinbruderschaft der Pfalz« war die erste deutsche Weinbruderschaft überhaupt. Ihre Gründung fällt in die Zeit des wirtschaftlichen Aufschwungs nach dem Zweiten Weltkrieg.

Die »Landsknechte der Weinstraße«, ein schon jahrelang bestehender Freundeskreis heimatverbundener Männer um LEOPOLD REITZ und DANIEL MEININGER, schlossen sich mit dem Stammtisch der **Neustadter** Journalisten am 6. Dezember 1954 zur »Weinbruderschaft der Pfalz« zusammen. Gründungslokal war der »Bayerische Hof« in **Neustadt**,und zum Stammlokal wurde der »Künstlerkeller« im ehrwürdigen Saalbau bestimmt. Aus den 26 Gründungsmitgliedern ist innerhalb eines Vierteljahrhunderts eine gut funktionierende Gemeinschaft von über 900 Personen geworden.

Bei den meisten Weinbruderschaften im deutschsprachigen Raum hat die »Weinbruderschaft der Pfalz« Pate gestanden. Ihre Zielsetzung, »den Ruf des deutschen Weines zu fördern und die Weinkultur zu erhalten und sie nach besten Möglichkeiten in Wort, Schrift und Tat zu verbreiten und zu vermehren«, wurde von den anderen übernommen.

»Eine Großkomturei in **München** ist bereits über 20 Jahre alt, eine Komturei in **Nürnberg** zählt 12 Jahre und der jüngste Vorposten im Weinkonsumentengebiet wurde 1976 als Komturei **Berlin** ins Leben gerufen.« (53)

Die detaillierten Bestimmungen in der Ordensregel, der patriarchalische Aufbau mit unterschiedlichen Funktionsträgern und einem gewählten Ordensmeister an der Spitze, die Ausübung antiquierter Zeremonien u.ä.m. erinnern noch ein wenig an alte Zunftzeiten (54)

9. »Bauherren« contra »Baumänner« - zur Sozialstruktur eines Winzerdorfes

Die Lebens- und Arbeitswelt in einem pfälzischen Winzerdorf war entsprechend der eines jeden anderen Dorfes, in dem Landwirtschaft betrieben wurde. Nur die besonderen Erfordernisse des Weinbaus gaben dem Leben und Wirtschaften der Menschen ein besonderes Gepräge, wie sich beispielhaft an den Bezeichnungen für die Tagelöhner und Knechte ablesen läßt.

Denn die einzelnen sozialen Gruppen werden entsprechend ihrer Tätigkeiten in Weinberg und Keller benannt. Die Tagelöhner heißen zumeist »Winzertagner« oder »Häcker«, (55) die Knechte »Wingertknechte« oder »Bauleute« sowie »Kellerknechte«. Beide, Tagelöhner und Knecht, gehören in der Regel zu der nicht-Weinberg-besitzenden, unteren sozialen Schicht. Sie verfügen, wenn überhaupt, nur über geringen Grundbesitz, der ein festes oder zeitweiliges Arbeitsverhältnis bei einem Weinbergsbesitzer notwendig macht. Die »Bauherren« standen also den »Baumännern« gegenüber.

In **Hambach** werden um 1648 unter 52 Grundbesitzern 43 Personen als Rebmänner, d.h. als Winzer, bezeichnet. Nur ein Knecht zählt ebenfalls zu den Besitzern. (56)

*46. Forderungen der Winzertagn, in **St. Martin** an a Arbeitgeber als Weinbergsbesitz, aus dem Jahre 190*

132

An die

herren Arbeitgeber der Gemeinde
St. Martin!

Unterzeichnete stellen als Vertreter der hiesigen **Winzertagner** folgende Forderungen:

1) In Anbetracht der teueren Lebensverhältnisse — alles ist im Preise gestiegen — ab 15. April 1908 den Taglohn auf mindestens 2,50 Mk. zu erhöhen; ohne Brot (Frühstück u. Vesper) auf 2,80 Mk.

2) Ueberstunden mit 30 Pfg. zu entschädigen.

3) Bei Schwefeln und Spritzen, welches eine die Kleider besudelnde und schädigende Arbeit ist, pro Tag 3 Mk. zu zahlen.

4) In Anbetracht der geringen Anzahl der Arbeitstage in der Winterszeit den Wintertaglohn ebenfalls auf 2,50 Mk. zu erhöhen.

5) Die Arbeitszeit soll folgendermaßen festgesetzt werden: Während der Sommerzeit von morgens 6 Uhr bis Abends 7 Uhr mit 1½ stündiger Mittagspause von 11—12½ Uhr und je einer halben Stunde Frühstücks- und Vesperzeit. Als Sommerzeit hat zu gelten die Zeit vom 1. April bis 1. November.

In der Winterszeit soll gearbeitet werden von Tagesanbruch bis zur Dämmerung mit je ¼ stündiger Frühstücks- und Vesperpause und 1¼ stündiger Mittagspause.

6) Die Akkordarbeit soll geregelt werden wie folgt:

Schneiden	pro Viertel (20 Dezimalen)	2,50 Mk.	
Graben	" " "	4,50 "
Rühren	" " "	2,50 "
Mistgräben ziehen	" " "	3,50 "
Guanogräben	" " "	2,50 "
Für Mist- und Guanodecken	" " "	2,50 "
Orteinwerfen	" " "	1,00 "

7) Das Kleben der Invalidenmarken soll überall auf Kosten der Arbeitgeber regelmäßig erfolgen, alle Arbeiter sollen der Krankenkasse angeschlossen werden.

8) Weibliche Arbeiter sollen ab 15. April 1,60 Mk. pro Tag erhalten und zwar mit Brot. Für Arbeit am Nachmittag allein sollen sie mit 90 Pfg. entschädigt werden.

Die Forderungen, welche hier von seiten der Winzertagner gestellt werden, sind bescheidene; die Arbeiter in der Fabrik erhalten bei meistenteils leichterer Arbeit mehr Lohn. Sie sind auch gerechte; denn es ist für einen Familienvater eine reine Unmöglichkeit, mit einem Taglohn von 2 Mk. bei den heutigen, in hiesiger Gegend besonders teueren Lebensverhältnissen auszukommen und ohne Schulden zu geraten, seinen Verpflichtungen gegen Geschäftsleute, Staat und Gemeinde nachzukommen. Die hiesigen Winzertagner geben sich der Hoffnung hin, daß die verehrl. Arbeitgeber ihre bescheidenen und gerechten Forderungen erfüllen werden.

Wir bitten um gefälligen Bescheid an eines der Kommissionsmitglieder binnen 8 Tagen.

St. Martin, den 9. April 1908.

Hochachtungsvollst!

Status	Grundbesitz	festes Arbeitsverhältnis
Bauherr (Arbeitgeber)	+	-
Winzerknecht (Knecht)	-	+
Winzertagner (Tagelöhner)	-	-

In der Sozialstruktur eines Winzerdorfes können drei Schichten unterschieden werden, die sich nach den Kriterien »Grundbesitz« und »festes Arbeitsverhältnis« bestimmen lassen. Diese dreigliedrige Sozialstruktur scheint bis ca. 1900 bestanden zu haben.

Was im folgenden über die Verhältnisse von **St. Martin** ausgeführt wird, kann auch für die anderen Winzerorte dieser Zeit gelten:

»Die Winzer neigten gegen Ende des Jahrhunderts dazu, zur Erledigung der Arbeiten anstelle der Knechte sog. Winzertagner einzustellen. Das brachte den Vorteil, daß die sozialen Verpflichtungen bei Krankheit und Alter wegfielen und das patronatsähnliche Herr-Knecht-Verhältnis einem arbeitsmarktpolitischen Kalkül wich.

Die Winzertagner beklagten, daß die Gesetze ihnen kaum Möglichkeiten gaben, ihre Ziele zu realisieren. Sie mußten scheitern, weil sie das Prinzip der Solidarität zu wenig bedachten und in der Zeit des boomartigen Aufschwungs (90er Jahre des 19. Jhdts.) keine Standesorganisation gründeten, während ihre Arbeitgeber immer reicher wurden. Außerdem klangen ihre Wünsche und Vorstellungen in deren Ohren zu utopisch.

Den hiesigen Winzertagnern erging es, mit einem Wort gesagt, 'miserabel'. Ihr Arbeitstag begann im Sommer bereits um drei Uhr in der Frühe und endete erst bei Sonnenuntergang. Wer morgens nicht rechtzeitig im Haus des Arbeitgebers erschien, konnte seinen Posten verlieren.

Jahrein, jahraus waren die Tagner der Unbill des Wetters ausgesetzt. Die harten Feldarbeiten, die von Hand ausgeführt wurden, erforderten zuweilen ihre letzte Kraft. Der Verschleiß der Kleidung war hoch, der Lohn geringer als der des Fabrikarbeiters (1,20 Mark pro Tag um 1880). Die Tagner mußten die Willkür des Arbeitgebers ertragen. Keine Organisation kämpfte für ihre Interessen.

Nach der Traubenernte bangte so mancher um seinen Arbeitsplatz. Wurde ihm gekündigt, drückte ihn wochenlang das harte Los seiner Familie, die nun gewöhnlich bis zum Monat Februar darben mußte. Geld borgen war töricht, weil er es nicht zurückzahlen konnte. Tat ein Verzweifelter es dennoch und geriet an

134

den 'falschen' Gläubiger, fraßen ihm die Zinsen das Brot aus der Schublade. Dann war der Tag nicht mehr fern, an dem sein dürftiger Besitz unter den Hammer der Zwangsversteigerung kam.

Glücklicherweise nahm sich im Dorf der Johannisverein durch Verabreichung einer kräftigenden Suppe regelmäßig jener Familien an, deren Ernährer arbeitslos waren.

Der Arbeitgeber jedoch, so wollte es der Brauch, durfte sich gegen seine Fürsorgepflicht nicht verfehlen. In der arbeitsarmen Zeit erhielt der befristet entlassene Winzertagner wöchentlich etwa zwei Laib Brot, zwei bis drei Liter Milch und einen Korb Kartoffeln. An Weihnachten gab es Obst und Wein. Solche Leistungen waren jedoch nicht einklagbar.

Für eine sieben- oder achtköpfige Familie waren diese Almosen wie ein Tropfen auf einen heißen Stein.« (57)

Am 9. April 1908 schlossen sich die **St. Martiner** Winzertagner zusammen. In einem Flugblatt baten sie die »Herren Arbeitgeber« um Aufbesserung ihrer Löhne. Das geschlossene Auftreten der Winzertagner ließ die Weingutsbesitzer nach Abhilfe sinnen. Die Einführung einer technischen Neuerung bot die Möglichkeit, die lästigen Winzertagner loszuwerden: Pflüge wurden angeschafft. Diese machten die Handarbeit der Winzertagner überflüssig und versetzten die Weingutsbesitzer in die Lage, die Hilfskräfte zu entlassen oder zumindest stärkeren Druck auf sie auszuüben. So zeigte sich schon recht früh bei den größeren Winzern in **St. Martin** ein unternehmerisches Verhalten, das vom kapitalistischen Prinzip der Gewinnmaximierung geleitet war, wobei der althergebrachte Brauch der sozialen Fürsorgepflicht nicht mehr in die Zeit paßte. (58)

10. Die Wingertknechte - Arbeit und Lohn

Aus dem Jahr 1648 wird über den Lohn der für ein Jahr gedingten Wingertknechte berichtet. Bis ins 19. Jahrhundert hinein (59) bestand dieser zumeist aus etwas Geld, Kleidungsstücken wie Hosen, Strümpfe, Schuhe bei freier Kost und Unterkunft für ein Jahr:

»Einem Weingart-Knecht seye ... zu Jahreslohn nebens 45 Kreuzer oder 30 Kreuzer zu Weinkauff (Handgeld) zu Lohn gegeben worden 30 fl. nebst 2 paar Schuhe.« (60)

Im fürstbischöflich-speyerischen Amt **Deidesheim** sind die Wingertsbaulöhne im Jahre 1671 infolge des Krieges deutlich zurückgegangenen:

»Nemblichen von einem Morgen Weingart die Fürch einzuhauen 6 Batzen;

vor einen Morgen zu schneiden 1 Gulden 2 Batzen 8 Pfennige;
zu cammerten 9 Batzen;
zu biegen 4 Batzen;
Reben zu lesen 3 Batzen;
zu graben 2 Gulden 8 Batzen;
zu lauben und zu scherffen 5 Batzen;
zu riehren 1 Gulden 7 Batzen 8 Pfennige.« (61)
Ein Morgen Wingert mit allen Arbeiten übers Jahr bauen zu lassen, kostete demnach für einen Bauherrn im Jahre 1671 rund 7 Gulden.

Auch schwere Sonderarbeiten wie das Roden wurden taxiert:
»Sodann von jedem Balken eines vierzeihligen Schemels zu rothen durchgehent 7 Pfennige.« (62)

Schließlich wurden noch die Tarife für den Tagelohn je nach Jahreszeit und Geschlecht der Tagelöhner festgelegt:

»Taglöhn:
Einer Mannspersohn von Martini (11.11.) bis Lichtmess (2.2.) des Tags 4 Batzen,
von Lichtmess bis Georgii (23.4.) 5 Batzen,
von Georgii bis Bartholomaei (24.8.) 6 Batzen,
von Bartholomaei biss Martini 5 Batzen,
Einer Weibspersohn von Martini bis Lichtmess 2 Batzen,
von Lichtmess bis Georgii 2 1/2 Batzen,
von Georgii bis Bartholomaei 3 Batzen,
von Bartholomaei bis Martini 2 1/2 Batzen.« (63)
Die Frauen verdienten demnach also nur die Hälfte wie die Männer.
In der Teuerungszeit des Jahres 1795 kostete es in **Neustadt** 18 Gulden, um einen Morgen Wingert zu bauen, ein Tagelöhner bekam pro Tag 1 Gulden 12 Kreuzer. (64)

In einem Zeitraum von 200 Jahren waren die Löhne der Winzertagner unverändert gleich auf einem niedrigen Niveau geblieben. (65)
»Bis gegen Ende des vorigen Jahrhunderts wurden für den Taglohn des Mannes 1,80 Mark, für den der Frau 1,30 Mark vergütet. Für 1,80 Mark erhielt man drei Sechspfünder Laib Brot oder drei Pfund Fleisch, auch 1 1/2 Pfund Butter.« (66)

11. Die Winzertagner - Arbeit und Lohn

Um 1 Hektar Ertragsweinberge bewirtschaften zu können, benötigte der Winzer vor 100 Jahren etwa 2 200 Arbeitsstunden. Heute braucht man für die gleiche

Fläche zwischen 400 bis 600 Stunden. Weitere Rationalisierungsmöglichkeiten lassen in Zukunft sogar einen Arbeitsaufwand von nur 300 Stunden als möglich erscheinen. (67)

Die Weinkultur war also, gegenüber anderen landwirtschaftlichen Kulturen, von jeher sehr arbeits- und kostenintensiv. Vor allem an der Haardt bot deshalb die Pflege der Reben den schon immer zahlreich vorhandenen Tagelöhnern ausreichend Arbeit und Brot.

»Die Größe des hiesigen Banns und die Menge von Arbeitern welche nur allein zum Bau von mehr als 500 Morgen Weingarten erfordert werden«, macht es notwendig, daß »etwa 20 Wingarts Leute welche unter die Claßen der Tagelöhner lociret sind« mit den örtlichen Wingertsarbeiten betraut sind, wie das amtliche Schatzungsregister des Stadtrats von **Bergzabern** im Jahre 1782 ausweist. (68)

Die Winzertagner, die im Weinbau tätigen Tagelöhner, wurden entweder pro Tag entlohnt, oder sie arbeiteten im Akkord:

»Diese erhalten täglichen Lohn, theilweise mit Kost, in der Weinpfalz auch mit 'Taglöhnerwein', oder arbeiten die Winzer auch 'vorrechts' d.h. überhaupt, gegen eine bestimmte Abfindungssumme übernehmen sie die nöthige Bebauung eines oder mehrerer Tagwerke Wingerts auf eigene Gefahr.« (69)

Auch die in Sommer und Winter unterschiedliche Arbeitszeit war genau geregelt und danach richtete sich die Höhe des Tagelohns: »Die Taglohnzeit war im Sommer von früh morgens 6 bis abends 7 Uhr festgesetzt. Im Winter war sie entsprechend kürzer. Davon gingen für die Mittagspause, sowie für Frühstück und Vesper jeweils zusammen zwei Stunden ab.« (70)

Historische Lohnrechnungen für die Winzertagner geben gleichzeitig Auskunft über die herrschenden Arbeitsweisen und Wirtschaftformen. Für die unterschiedlichen Weinbergsarbeiten zahlte man im Jahre 1648 im Amt **Deidesheim** folgende Löhne:

»Zu Schneyden 1 fl. 30 Kr. ...
Reben zu leßen   20 Kr.
Zu Cammerten 48 Kr.
Zu biegen 24 Kr.
Zu graben 3 fl.
Laub brechen und scharben 28 Kr.
Zu rühren 2 fl.
Die Förch einsuhauen 30 Kr.
So in Summa ertragt 9 fl.« (71)

12. Die Ordnung der Wingertsleute zu Dackenheim von 1600

»Häufige Polizeiordnungen aus dem 15. Jahrhundert und später, auf die Klagen der Arbeitverdinger erlassen, mußten die 'Steigerung des Tagelohnes, die daraus hervorgehende Ungleichheit in Verdingen der Taglöhne und die ungemessene Forderung der Arbeiter in Speis und Trank' u.s.w. auf ein bestimmtes, gemeingiltiges Maß beschränken.« (72)

Was LUDWIG SCHANDEIN hier allgemein ausführt, trifft insbesondere für die Wingertsarbeiter im Leininger Land zu.

Nicht immer erfüllten sie ihre Pflichten gewissenhaft. Das geht aus der Leininger »Ordnung der Wingert leuth 12 May Anno 1600 uffgericht und verlesen« hervor, welche gerade dem Umstand ihre Entstehung verdankt, daß »die Wingertsleuth den Bauw der Wingert der Bewohner, Pflegekinder und Ausgesessenen nicht wie sichs gebiert, mit rechtmäßigem gebrauchlichen bauwen verfahren«, wodurch nicht allein derjenige, »dem die güeter zuständig, umb den Bauwlohn veruntrawet, betrogen und in merklichen schaden gesetzt würd, sondern auch die Herrschaft ihrer Weingefell järlich großen Abgang spüren«. (Die Steuerkraft der Untertanen war schon damals eine Hauptsorge der Obrigkeit).

Aus diesen Gründen haben Amtleute, Schultheiß und Gericht »zur Beförderung und Erhaltung gemeinen Nutzes nachfolgende Ordnung verfaßt und uffgericht«. Zwei sogenannte »Beseher« übten dabei eine Art Arbeitsaufsicht aus.

Die **Dackenheimer** Ordnung der Wingertsleute aus dem Jahre 1600 ist eine herrschaftliche Schutzverordnung gegen unordentliche Arbeiter und gegen unlauteren Wettbewerb der Arbeitgeber. Sie ist aber nicht nur von sozialgeschichtlicher Bedeutung, sondern vermittelt auch einen lebhaften Eindruck von den im Weinbau üblichen Arbeitsweisen jener Zeit:

»Erstlich ist verordnet, da einer oder mehr ... besehen wird, daß untreulich geschnitten, schenkel oder andere fruchtbare Reben abgerissen, davon geeylet oder ungebürlich Vorteil gebraucht, daß alsdann der oder dieselbigen, so oft sie in gleichem Fall betroffen, 3 Reichsthaler unnachläßlich zu straff verfallen, davon die Hälfte den Besehern, und nicht destoweniger nach Erkandtnus der Beseher demjenigen, so der Wingert ist, seinen schaden zu kehren (gutzumachen) und zu erstatten schuldig sein. Da auch gleich unter den Knechten einer obgesetzter gestalt der ungebür befunden, soll derselbig jederzeit einen halben Thaler zur straf, wie lange Zeit breuchlich, verfallen, und soll beneben in allem beyder Herrschaft (**Hartenburg** und **Falkenburg**) straf vorbehalten sein.

Zum andern das Rauchhacken betreffend, da durch angeregte beseher befunden, daß die Wingert nit zur rechterzeit und erest wann man zu ziehen soll, rauch (rauh) gehackt, sonsten auch anfleißig und nicht wie sich gebüret, oder zue nasser und ongelegener Zeit gebaut, das unkraut und anderes aus den stöcken geräumbt, den stock in rechtem baw, wie redlichen wingert arbeitern zusteht nicht gestellt würde: daß jedesmals die Uebertretter, wer auch die seine möchte, ein obgemelt geldstraf gefallen, dieselb alsbald zu erlegen und den wingert, darin solcher unbau befunden, durchaus wiederumb vergeblich (umsonst) zue hacken schuldig und verbunden sein solle.

Ebenmäßig zum dritten, ist des zueziehens halben verord, da in solcher grafft (Gruft, Grabarbeit) einer befunden, der in wingerten nicht treulich und in gutem wetter gehackt, das unkraut nicht fleißig umb die stöcke ausgemacht, noch mit rechtem baw versehen, sondern nur obenhin überziehen würde, daß der oder dieselbige vorgemelte straff verwürkt und solchen Wingert wiederumb von neuem vergeblich der gebüer nach zue ziehen schuldig sein soll.

Am vierten sollen auch die Jenigen, so durch die geschworenen beseher im winter hacken oder zue werfen, wie allhie brauchlich, die nit treulich und wie sich gebüerdt in wingerten gearbeitet, sondern vorteil gebraucht obgesetzte straff zu erlegen und die grafft von neuem zu leisten schuldig sein, vorbehaltlich der herrschaftstrafe.

Zum 5. als auch bei denjenigen, so der Vormunder und anderer ausgesessener wingert, über jhar zu bauen annehmen, allerhand untreue und ungebürliche Vorthel des übergebenen laubes und gehölz halber augenscheinlich gespürt wird, so soll aus bewegenden ursachen holz und laub denselbigen arbeitern sowohl von in - als auch ausgesessenen nicht mehr eingedingt (in den Lohn einbezogen) sondern hiemit verboten sein.

Fürs letzt, als auch merckliche clag vorkomen, daß die wingertsarbeiter ihren lohn ihres gefallens wider die gebuer im verding (vertraglich gegen einen festgesetzten Lohn eine Arbeit annehmen) steigern, auch sonsten etliche inwohner (sich) understehen mit (der) steigerung des lohns anderen ihre arbeiter abzuspannen und in dem Falle zur unordnung nicht geringe ursach geben, ist derwegen hiemit ernstlich verordnet und befohlen: welcher inwohner oder wingertarbeiter vom wingertbauwein mehrers dan bisher gebreuchlich, fordern oder nemen, auch derjenig, so eynigen gesteigerten ungebuerlichen lohn machen oder geben würde, daß allbeyd Partheyen der gebuer mit gleichmäßiger ernster straff nach jeder zeit erkandtnus des Schultheißen und Gerichts gestraft werden soll, und dabeneben beyder Herrschaft volgende straff bräserviert.

Da auch jemands gelt oder anders uf künftige wingertarbeit nemen und folgends die arbeit nit tun sollte, auch in die straff der 3 Reichstaler verfallen solle.

Nachdem endlichen allerletztens in- und ausgesessene beschwehrend vorkommen, wie daß etliche wingert leuthe den schwefel und die bruen nicht wie gebuerend verwendet sondern haben in den boden vergraben und auff die Wege

und in die forchen laufen lassen, als sollen diyenigen .... (die Strafbestimmung
ist infolge Beschädigung des Originals verloren gegangen).« (73)

13. Exkurs: Von Wingertschützen und Winzlern

Um besondere Aufgaben in der Gemeinde zu erledigen, wurden eigene Ämter
an Bürger vergeben, wie Gemeindeeinnehmer, Gemeindediener oder Feld-
schütz. Zu den besonderen Feldschützen zählten die Wingertschützen, die
mancherorts »Winzler« oder »Wentzler« genannt wurden.
Sie waren Hilfsschützen im Herbst gewesen und werden gelegentlich auch als
»Hämelschützen« oder »Heimelschützen« (Geheimschützen) aufgeführt. Sogar
an diesem niederen, saisonbedingten Hilfsamt des Wingertschützen wird die
dominante Stellung der Weinkultur an der Haardt deutlich.
Entsprechend den Bestimmungen der Zellerthaler Schützenordnung aus dem
Jahre 1578 werden für jede der drei beteiligten Gemeinden Schützen bestellt, die
aus der Reihe derjenigen zu nehmen sind, die zuletzt das Bürgerrecht erwarben.
Danach ist jeder Schütz verpflichtet, in seiner Hut (seinem Schutzbezirk) »an
end und ortten seine Schützenhütt zu bawen« nach Weisung des Fauthes. »Alle
morgen, gleich dem Tag, sollen sie, ein jeder mit seinem Spieß, einer Pfeiffen
und einer Geißel, erscheinen und eher nitt dann umb eilff Uhren zu hause
kommen.« Nach einer Mittagspause von zwei Stunden dauert die Hut wiederum
bis zur Vesperzeit.
Als Lohn erhält jeder Schütz von jedem Morgen in seiner Hut sechs Pfennige.
Wer beim Traubenfrevel erwischt wird, zahlt 12 Pfennige, wovon die Hälfte dem
Schütz zufällt. Das ganze Geld bekommt er, wenn er einen »Ausländer« erwischt
hat. Außerdem erfreuen sich die Schützen noch der Freiheit von Fronen und
Nachtwachen. Wenn sie selbst dringende Geschäfte zu erledigen haben, dürfen
sie mit Wissen und Willen des Fauthen einen Gemeinsmann einstellen. Dagegen
dürfen sie für die Dauer ihrer Hut keine Tagelöhnerarbeiten verrichten.
Verhältnismäßig hoch sind die den Schützen angedrohten Strafen:
»Im Fall nun die geordneten Schützen dieser Ordnung nit nachkommen und in
Ihrem Ambt fhärlässig befunden würdten, soll ein jeder Verbrecher, so offt es
möchte geschehen, den dreyen Gemeindten ein Pfund Heller zur Bueß verfallen
sein und füertter der Herrschafft straff zu gewartten haben.« (74)
In **Edenkoben** wurden wegen der verschiedenen Grundherrschaften ebenfalls
drei »Winzler« oder »heimliche Schützen« als Wingertschützen gewählt. Ihre
Aufgaben werden wie folgt beschrieben:
»Sie sollen das Feld zu Tag und zu Nacht gleich ihrem Eigentum versehen und

bewachen. Sie wohnen dabei in einer Hütte auf dem Feld. Wenn die Gemeinde zusammengeläutet wird, muß einer von ihnen kommen und hören, was verkündet wird, und es den anderen mitteilen. Festgestellte Schäden soll einer von ihnen jeweils am folgenden Sonntag dem Bürgermeister öffentlich vor der Kirche anzeigen. Pro Morgen Wingert bekommen sie eine Vergütung von 4 Pfennigen. Wenn der Gemeinde geboten wird, die Hunde anzubinden oder die Hühner einzusperren, haben sie auf die Einhaltung des Gebotes zu achten. Sie sollen aber nicht kleinlich sein: 'So ein Ausmärker und Frembder ein Straß hinauszöge und da ein Träublein abbreche, seinen Durst damit zu löschen, auch schon über ein Ackerläng oder zwo noch einen nehme und eße ihn, den soll man nit rügen, ob man ihn schon abmahne ...'« (75)

Die drei »heimlichen Schützen« hatten allen Schaden, den sie feststellten, anzuzeigen. Glaubten sie des nachts einen Traubendieb am Werk, dann

47. Strafgeige für Traubendiebe aus **Haßloch**, *Weinmuseum* **Speyer**.

14. Winzerarbeit und Winzergerät

In der bäuerlichen Sachkultur der Winzer hat sich in den letzten 120 Jahren im Zuge der allgemeinen technisch-maschinellen Entwicklung ein revolutionärer Wandel vollzogen.
Die alten Geräte wie Karst, Mistgräben- und Stufenbickel, Wingerts- und Stiefelbeil und auch Kammertschlegel haben sich überlebt und sind begehrte Gegenstände für Museen und Sammler geworden. (77)

setzten sie durch ein besonderes Pfeifensignal die Kollegen davon in Kenntnis. Im Herbst 1752 kontrollierten der Dorfmeister (Bürgermeister), der »Commandeur« der Nachtwache und der »Policeydiener« die Schützen und Winzler. Man fand sie jedoch nicht bei der Feldhut sondern in den Betten!

Auch in **Maikammer** hat es die Winzler als Hilfschützen im Herbst gegeben. (76)

Arbeiten

1.) »Mit Frühlingsbeginn das *Graben* mit Karst oder Haue;« (78)

2.) »dann das *Rühren* - Verschlagen der dicken Erdschollen mit dem Bickel, indem diese um den Rebstock herumgelegt werden;« (78)

3.) »das *Stufenschlagen* für junge Wingerte;« (78)

Raumbickel

4.) »das *Seilen* (Sele) - den Rebstock mit Weiden anbinden;« (78)

5.) »das *Kammerte* - neue Balken einziehen;« (78)

6.) »das *Schneiden* der überflüssigen Schossen;« (78)

Stufenbickel

7.) »das *Scherben* - das Wegschaffen des überschüssigen Wachsthums«; (78)
   das *Schärfen* oder Ausbrechen; (79)
   »Alsdann werden die Reben *gekräppelt*, das ist, die Krappen, Ranken und Eberzähnger abgeschnitten.« (80)

8.) »Dann folgt das *Laubbrechen*, um Sonne in die Rebstöcke zu lassen;« (78)
   »Nach Jacobi werden die *Laubspitzen gemacht*.« (81)

Karst

9.) »das *Lesen der Rinke*, der Nebenschosse und der Weidenbänder, welche in Hasengestalt zu Rewehäselcher gebunden werden;« (78)

10.) »das *Lesen der Rebenstiche*r - der Käfer, welche in die Blüthen und Trauben stechen und sie dadurch verderben;« (78)

11.) »endlich das *Spritzen* mit Kalk und das *Schließen* des Wingerts mit Dornhecken.« (78)

144

Geräte

1.) »*Karst* ist ein Geschirr, gleich einem *Krappen*, die Zinken sind aber
2 starke Zoll breit und 14 bis 15 Zoll lang. Gewöhnlich sind die Zinken
1 oder 2 spitzig und stehen 1 1/2 Zoll von einander.« (82)

2a.) »*Raumbickel*, ist eine *ovale Hacke*, welche vornen ganz zugespitzt,
in der mitte aber 4 starke Zoll breit ist;« (83)

2b.) »der *Karst* muß schon etwas *abgenuzt* und nicht zu lang seyn, damit
die Zinken nicht so tief hinunter kommen und die Faaß= und Thau
wurzeln verletzen« (84)

3.) »*Stufenbickel*, an andern Orten Breithau, Wießenbickel, ist so lang und
breit als ein Karst, aber ohngespalten, hat vornen 2 spitze und scharfe
Ecken, wie ein Schwalbenschwanz gestaltet;« (85)

4.) »So bald die Kammert in einem Wingert gemacht ist, so nehmen die
Weibsleute, *Sählweiden* oder *Binzen* ... und Biegen eine jede Rebe so
rund und krumm als sie solche machen können;« (86)

5.) mit *Wingerts-* und *Stiefelbeil* und auch *Kammertschlegel*;
»*Stiefelbeil*, ist ein schweres breites Beil einem Müllerbeil nicht viel
ungleich, hat einen kurzen Stiel, nur halb so lang als ein Axthelm; in dem
Oberland haben sie schwere eiserne Schlägel zum Stiefel einschlagen,
und zu **Worms** etc. spitzige Eisen zum vorbohren, damit sie die Stiefel
oder Pfähle in die Erde bringen.« (87)

6.) »*Seesel*, ist ein Rebmesser wie ein in der Mitte durchgeschnittener Con-
ventionsthlr. und am Durchschnitt ein wenig hol geschliffen, es hat einen
Fausten langen Stiel.« (88)
»Item einen Däumerling, das ist ein von dickem Hirsch= oder sonstig
zähem Leder gemachtes Futral über den Daumen derjenigen Hand
worinnen man das Sesel hält.« (89)

7.) ebenfalls mit dem *Sesel*;

8.) von Hand;
»man nimmt ein *Sesel*, oder das Weibsvolk die *Sichel*;« (90)
»damit der Rebengipffel auf dem Daumen mit dem Däumerling, vermit-
telst des Seesels gerad abgedruckt wird.« (91)

9.) von Hand;

10.) von Hand;

11.) mit Eimer und Besen; von Hand.

15. Technologischer Wandel

Vor allem die Zeit um 1860/70 stellt einen bedeutenden Wendepunkt dar.
Danach wurden eingeführt:
- Eisendraht statt Holzbalken,
- das Pflügen mit dem Risser,
- Rebschere statt Sesel,
- Kunstdünger statt Stalldünger.

Mit der allgemeinen Verbreitung von Pflug und Risser nach dem Ersten
Weltkrieg waren die tradtionellen Methoden der Bodenbearbeitung im Weinbau
für immer vorüber.
Nach dem Zweiten Weltkrieg vermehrt aufkommende Schmalspurschlepper
brachten weitere Erleichterungen.

1800	1870	1900
Sesel (92)	Rebschere (92)	
Mosterkolben (93)	Traubenmühle (93)	
Karst (94)	Kratze (94)	Pflug/Risser (95)
Baum-/Spindel- (96) kelter	Eisenkelter (96)	Hochdruckpresse (96)
Kammert (97)	Balkenwingert (97)	Drahtanlage (97)
Stalldünger	»Spritzen« mit Tabaklauge (98)	
	Kunstdünger	

Die soziale und psychologische Situation der Winzer in der Phase des technologischen Wandels zu Beginn des letzten Drittels des 19. Jahrhunderts läßt sich
am Beispiel der Einführung eines neuen Bodenbearbeitungsgeräts, der Win-
gertskratze, nachvollziehen:
»So aufgeklärt wir **Dürkheimer** sonst sind und so begeistert wir im allgemeinen
mit dem Fortschritt gehen, so konservativ ist - er müßte kein deutscher Bauer sein
- unser Winzer in den eigentlichen Angelegenheiten seines Berufs.

146

Ein Beispiel: Es wird wohl Ende der sechziger Jahre gewesen sein, als die ersten Wingertskratzen in Benützung genommen wurden. Und da erinnere ich mich noch sehr wohl, wie die Leute Hinterm Graben und in der Hohl sich schüttelten vor Lachen und alle Register ihres Witzes zogen, als eines Tages einer unserer Nachbarn mit einer Kratz ins Heidfeld marschierte.

Es gab förmlich ein Stadtgespräch: 'Henn ehr dann de Ding aach schun mit seiner Kratz g'sehne?' Als man sich dann aber überzeugte, daß das ein ganz brauchbares Werkzeug sei, die Kratz, so kam schließlich einer um den andern damit die Hohl herunter, anfangs noch ein wenig verlegen, bald aber, die Kapp auf dem Ohr, mit einem Blick drohender Entschlossenheit, der eine kritische Bemerkung als eine gewagte Sache hätte erscheinen lassen.

Eine zeitlang hörte man wohl noch einmal verstohlen sagen: 'Ee Narr macht halt zeh' annere', aber nach ein paar Jahren war die Kratz in aller Hände. Aehnlich soll's später mit dem Spritzen gegangen sein.« (99)

16. Das Sesel als ...

Zu den aus der Römerzeit überkommenen Handwerksgeräten der Winzer zählt vor allem das Sesel, das geradezu ein Wahrzeichen für den Winzerstand und ein Handwerkszeichen der Rebleutezunft geworden ist (s.o.).

Das gekrümmte Messer findet auch in dem folgenden Winzerspruch Erwähnung:

»Lichtmeß, Spinnen vergeß! Krummeß zur Hand! In den Wingert gerannt!«

Mit diesem gereimten bäuerlichen Spruch wird der Wechsel in der Arbeit der Bauern und Winzer angezeigt. Die traditionelle Winterarbeit mit dem Spinnen von Flachs und Hanf ist zu Maria Lichtmeß (2. Februar) beendet, und es folgt die erste Arbeit im Wingert mit dem Rebenschneiden.

a. ... altes Handwerksgerät der Winzer

In der Beschreibung aus dem Jahre 1781 von PHILIPP JAKOB BREUCHEL wird das Winzermesser in Aussehen und Anwendung folgendermaßen erklärt:
»Seesel, ist ein Rebmesser wie ein in der Mitte durchgeschnittener Conventions- thaler und am Durchschnitt ein wenig hol geschliffen. Es hat einen Fausten langen Stiel.«

Der Autor empfiehlt für das Schneiden der Reben im Frühjahr das »Seesel«, vor dessen Schärfe man sich am besten durch einen »Däumerling« aus »dickem

Hirsch- oder sonstig zähem Leder« schützt. (100)

Das Sesel besteht aus einer geschmiedeten, mehr oder weniger stark sichelför-
mig gebogenen Stahlschneide und einem festsitzenden, aus Holz oder aus Horn
gedrehten Handgriff. Die Größe ist unterschiedlich, da die verschiedensten
Arbeiten damit ausgeführt wurden. Am häufigsten scheinen die kleinen bis mit-
telgroßen (15 - 20 cm) Sesel zum Traubenschneiden und Binden gewesen zu
sein, während zum Reben- oder Laubschneiden größere verwendet wurden.

Mit Beginn der 1830er Jahre wird das Sesel von der Rebschere verdrängt, die in
der heutigen Zeit wiederum zusehends von pneumatischen Rebschneideanlagen
ersetzt wird.

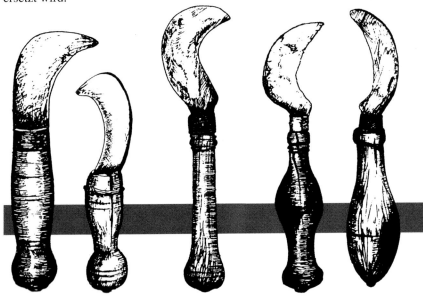

48. Das Sesel kann entsprechend den verschiedenen Wingertsarbeiten und dem
jeweiligen Verwendungszweck unterschiedliche Formen haben.

In der Pfalz wird heute das Sesel zum Traubenschneiden im Herbst nur noch
gelegentlich, und dann vor allem von älteren Menschen benutzt, die an den
Umgang mit ihm gewohnt sind.

Damit dieses einst unentbehrliche Utensil der Winzer nicht ganz in Vergessenheit gerät, hat man ihm 1968 am Weinlehrpfad in **Schweigen** mit einer drei Meter
hohen Säule in Form eines überdimensionalen Sesels symbolisch ein Denkmal
gesetzt.

b. ... archäologischer Fund

Sichelförmige Geräte und seselähnliche Messer kommen schon in der Bronzezeit vor. Sie sind wohl unabhängig vom Weinbau entstanden, wurden jedoch bereits früh damit verbunden.

Die römischen Winzermesser, für die in den Quellen verschiedene Bezeichnungen auftauchen *(serula, scirpicula, falx, falx putatoria, falcula, sicilis)*, waren in Größe und Form der jeweiligen Form angepaßt (z.B. Schneiden der Bindeweiden, Propfen, Zurückschneiden der Reben, Schneiden der Trauben). Diese Unterschiede haben sich bis in die Gegenwart hinein erhalten. (101) Grundsätzlich wurden größere, stärker gebogene Sesel für die schwereren Arbeiten und kleinere, leicht gebogene Sesel für leichtere Arbeiten verwendet. »Sesel« ist ursprünglich eine deutsche Bezeichnung. Man kann davon ausgehen, daß die schon den Germanen bekannten seselförmigen Schneidewerkzeuge unter dem Einfluß der Römer und ihrer mitgebrachten Weinkultur eine Spezialisierung erfahren haben.

Eine Besonderheit weist das griechische, bzw. gallo-römische Winzermesser auf. Es hat eine beilartige Ausbuchtung auf dem Rücken, die sogenannte *securis*, die zum Schlagen und Hacken verwendet werden konnte. Diese Form der Winzermesser ist in Italien unbekannt, dagegen aber in Griechenland noch heute gebräuchlich. Dasselbe gilt auch für Südfrankreich, das Hinterland der schon um 600 v. Chr. gegründeten griechischen Kolonie Massalia (**Marseille**). (102) Da solche Messer in früher Zeit auch für unser Gebiet nachweisbar sind, nimmt FRIEDRICH von BASSERMAN-JORDAN an, der pfälzische Weinbau sei nicht römischen, sondern griechischen bzw. gallo-römischen Ursprungs. Er meint, daß die Weinkultur über das griechische Massalia (**Marseille**) das Rhône-Tal aufwärts zum Oberrhein und schließlich in die linksrheinischen Gebiete gelangte. (103)

»Es ist ein Verdienst des Verfassers der dreibändigen Geschichte des Weinbaus Dr. von BASSERMANN-JORDAN, erstmalig 1911 auf ein derartiges Messer im Original hingewiesen und seine Bedeutung dargelegt zu haben. Es fand sich unter den Beständen des Historischen Musuems der Pfalz. Fundort und Alter sind unbekannt, doch dürfen wir jedenfalls annehmen, daß es aus der Pfalz stammt.« (104)

Bemerkenswert ist, daß von den acht Rebmessern, die bisher auf pfälzischem Gebiet gefunden wurden, sieben der sogenannten griechischen Form zuzurechnen sind und nur eines der römischen. Dieses stammt aus einem Massenfund von der **Heidenburg** bei **Kreimbach**.

Die griechisch-römischen Winzermesser wurden allmählich durch das einfache,

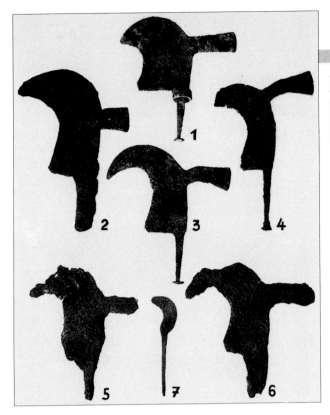

49. *Archäologische Funde von Rebmessern aus verschiedenen Orten der Pfalz: 1. **Lingenfeld**, 2. **Speyer**, 3. Pfalz, 4. **Eisenberg**, 5.und 6. **Diedesfeld**, 7. **Heidenburg** bei **Kreimbach**.*

aus Italien eingeführte, sichelförmige Sesel ersetzt, das keinen beilförmigen Fortsatz mehr hatte. Eine Zeitangabe, wann sich dieser Wechsel vollzog, ist nicht mit Bestimmtheit zu machen. Wie der Fund von **Diedesfeld** zeigt, scheint das griechische Messer noch in merowingisch-karolingischer Zeit vorzukommen, dann aber zu verschwinden. (105)

Zwei Exemplare mit beilförmigem Fortsatz wurden in den Ruinen einer reichen, mit schwarzem Marmor ausgestatteten römischen Villa zwischen **Kerzenheim** und **Rodenbach** gefunden.

Ein weiteres Rebmesser der griechischen Form mit Resten des Holzgriffes fand sich 1914 auf der Sohle eines römischen Ziehbrunnens zwischen **Speyer** und **Berghausen**.

Das vierte Rebmesser dieser Art wurde im Jahre 1945 von Bürgermeister ALFONS DETZEL in **Lingenfeld** in nächster Nähe des Dorfes unmittelbar über der Druslach auf der Nordseite des Baches gefunden. Es gehörte zusammen mit Küfergeräten zum Hausrat eines römischen Winzers und Küfers aus der Zeit um 350 n. Chr. Von Bürgermeister GLASER in **Diedesfeld** erhielt das Weinmuseum in **Speyer** schon 1911 zwei Rebmesser der griechischen Form, die in einem Weinberg beim Roden zwischen **Hambach** und **Diedesfeld** gefunden wurden. Von den aus der Pfalz nachweisbaren Rebmesseren können drei auf die Mitte des 3. Jahrhunderts datiert werden. (106) Die archäologischen Rebmesserfunde können als Indiz gewertet werden, daß der Weinbau in der Pfalz seit der Römerzeit nahezu 2000 Jahre heimisch ist. Allerdings zeigen die Fundorte, daß die Römer die für den Weinbau am besten geeigneten Lagen noch nicht erkannt hatten. Vielmehr legten sie die Weinberge in der Nähe bedeutender Siedlungen an.

c. ...Waffe der Winzer

Die Verwendung des Sesels als Waffe hat in der pfälzischen Volksüberlieferung eine lange Tradition.

Einmal war es in der sogenannten Seselschlacht bei **Gleisweiler** benützt worden. Wenigstens berichtet der Volksmund über ein solches bewaffnetes Zusammentreffen der Bürger aus **Gleisweiler** und **Burrweiler** auf der einen Seite und der **Roschbacher** und **Flemlinger** andererseits.

Die beiden Gebirgsdörfer **Gleisweiler** und **Burrweiler** wollten den übrigen gegen Osten zu gelegenen Dörfern die Mitbenützung der Weide, die hinter **Roschbach** bis zum Annaberg führte, streitig machen.

Burrweiler und **Gleisweiler** wuchsen allmählich von Weilern zu Ortschaften, sie waren deshalb gezwungen, ihre Weinberge auszudehnen und auch die Viehtrift zu benützen, um die notwendige Nahrung zu beschaffen.

Die **Flemlinger** und **Roschbacher** trieben dann aber bewaffnet ihr Vieh zur Weide. Die Bewohner aus **Gleisweiler** und **Burrweiler** zogen ihnen ebenfalls bewehrt mit Waffen aller Art entgegen. Halbwegs zwischen beiden Orten kam es zu einer Schlacht Mann gegen Mann. Das Sesel wurde dabei als Waffe benützt. Blut floß, viele blieben tot zurück. Am Herrenweg, wo der Feldweg nach **Flemlingen** gekreuzt wird, begrub man die Gefallenen.

Schwere steinerne Kreuze wurden auf den Gräbern errichtet. Heute sind sie zerfallen und von Gras überwuchert. An derselben Stelle steht noch ein gotischer Bildstock, der ein Wappenschild mit zwei gekreuzten Seseln trägt. Das Sesel, das sonst zur Pflege des edlen Weinstocks diente, soll hier an diese Schlacht mit Seseln erinnern, die vor dem Jahre 1468 stattgefunden haben soll. (107)

Zur Zeit der französischen Raubkriege, als die Pfalz in Flammen aufging und die Bevölkerung in verständlicher Unruhe dem kommenden Tag entgegensah, bekam das Dorf **Hainfeld** Einquartierung. Im Saal der Wirtschaft war Tanz-

50./51. Das Ortssymbol von **Hainfeld** beim Festzug anläßlich des Weinfestes und Heimattages am 24. und 25. Juli 1933 sowie zum Festzug während der Feier zum 1200jährigen Jubiläum im Jahre 1981.

musik, und die Franzosen benahmen sich dabei nicht gerade vorbildlich. Es kam zu Streitereien, die zu Schlägereien ausarteten. Die jungen Burschen von **Hainfeld** blieben Sieger. Sie stießen die Fremden aus dem Gasthaus und töteten dabei zwei Offiziere mit dem Seselmesser.

»Seselmörder« nennt man seitdem die **Hainfelder**. Zur Strafe für diese Tat mußten drei Männer aus dem Dorf an der Friedenslinde ihr Leben lassen. Nachdem dieser geschichtliche Vorfall nicht mehr bekannt war, oder man sich nicht mehr daran erinnern wollte, wurde der Ortsneckname der **Hainfelder** zum friedlicheren »Seselmesser« abgemildert. (108)

d. ... Gemeindewappen

Auch in Gemeindewappen oder Gerichtssiegeln der Weinbaugemeinden fand das Sesel vielfach Verwendung. Die Gemeinde **Rhodt** soll im Mittelalter drei Sesel in ihrem Wappen geführt haben. Urkundlich ist dieses Wappen allerdings nicht nachweisbar. (109) Auch **Berghausen** hatte früher ein silbernes Sesel in seinem Wappen, wie es schon im 18. Jahrhundert hier als Gerichtssiegel im ovalen Rahmenschild geführt wurde.

Im Jahre 1839 wünschte das Bürgermeisteramt **Berghausen** die Beibehaltung des Wappens. Der Reichsherold entschied aber, daß die Reben des Narrenberges nicht ausreichten, und daß an Stelle des Sesels eine Sichel, rechtsgekehrt, geführt werden sollte. Die neue Sichel unterschied sich aber kaum vom ursprünglichen Sesel. Heute führt **Berghausen** wieder ein Sesel im Gemeindewappen, wie noch vier weitere Gemeinden auch.

Berghausen: in Blau ein silbernes Rebmesser mit goldenem Griff, am 24.12.1845 von König Ludwig I. von Bayern genehmigt.

»Begründung: Das Gerichtssiegel von **Berghausen** zeigt als Hinweis auf den früheren Weinbau, nunmehr auch auf den römerzeitlichen, ältesten erhaltenen Wein Deutschlands, der in der Gemarkung **Berghausen** gefunden wurde, ein Rebmesser oder Sesel ..., das der Reichsherold als Sichel verkennend auf Antrag in blauem Feld genehmigte.« (110)

153

Das Gemeindewappen von **Haardt** führt in der rechten Wappenhälfte mit silbernem Grund ein blaues Sesel mit goldenem Griff. (111)

Das von **Kappellen-Drusweiler** hat in der rechten Wappenhälfte ein schwarzes Sesel auf gelbem Grund.

»Begründung: das Wappen gibt das Gemeindesiegel von **Kapellen** und **Drusweiler** von 1744 mit Pflugschar und Rebmesser wieder.« (112)

Die Verbandsgemeinde **Edenkoben** hat in ihrem Wappen unten links ein silbernes Sesel mit goldenem Griff auf rotem Grund zusammen mit einer Traube als Wappenfigur. (113)

Die alten Winzergeräte Karst und Sesel sowie die Traube weisen im Wappen von **Kindenheim** auf den Weinbau hin, wobei ein unbekleideter Knabe in seiner linken Hand das goldenes Sesel hält. (114)

17. Historische Formen der Reberziehung

Der antike Weinbau kennt offensichtlich zwei grundsätzliche Arten der Reberziehung. Durch die römischen Agrarschriftsteller (115) sind wir darüber näher
unterrichtet. Man kennt die baumlosen Weingärten und die Baumweingärten.
(116)

a. Baumerziehung

Reberziehung an Bäumen ist bereits im Zweistromland und in Ägypten bekannt,
wie viele Darstellungen zeigen. (117) Die Erziehung an Bäumen wird recht
unterschiedlich beurteilt. Die Bewertung reicht von totaler Ablehnung bis hin
zur Befürwortung der Baumgärten. Sie sollen die edelsten Weine
liefern. (118)
Als besonders vorteilhaft wurden die geringen Unterhaltungskosten angesehen,
denn die Rebstöcke benötigen keine künstliche Unterstützung, da sie sich an den
Bäumen emporranken. So konnte man den gesamten Baum mit Reben zu-
wachsen lassen. (119)
Als Stützbaum für die Rebe finden wir in erster Linie die Ulme, die Schwarz-
pappel, die Esche, den Feigenbaum und den Ölbaum. (120) Andere Baumarten
spielen eine untergeordnete Rolle. Eine andere Baumerziehungsart bestand
darin, Ranken von einer Baumkrone zur anderen zu ziehen. Diese Art war
offensichtlich in Gallien sehr verbreitet. (121) Girlanden-Weinpflanzungen
waren allgemein bekannt und lassen sich vom Altertum bis in die Neuzeit
nachweisen. (122)

b. Kriechende Reben

Antike Schriftsteller erwähnen die unterstützungsfreie Methode, bei der die Reben am Boden dahinwuchern, für die extrem heißen Gebiete Spaniens, Nordafrikas und Kleinasiens. (123) Man ist sich allgemein einig, daß diese Erziehungsform den minderwertigsten Wein liefert. Lediglich die Eßtrauben werden geschätzt. Da die Trauben oft auf der Erde liegen, nehmen sie Schaden, werden von Tieren gefressen. Auch macht dieser Typus der Reberziehung den Bauern die Arbeit unnötig schwer. Sie wird nur für Regionen akzeptiert, in denen ein akuter Holzmangel herrscht. (124)

c. Heckenerziehung

Reben, die nicht am Boden kriechen, die einen kräftigen Stock entwickeln und ohne Stützen aufrecht stehen können, werden in den römischen Provinzen am meisten geschätzt. (125) Die jungen Reben werden häufig durch ein Rohr gestützt, bis sie allein stehen können. Die Angabe der Wuchshöhe schwankt erheblich: So hören wir von zwei bis fünf Fuß aber auch von Höhen, die die Größe eines Menschen überschreiten. (126)
Die Rebschosse dieser kleinen Rebbäume sollen gleichmäßig beschnitten werden, damit sich die Rebe nicht einseitig neigt. Man kennt bereits Rebsorten, die besonders für diese Erziehungsart geeignet sind. (127) In der Neuzeit war diese Form besonders in Südfrankreich, Spanien und im Mittelrheingebiet, hier besonders im Raum, der durch die Orte **Bad Dürkheim** und **Mainz** beschrieben wird, verbreitet. Darüber hinaus hat es Heckenwingerte noch um 1920 an der oberen Nahe gegeben. (128)

d. Pfahlerziehung

Diese Methode gehört zu den Erziehungsarten mit Unterstützung. Hier wird der Rebstock mit Hilfe eines einzelnen Pfahls gestützt. Pfahlgerüste (Joch-Konstruktionen) zählen nicht zu diesem Typus. Über die Verbreitung der Pfahlerziehung in Italien existieren recht unterschiedliche Meinungen. Die dominante Erziehungsform scheint die an Jochen gewesen zu sein. (129)
Zur Beschaffenheit des Stützpfahls haben sich die antiken Agrarschriftsteller mehrfach geäußert: Er sollte aus gerissenem Eichen- oder Ölbaumholz sein. Geschnittene Vierkanthölzer erfreuten sich großer Wertschätzung. Sie erhielten

den Vorzug vor runden Hölzern. (130) Als Höhe der Konstruktion wird die eines Menschen angegeben.

Sonderformen mit mehreren Pfählen aber ohne Jochbildung sind ebenfalls in der Antike bezeugt. So werden um einen Weinstock mehrere Pfähle kreisförmig aufgestellt, an die dann die Bogreben gebunden werden. In Lothringen und andernorts finden wir diese Form bis in die Neuzeit. Für **Nierstein** und das Nahetal ist sie als »Niersteiner Erziehungsart« bezeugt. (131)

e. Einjoch oder Geländer

Die Unterscheidung in »einfache« und »mehrfache« Jocherziehung finden wir bereits bei PLINIUS. (132)

Bei der einfachen Jocherziehung werden die Reben an Pfählen mit aufgesattelten Latten, einem sogenannten Geländer, gestützt. (133) Diese Erziehungsart war bis in die Neuzeit u.a. in Südfrankreich (Medoc) zuhause. Sie wurden dort *carassanes* genannt. (134)

Die Einjocherziehung findet bei den Argrarschriftstellern allgemein breite Zustimmung. Man hebt hervor, daß die Bearbeitung der Gärten sehr viel leichter sei: Luft und Sonne können besser an die Reben herantreten, außerdem sei sie gut für regnerische und kühle Gegenden geeignet. (135)

Über die Konstruktion solcher Gärten sind wir ebenfalls bestens unterrichtet. Die Querverbindungen zu den einzelnen Pfählen können aus Weiden, Rohren oder Stricken bestehen. Holzlatten wurden geschätzt, da sie zu einer stabilen Konstruktion führen. Als ideal wird eine Konstruktionshöhe von vier bis fünf Fuß angesehen. (136) Auch lassen sich bereits regionale Schwankungen in der Jochhöhe nachweisen. Sie beruhen auf klimatischen oder geologischen Begebenheiten. Man war der Meinung, daß eine hohe Jochform einen besseren Wein liefere als eine niedrige. (137)

Die Truderwingerte, die für die Südpfalz bezeugt sind, können als Fortsetzung dieser genuin römischen Anlagenform angesprochen werden. (138)

f. Mehrjoch oder Lauben

Die technisch komplizierteste und materialmäßig aufwendigste Form der Reberziehung stellt die Mehrjochkonstruktion dar. Zu den Längsbalken treten jetzt die Querbalken auf, so daß immer ein Geviert entsteht. Die Einteilung, wie sie hier vorgenommen wird, ist bereits bei den antiken Schriftstellern vorhanden.

g. Weindächer

Diese Konstruktion besteht aus vier im Geviert angeordneten senkrechten Pfählen, die untereinander mit Querbalken verbunden sind. Die Seitenjoche waren schräg angeordnet, so daß der Eindruck entsteht, es liegt ein Pultdach vor. (139)

h. Pergel

Unter Pergola haben wir uns eine Art Laubengang vorzustellen. Am ehesten sind sie wohl mit unseren Lauben, an denen Eßtrauben gezogen werden, zu vergleichen. (140) Ein einziger Weinstock kann die Basis einer Laube darstellen. (141) Es werden bereits Rebsorten erwähnt, die sich besonders gut für diese Erziehungsart eignen. (142) Pergelbau finden wir noch heute in Südtirol. (143)

i. Lauben

Neben der Pergola, die offensichtlich immer von größerer Abmessung war, scheint es noch eine kleinere Konstruktionsform gegeben zu haben, nämlich die *Trichila*. (144) Während die Pergola von ihrer Konstruktion her recht offen war, so scheint die *Trichila* an ihren Seiten geschlossen gewesen zu sein. Diese Bezeichnung lebt im französichen *Treille* weiter.Ob nun diese Reberziehungsart, die in Lothringen bis ins 19. Jahrhundert bezeugt ist, mit der antiken deckungsgleich ist, ist nicht sicher. (145)

j. Kammer

Die Kammererziehung scheint bei den Römern sehr verbreitet gewesen zu sein. Sie beruht darauf, daß auf vier senkrecht angeordnete Pfähle Latten aufgelegt werden. Die Rebranken wachsen an diesem Gerüst entlang und bilden so eine Art Gewölbe. Für heiße Gegenden wurde diese Konstruktionsart aufgrund ihrer schattenspendenden Art besonders empfohlen. (146)

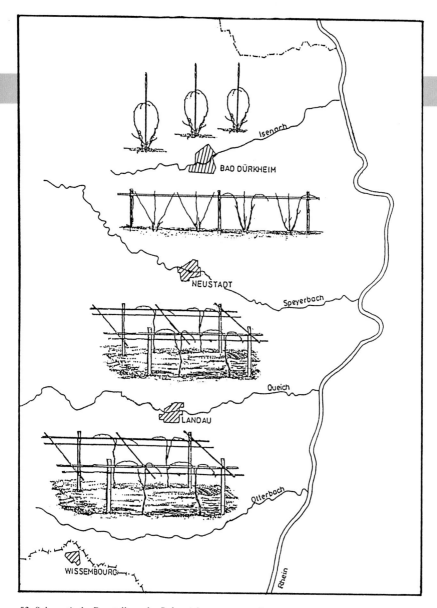

52. *Schematische Darstellung der Reberziehungsarten nach*
JOHANN PHILIPP BRONNER (1833) und WILHELM HEINRICH RIEHL (1857):
- geschlossene Rahmen- oder Doppelkammererziehung mit Schenkelschnitt,
 *vom Elsaß über **Landau** bis **Neustadt**;*
- offene, niedere Rahmenerziehung mit Halbbogen- oder Schenkelschnitt,
 *von **Neustadt** bis **Bad Dürkheim**;*
*- Pfahlbau, **Großkarlbacher** Erziehung oder Bockschnitt, nördl. v. **Bad Dürkheim** bis Mittelrhein.*

18. Exkurs: Der älteste Weinberg Deutschlands

Vom Landesamt für Denkmalspflege, Abteilung Bodendenkmalspflege, wurden in den Jahren 1978/79 im Süden der Stadt **Speyer** Ausgrabungen durchgeführt. Dabei fielen immer wieder schmale Gräbchen von 30 bis 35 Zentimeter Breite auf, die in den Kiesboden eingetieft waren und sich als dunkle Verfärbungsspuren im hellen Kies gut sichtbar abhoben. Sie fügten sich zu einem rechtwinklig angelegten System von 60 Meter Länge und 50 Meter Breite zusammen, das als antike Weinbergsanlage aus der Zeit zwischen 100 und 200 n. Chr. angesprochen werden kann. (147)

Somit hat das pfälzische **Speyer** den ersten sicher datierten und damit ältesten Weinberg in Deutschland vorzuweisen, zugleich aber auch den ältesten Wein-Fund in Mitteleuropa:

Im Jahre 1867 entdeckte man etwa 700 Meter westlich des antiken Weinbergs in einem Steinsarg des 4. Jahrhunderts eine Glasflasche mit flüssig erhaltenem Wein. Er hat rund 1700 Jahre unter einer verharzten Schicht Olivenöl luftdicht überstanden und kann im Weinmuseum des Historischen Museums der Pfalz bestaunt werden.

19. Der Kammertbau

Eine der interessantesten überhaupt und die für die Pfalz kulturhistorisch bedeutsamste Reberziehungsform ist der Kammertbau, der im folgenden eingehend betrachtet werden soll.

a. Mittelalterlich zeugnisse des Kammertbaus

Direkt läßt sich der Kammertbau für die Pfalz im Frühmittelalter nicht nachweisen. Indirekte Zeugnisse finden wir jedoch in alten Urkunden. Ein Flächenmaß für den Kammertbau ist der Schemel.

In den Quellen ist der Schemel für **Bad Dürkheim, Bermersheim** bei **Worms, Bensheim** an der Bergstraße, **Edingen** bei **Mannheim, Handschuhsheim** bei **Heidelberg** und **Wintersheim** bei **Oppenheim** bereits für das 8./9. Jahrhundert bezeugt. (148)

Hochmittelalterliche Quellen erwähnen den Kammertbau in der Pfalz direkt. So finden wir Zeugnisse für

Ungstein: 1496 vnde garten daz eyn kamerade ist (LHASp F2/67,42r);

Wachenheim:	1496 in kunges wing(arten) vnd ist ey(n) kamerade
	(LHASp F2/67,49v);
Bad Dürkheim:	1496 1 1/2 iug. kamerade (LHASp F2/67,53v);
Deidesheim:	um 1350 an deme dorfe der ist eine kamerat
	(UAHD IX 4e/284a,107v);
Deidesheim:	um 1350 vnde zwene schemel (UAHD IX 4e/284a,31r);
Ruppertsberg:	um 1350 vnu(m) schemel (UAHD IX 4e/284a,103v);

Abbildungen des Kammertbaus finden wir auch in mittelalterlichen Frühdrucken. So zum Beispiel in VIRGIL, Georgica II (anno 1502), SEBASTIAN MÜNSTERS Cosmographia (anno 1544) oder bei PETRUS de CRESCENTIIS (anno 1548). (149)
Aufgrund der Drucktechnik sind die Darstellungen sehr vereinfacht und haben zum Teil auch ornamentalen Charakter. Dennoch sind sie als Zeugnisse für den Kammertbau anzusprechen.

53. Älteste Darstellung des Kammertbaus in der Pfalz, rechter unterer Bildrand eines Holzschnittes, der die Festung Landau im Jahre 1547 zeigt.

Auch alte Flurbezeichnungen können Hinweise auf den ehemaligen Kammertbau liefern. Die Bezeichnung Kammert oder Schemel in Lagenamen werden als direkte Zeugnisse für diese Reberziehungsart gewertet. Diese Namentypen lassen sich in Rheinland-Pfalz (150), im Saargebiet, sowie Lothringen und

Luxemburg nachweisen. Für den lothringischen Raum kann die Bezeichnung *Chambrée* als Beleg angesehen werden. Der regionale Wortschatz *(chambrée)* deutet auf alten Kammertbau hin. Historische Zeugnisse sind vorhanden. (151) Über den Niedergang der Chambrée-Reberziehung ist nur wenig überliefert. Die Vorzüge des Kammertbaus für die Weinbauern in der Pfalz werden in einer historischen Beschreibung aus dem Jahre 1779 angesprochen:

»Die ganze Beschäftigung der Leute (von **Rhodt** - der Verf.) aber ist der Weinbau. Sie bauen ihn in sogenannten Kammern, das heist, auf dem flachen Lande werden die Rebenstöcke eingepflanzet und in der Höhe von zween bis dritthalb Schuhe Latten, theils aufrecht, theils queer übergeschlagen, angenagelt, und an diess die Reeben mit Weiden angebunden. Bis der Herbst kommt, wird das Geländer überwachsen. Die Trauben hängen unter den Latten, man kriecht durch die Latten hinein und schneidet sie ab. Die Reeben stehen also in langen Reihen auf erhöhetem Boden und werden von Zeit zu Zeit gedüngt.« (152)

b. Kammertbau im 19. Jahrhundert im Spiegel der Zeitzeugen

Über den Kammertbau, wie er in der Pfalz bis zum Beginn des 20. Jahrhunderts ausgeübt wurde, haben wir relativ gute Zeugnisse.
Der Kammertwingert besteht aus vielen Gevierten. Auf vier senkrecht angeordneten Pfählen werden Querlatten aufgelegt. Zu den Längslatten können in geringem Abstand weitere Latten geführt werden. Der Abstand der Stützkonstruktion betrug 0,8 bis 1,5 Meter, die Bauhöhe lag um 80 Zentimeter. Die Konstruktion war in sich ohne Gefälle, also einem »Flachdach« vergleichbar.

54./55. Die ältesten Fotografien, die den Kammertbau in **Bad Bergzabern** *(rechts) und in* **Rechtenbach** *(folg. Seite) zeigen, wurden vor dem Jahre 1879 gemacht.*

Erste ausführliche Beschreibungen finden wir bei PHILIPP JAKOB BREU-CHEL (1781). Nördlich von **Neustadt** etwa auf der Höhe von **Deidesheim** gibt es nach BREUCHEL keinen Kammertbau mehr. Auch weist er auf unterschiedliche Konstruktionen hin sowie unterschiedliche Verwendung der Ausdrücke. So bezeichnet der Trudelbalken in der Gegend von **Neustadt** den Querbalken, in **Edenkoben** jedoch die leichte, parallel zum Längsbalken verlaufende Konstruktion. Er gibt genaue Anweisung zur Neuanlage: Das Maß eines vierzeiligen »Schämels« beträgt 14 Fuß, beiderseits werden Furchen liegengelassen, so daß vier Stockzeilen drei Bauzeilen mit »Vorort«, »Rückgang« und »Nachort« ergeben, die aus Gründen der zweckmäßigen Bebauung durch »Rühren« und »Graben« jedes Jahr wechseln. (153)

»An jeden Balken kommen 2 Stifeln, nemlich einer in die Mitte, und einer wo dieselben übereinander reichen.« (154)

»Ein Balken ist von Eichenholz, einen starken Zoll dick, und 3 1/2 Schuh lang.« (155)

JOHANNES METZGER (1827) untergliedert die Erziehungsarten an Geländern (Jochen) wie folgt: 1. Lauben, 2. Kammern, 3. Rahmen, 4. Spaliere. (156) Unterschiedliche Ausformungen des Kammertbaus kennt auch METZGER. Er spricht von der »Bergsträßer Erziehungsart« und der »**Edenkobener Erziehungsart**«.

»Sie unterscheidet sich von der Bergsträßer dadurch: die Stöcke haben nur einen Schenkel mit zwei Bogreben und Zapfen, die Reihen stehen vier Fuß einander, die Querlatten sind fünf Fuß von einander, und der Länge nach laufen drei Latten, woran die Bogreben geheftet werden, so daß der Raum zwischen den Länge-Druthern fast ganz frei bleibt, und die Sonne den Boden bescheinen kann. Um zu bewirken, daß die Sonne recht kräftig eindringen kann, so werden gegen den Herbst alle Lotten, welche den Raum bedecken, längs der Druther abgeschnitten,

wodurch längs der Kammern eine offene Lücke entsteht. Diese Erziehungsart findet man am oberen Haardtgebirg, bei **Edenkoben**, **Rhodt**, **Edesheim** und anderen
Orten. ... Man findet diese Erziehungsart gegen das
untere Haardtgebirg, allmählig modificirt, und endlich
in die einfachen niedern Rahmen übergehend.
So z.B. unter **Maikammer** fehlen schon die zwei langen
Seitenlatten und weiter abwärts auch die Querlatten.«
(157) JOHANN PHILIPP BRONNER (1833) erwähnt
in seiner Beschreibung des Haardtgebirges ebenfalls
unterschiedliche Typen des Kammertbaus. Der Kam-
merttypus, den er für **Edenkoben** beschreibt, ist charakteristisch für die Region **Landau** bis **Maikammer**:
»Die erste Beholzung - die aus Eichenholz bestehet -
wird folgendermasen angebracht.
Der Länge nach in den Zeilen wird alle 6 Fuß Entfernung ein Stiffel von 4 1/2 Schuhen Länge einen starken
Fuß tief in den Boden geschlagen; jeder Stiffel, der die
Dicke von 2 - 3 Zollen hat, wird 6 Zoll von oben herab
mit der Säge 1 Zoll tief eingeschnitten, was den sogenannten Kopf bildet, und eine Vertiefung heraus gehau-
en, was man Nase heißt, so daß der sogenannte Lännerichbalken, der die Dicke eines Zolles hat, eingelegt
werden kann.« ... Bei dem Einschlagen in den Boden
muß besonders darauf geachtet werden, daß die Einschnitte der Stiffel dieselbe Richtung bekommen, wie
die Reben gesetzt sind, nämlich die 2 südlichen Reihen
werden gegen einander, und die nördliche Reihe gegen die südliche gerichtet;
sind 4 Reihen da, so werden je 2 Reihen gegen einander gerichtet.
In diese Einschnitte der Stiffel werden die Lännerichbalken der Länge der Zeilen
nach gelegt, (dieß sind eichene 1 Zoll dicke und 14 Fuß lange gerissene Latten,
die aus dem Gebirge herbey geführt werden,) so daß immer die 2 zunächst
anstoßenden Latten an ihren Enden 2 Fuß übereinander gelegt, und mit 2 Weiden
gebunden werden, welches hernach das Schloß heißt; an diesem Schlosse, also
immer in einer Entfernung von 12 Fuß, wird ein Querbalken (Spreitbalken
genannt) von derselben Länge wie der Lännerichbalken quer über die Linien
gelegt, und alles mit Weiden wohl befestigt. ... werden immer zwischen jedes
Schloß von 12 Fuß Entfernung noch 2 Querbalken, wie oben angegeben,
aufgelegt, so daß nun alle 4 Fuß ein Querbalken (Spreitbalken) angebracht ist.

Auf diese Querbalken werden dann der Länge der Linie nach auf beiden Seiten des Lännerichbalkens, in einer Entfernung von 8 - 9 Zollen von demselben, ein Truddel gelegt, und mit Weiden befestigt. Diese Truddeln sind nämlich nur halb so stark und dick, als die Lännerichbalken, haben aber genau dieselbe Länge, und nur die Bestimmung, daß an sie die Tragreben angebunden werden. Es werden nämlich im fünften Jahre an dem aufgebundenen Stocke alle Triebe von unten herauf bis auf die 2 oberen, die aber noch unter dem Balken stehen müssen, weggeschnitten, der Stock an den Lännerichbalken fest gebunden, dann die zwey Reben auf 8 - 10 Augen angeschnitten, welche hernach halb bogenförmig auf die Truddeln auf beiden Seiten des Stocks mit Weiden befestigt werden.« (158)

Außerhalb dieses Areals fehlt oft einer der beiden Trudelbalken; diese Weinberge werden dann als »getrudelt« oder als »gelännericht« bezeichnet. Bei **Dittesfeld** (= Diedesfeld) und **Hambach** finden wir nach BRONNER Konstruktionen ohne Querbalken. Hier spricht man immernoch von Kammertbau. »Geschlossene niedere Rahmenerziehung« nennt er sie. »Die Anlage ist blos gelännericht, mit drey ein halb Fuß langen Stiffeln, also sehr nieder am Boden gehalten.« (159) Weiter nördlich, zum Beispiel in **Mußbach**, finden wir die »offene niedere Rahmenerziehung«. (160)

Ein Zeitzeuge für die Mitte des 19. Jahrhunderts ist der Volkskundler und Pfalzreisende WILHELM HEINRICH RIEHL (1857):

»Sowie man von **Neustadt** südwärts gegen **Bergzabern** und **Landau** geht, gewinnen die Weinberge eine andere mit jeder Stunde Wegs bestimmter ausgesprochene Physiognomie, die uns eine Nüance des Bodens und der klimatischen Verhältnisse verkündet. Es beginnt nämlich, wie die Fachleute sagen, eine neue Art der 'Rebenerziehung', und wo der Boden diese veränderte Erziehung der edelsten Kulturpflanze forderte, da erzieht er auch eine andere Art des Volkes.

Oberhalb **Neustadt** nämlich hebt in den Weinbergen der sogenannte 'Rebbau auf Kammern' an, oder die 'Kammererziehung' des Weinstocks. Es werden die Rebenpfähle nicht bloß der Länge des Weinberges nach zu Spalieren verbunden, sondern je zwei Spalierreihen nochmals durch quergelegte Latten zu einem etwa drei bis vier Fuß hohen Laubengang. Der Wuchs des Weinstockes wird dadurch höher und breiter und durch eine größere Masse von Trauben die geringere Qualität ersetzt. Und zwar werden stufenweise die Kammern höher, und folgerecht die Weinberge üppiger im Laub und malerischer, - das heißt aber auch der Wein geringer - je mehr man sich der elsässischen Grenze nähert.

Dieser Kammerbau wird bedingt durch den schweren, zäheren Lehmboden und die größere Feuchtigkeit und Kälte des Klimas ... wo der Kammerbau beginnt, da hört das reine, absolute Weinland auf. Er ist eine der ältesten Rebenbauarten. Das Volk, welches diese altertümliche Erziehungsweise des Weinstocks festhielt, ist auch in seinem übrigen Herkommen schon um eine Stufe altertümlicher geblieben, als der nach Neuem begierige **Neustadter** Pfälzer. Aus dem Unterelsaß dringt der Kammerbau herüber in die bayerische Pfalz. ... vom eigentlichen Rheingau, direkt vom Johannisberg und Steinberg herüber, ist in die Täler der Nahe und Alsenz eine dritte Rebenerziehung - der Pfahlbau - eingedrungen. So öffnen sich denn auch diese Täler in Sitte und geschichtlicher Erinnerung gegen den Mittelrhein, wie das **Bergzaberner** Land gegen das Elsaß. Wir erhalten drei Arten der Rebenerziehung auf vorderpfälzischem Hügelboden: an Pfählen wächst der Wein im Norden, an Rahmen in der Mitte, in Kammern im Süden, und entsprechend stuft sich das Volkstum dreifach ab.« (161)

Mit der Einführung des Weinbergdrahtes verändert sich zunehmend auch die Konstruktion eines Kammerts. Zunächst werden die Trudelbalken durch Drähte ersetzt. KARL HEINRICH SCHATTENMANN (1864) hat auf diese Vorgänge detailliert hingewiesen. Von ihm stammt auch die exakteste Beschreibung eines Kammertwingerts. (162)

Weitere exakte Angaben zum pfälzischen Kammerbau im Zuge des technologischen Wandels vermittelt uns ADOLF LENERT (1905).

Wie er berichtet, hat die Südpfalz noch den quadratisch angeordneten Kammerbau mit fast ausschließlichen Holzkonstruktionen mit Stockabständen von ca. 1 Meter. An der Mittelhaardt herrscht die »offene Rahmenerziehung« mit einer Stockhöhe von 60 bis 70 Zentimeter vor. Hier kommen in verstärktem Maße auch Steine und Draht zum Einsatz. An der Unterhaardt finden wird ebenfalls diese Erziehung, jedoch beträgt hier die Stockhöhe 30 bis 40 Zentimeter. (163)

Der Holzmangel zwang etwa ab Mitte des 19. Jahrhunderts immer mehr dazu, die Holzrahmen durch Eisendrähte zu ersetzen. Mancherorts verzichtete man ganz auf eine besondere Erziehungsform und legte vor allem aus Holzmangel Stockwingerte an. Hier wuchsen die Reben wie Johannis- oder Stachelbeerbüsche heran. (164)

Die Nachfahren der pfälzisch-elsässischen Kolonisten im Odessagebiet, die zwischen 1808 und 1810 in der russischen Steppe ihre neuen Siedlungen gründeten, haben noch bis zu ihrer Vertreibung in diesem Jahrhundert auf dieselbe Art ihre Reben als Stöcke ohne besondere Erziehungsform gepflanzt. (165)

20. Exkurs: Der Wingert als »Garten mit Wein«

Bei dem für die (Kur-)Pfalz typischen Kammertbau werden die Reben in die Höhe gezogen. Es »ist dadurch dem Weinstock ausreichender Raum gewährt eine große Fülle von Trauben hervorzubringen, und wird zugleich zwischen den Rebenpflanzen noch einiger Raum gewonnen, der auf's fleißigste mit Gemüsen, Knollen- und Wurzelgewächsen bestellt wird. Um ja keinen Fußbreit Erde verloren gehen zu lassen, werden die Fußwege zwischen den einzelnen Beeten, die man nicht cultiviren kann, zu Grasland benützt!« (166)

Bei der Arbeit im alten Kammertwingert mußte man wie bei einem Hürdenlauf über die Querstangen steigen. Aber dies war damals nicht so häufig notwendig, denn erst vor der Blüte im Juni wurde das Unkraut unter den Reben zusammen mit den zu langen Trieben gesammelt und als Heu oder Futter für die Tiere verwendet.

Die Weinberge in früherer Zeit unterlagen allgemein einer mehrfachen landwirtschaftlichen und gartenbaulichen Nutzung. Ebensogut wie sie Wingerte waren, waren sie auch Wiese und Weide, Baumstück, und nicht zuletzt Acker und Garten. Sie bildeten damit in biologischer Sicht einen höchst interessanten Natur- und Lebensraum für unzählige Spezies der Fauna und Flora. (167)

Der Weinbau als Monokultur ist eine zweifelhafte Errungenschaft des ausgehenden 19. Jahrhunderts.

Das herrschaftliche Interesse am Qualitätsweinbau auf der einen Seite entsprach früher häufig nicht den Lebens- und Wirtschaftsinteressen der bäuer-lichen Bevölkerung andererseits, wie folgendes Beispiel zeigt:

Im Jahre 1755 erließ Herzog CHRISTIAN IV. von **Zweibrücken** eine Verordnung zur Verbesserung des Weinbaus. Daraufhin verfaßt die »untertänigst gehor-samste Bürgerschaft von **Bergzabern**« am 18. Dezember 1755 eine Bittschrift, worin sie dem Fürsten in 14 Punkten darlegt, warum »diese Verordnung nicht nachgelebet werden kann, da ihre Durchführung den völligen Untergang der Bürger unmittelbar nach sich ziehen würde.« In Artikel acht wird deutlich, daß die Weinberge für die in jener Zeit übliche gemischte bäuerliche Wirtschaft (Wein-, Ackerbau, Viehwirtschaft) mehrere lebensnotwendige Funktionen zu erfüllen hatten:

»8. Da wir die Wingertfurchen als unsere Wiesen ansehen müssen, brauchen wir dieselben um Futter für unser Vieh zu halten. Wenn sie nicht mehr sind, können die Bürger keine Kuh mehr halten, womit sie doch ihren Haushalt führen müssen. Das wäre für die Bürgerschaft ein unersetzlicher Verlust.« (168)

Weitere Vorschriften einer **Bergzaberner** Expertenkommission von 1758 zur Verbesserung des Weinbaus zielten auf ein Abholzen des Obstbaumbestandes in den Wingerten. Es mußten »alle Nuß-, Quetschen-, und Kirschen-, wie auch Wildobstbäume und abgängige alte Storren in den Wingerten ausgerodet werden.« Mitten in den Weinbergen durfte kein Baum mehr stehen bleiben und kein neuer mehr gepflanzt werden. Auf einem Wingert, der mindestens einen Morgen groß war, durften höchstens zwei Obstbäume stehen.

Für jeden zusätzlichen Baum mußte ein Reichstaler Strafe gezahlt werden. Im Jahre 1772 mußte Schultheiß LORCH von **Bergzabern** allerdings bekanntgeben, daß fast durchgängig in den Wingerten wieder junge Obstbäume wie Äpfel, Birnen, Quetschen und Braumen nachgepflanzt werden, »gleichsam als wann aus den Weinbergen wieder Baumstücker gemacht werden sollen, was schnurstracks gegen die gnädigst ergangene Wingertverordnung abzielt.« (169) Dieses Verhalten läßt etwas von der bäuerlichen Mentalität jener Zeit erkennen: Sollte die Traubenernte schlecht ausgefallen sein, so war mit dem Wingert wenigstens noch die Hoffnung auf eine gute Ernte an Obst, Garten- oder Feldfrüchten und auf eine ausreichende Grasmahd verbunden. Daß sich allerdings diese konkurrierenden Nutzungsformen naturbedingt häufig gegenseitig ausschlossen, liegt auf der Hand.

21. Von Keltern und vom Keltern

Weinherstellung stetzt immer voraus, daß Trauben zerquetscht und ausgepresst werden. Vielfaltig wie die Reberziehungsarten sind auch die Keltertechniken, die im Laufe der Geschichte angewendet wurden. (170)

a. Tretkelter

Das Zertreten der Trauben in besonderen Becken ist eine einfache Technik, die bereits um 2000 v. Chr. nachweisbar ist. Von Keltergruben hören wir mehrfach in der Bibel. (172) Auch bei den Griechen stand diese Technik hoch im Kurs, wie Darstellungen auf vielen Vasen zeigen. (173) Die Tretkeltern waren von sehr einfacher Konstruktion, so daß sie besonders in den römischen Provinzen eingesetzt wurden. Wir finden sie in verschiedenen *villae rusticae* wie bei **Lösnich**, **Maring-Noviand**, **Neumagen-Dhron** und

Piesport an der Mosel. (174)

Auch in der Pfalz wurde vor einigen Jahren eine solche Anlage aus römischer Zeit bei **Ungstein** entdeckt. Hier ist das Kelterbecken ca. 4 mal 2 Meter groß, daran schließt sich ein Mostbecken an. Der Kelterraum, der zweifelsohne vorhanden war, muß sich in einem unmittelbar angrenzenden Raum befunden haben; er ist jedoch nicht nachgewiesen. (175)

Das Traubentreten war eine immer umstrittene Keltertechnik. Im Frühmittelalter war es noch so sehr verbreitet, daß in einem Güterverzeichnis aus der Zeit KARLS des GROSSEN diese Technik ausdrücklich untersagt wurde. (176) In einem Traktat des 18. Jahrhunderts finden wir noch folgende Vorschrift: »... kein Trottknecht in die Butten treten, er habe denn zuvor seine Füsse sauber gewaschen un den gantzen Leib wohl gereinigt/die Kleider aufgeschürtzet/und aufgebunden/und ein sauberes weises Hembd angezogen/darmit er den Most mit Schweiß und Mist nicht verunreinige.« (177)

Das Zerquetschen der Trauben erfolgte in der Antike nicht nur mit den Füßen, sonder auch durch sogenannte Kollergänge, wie sie CATO (234 - 149 v. Chr.) einprägsam beschrieben hat. (178) Kollergänge sind senkrecht stehende, in der Regel von Tieren gezogene Mahlsteine, die in einer kreisförmigen Rinne laufen und dabei die Trauben zerquetschen. In der Neuzeit wurden sie offensichtlich nur zum Zermahlen von Obst genutzt, wie auch die Obstweinbereitung im Westrich zeigt. (179)

*56. So muß das Traubentreten als Keltertechnik im römischen Kelterhaus Weilberg bei **Ungstein** ausgesehen haben. Das Wort Kelter stammt von lat. calcatura und bedeutet »das Stampfen, Treten«.*

170

b. Baumkelter

Über CATOS Kollergänge sowie über seine Pressen, die Gegenstand zahlreicher Untersuchungen waren, sind wir relativ gut unterrichtet. (180) Die Grundkonstruktion der Pressen zeigt bereits alle Merkmale der klassischen Baumkelter. Auch hier bewegt sich der Kelterbalken durch Eigengewicht nach unten. Der entscheidende Unterschied zur klassischen Baumkelter jedoch ist: Die Druckerhöhung erfolgt nicht durch eine im Boden eingelassene oder mit Steinen beschwerte Spindel, sondern durch Seile, die über eine Haspel gespannt werden. Interessant ist, daß der Haspelbaum bereits bei den Römern *sucula*, 'Sau', hieß. Offensichtlich verdankt er diesen Namen dem quietschenden Geräusch, das bei unzureichender Schmierung entsteht. Der Mitnehmer an der Haspel wurde *porculus*, 'Ferkel', genannt.

Angehoben wurde der Kelterbaum ursprünglich durch einen Flaschenzug. Diese Funktion übernahm später ebenfalls die Spindel. Nach PLINIUS (23-79 n. Chr.) soll um die Zeitenwende die Spindel die Funktion des Flaschenzuges bzw. der Haspel übernommen haben. (181)

Von den Baumkeltern hören wir dann über 1000 Jahre so gut wie nichts. Einige mittelalterliche Handschriften weisen stilisierte, oft wohl als Buchschmuck zu verstehende Abbildungen auf. (182)

Alle Baumkeltern knüpfen an die römische Tradition an. Lediglich Detailverbesserungen sind in der Folge zu verzeichnen.

Im Badisch-Allemannischen Raum hat sich die Baumkelter bis zum Beginn dieses Jahrhunderts gehalten. (183) In der Pfalz wurde sie bereits frühzeitig durch die Spindelkelter verdrängt. Daß sie auch hier einmal heimisch gewesen sein muß, beweisen die vinologischen Traktate der Neuzeit:

»Die erste Gattung Num. II. wird die grose Baum-Kelter genennet. Diese ist von undenklichen Jahren her in dem Rheingau üblich gewesen, und hat jederzeit als die nützlichste, stärkste und dauerhafteste ihren Vorzug behauptet.

Da aber diese Maschine, besonders wenn sie von der gröseren Gattung ist, einen sehr weiten Raum, und zu ihrer Erbauung über 9. Eichenbäume, von welchen der oberste Druck-Baum von einer beträchtlichen Länge, Dickung und Form seyn muß, und also sehr grosse Kosten erfordert; so hat man bereits vor ungefehr funfzig Jahren, da die hierländische Holz-Theuerung angefangen, die zweyte Gattung Num. III. eingeführet, und diese die hölzerne Schraub- oder Preß-Kelter genennet.« (184) Für die Pfalz wird im 19. Jahrhundert nur noch aus der südwestlichen Ecke das Vorkommen einfacher Nachfolgetypen der Baumkelter bestätigt. Von solch einem verkümmerten Relikt berichtet JOHANN PHILIPP BRONNER aus **Gräfenhausen** bei **Annweiler am Trifels**:

»Ich sah hier in einem Bauernhofe in einem Schoppen eine der hier üblichen Keltern, die in ihrer Einfachheit wegen meine Aufmerksamkeit auf sich zog; sie ist wirklich ein Bild der ganzen Einfachheit solcher Thalbewohner, die mehr dem Walde, wie dem Baufelde angehören, und karakterisirt so ganz die eigentliche Beschäftigung dieser Menschen; nämlich schwere Holzmassen zu behandeln, und aus dem Walde zu bringen, wozu eine sogenannte Hebeleiter ein unentbehrliches Bedürfnis ist. Diese Hebeleiter ist das Ideal zu der genannten Kelter, und ist auf die umgekehrte Wirkung derselben berechnet; d.h. vermöge dem Mechanismus der Hebeleiter sucht man durch einen zweiten Hebel, Massen auf die Höhe zu heben, während man bey der Kelter durch einen doppelten Hebel und umgekehrten Mechanismus Massen sucht niederzudrücken - also zu pressen. Die Ansicht einer Zeichnung mag hier den besten Begriff davon geben.«
(185)

Die Entdeckung dieses Kelterrelikts im abgelegenen **Gräfenhausener** Tal war JOHANN PHILIPP BRONNER die hier wiedergegebene Darstellung in Wort und Bild wert, weil scheinbar sonst nirgends mehr in einem pfälzischen Weinbauort um 1830 eine Baumkelter vorhanden war.

Eine genaue Beschreibung von exakt dieser Bauform einer Baumkelter und ihren Gebrauch bei der Wein- und Obstweinbereitung hat uns LUKAS GRÜNENWALD (1858 - 1937) als Jugenderinnerung aus dem nahegelegenen **Dernbacher** Tal überliefert:

»Ihr Biet und Kelterpflock stand auf zwei mächtigen, einander parallel laufenden Eichenbalken, stark verzapft und festgekeilt. Am anderen Ende dieser zwei Balken stand der Haltebaum, in der Mitte ausgeschnitten und quer durchlocht, sodaß der Kelterbaum, der mit seinem oberen Ende im Pflocke stak, am anderen Ende in diesem Ausschnitt sich auf und abbewegen und auf jeder Höhenstufe mit starken Eisenzapfen durch die Querlöcher festgesteckt werden konnte.

War das Kelterbiet mit vier durchbrochenen Dielen, die den Saft durchließen, vierseitig umstellt und gefüllt, mit abgepaßten Brettern bedeckt und mit rechteckigen 'Bracken' beschwert, dann wurde der Kelterbaum zuerst mit der Hand angezogen, zuletzt mit Kette und Hebel im Haltebaum abwärts gepreßt und festgesteckt, bis der Saft infolge des starken Druckes abfloß. Kam das vordere Ende des Kelterbaums aber herab zum Boden, so wurde er freigemacht und wieder in die Höhe gehoben, bis im Biete vier weitere Bracken über Kreuz untergelegt waren. Dann begann die Abwärtspressung des Kelterbaumes aufs neue. Es war eine Lust für alt und jung, wenn dadurch der süße, braune Most plätschernd vom Kelterbiet in den untergestellten Zuber floß, und wenn das Verkosten allen reichlich gestattet wurde. Weniger lustsam war zuvor das Mostern, d.h. das Zerstoßen der oft noch harten Traubenbeeren mit dem

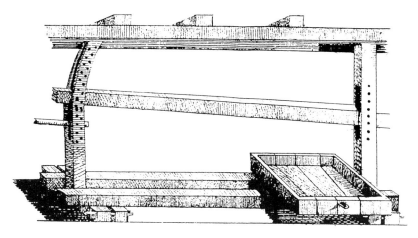

57. Als letztes Exemplar einer pfälzischen Baumkelter kann diese Bauform gelten, die *JOHANN PHILIPP BRONNER* um 1830 im abgelegenen **Gräfenhausener** *Tal entdeckte. LUKAS GRÜNEnWALD beschreibt als Jugenderinnerung den Gebrauch dieses Keltertyps bei der Wein- und Obstweinbereitung im nahegelegenen* **Dernbacher** *Tal.*

Mosterkolben in der Hotte, oder das Zermahlen der Aepfel und Birnen mit dem schweren, runden Mahlsteine, der an einer langen Stange im Mahltroge, einem ausgehöhlten Baumstamme auf- und abgedrückt werden mußte, bis das Obst zu Brei gemahlen war.« (186)

Von ursprünglichen Typ der einst in der Pfalz beheimateten Baumkelter vermag die heute im Historischen Museum der Pfalz in **Speyer** ausgestellte lothringische Kelter einen adäquaten Eindruck zu vermitteln. Der rund 11 Meter lange Kelterbaum hat einen Querschnitt von ca. 1 mal 1 Meter und trägt die Jahreszahl 1727. Er besteht aus vier Stämmen mit einer Verklammerung aus Eisen. Die Spindel hat rund drei Meter Länge und 25 Zentimeter Durchmesser sowie ein Steingewicht von ca. 3,5 Tonnen. Die Konstruktionshöhe der Baumkelter beträgt fünf Meter. (187)

Als besondere Nachteile der Baumkelter wurden schon früh angesehen:

1. Großer Platzbedarf,
2. enorme Holzmengen, Stämme von beachtlichem Ausmaß und
3. hoher Spindelverschleiß.
4. »Die andere Unvollkommenheit der Baumkelter besteht darinn, daß der Secker zwar durch die auf ihm liegenden Brackhölzer sehr heftig in seiner Mitte gedruckt wird, aber... weil er in keinem Kasten eingeschlossen ist, der Druck

173

gegen die äussere Seiten des Seckers hin sich sehr verschwächt, weil er da keinen Widerstand und Gegendruck hat.« (188)
Neuere Berechnungen haben ergeben, daß bei den Baumkeltern nur effektive Drücke von fünf Bar vorgelegen haben, sofern eine Berechnung aufgrund des nicht begrenzten Bietes überhaupt möglich ist. (189)

58. So kann man sich die Kelterarbeit an der im Weinmuseum Speyer ausgestellten Baumkelter aus Lothringen von 1727 vorstellen.

c. Spindelkelter

Die Spindelkelter entbehrt aufgrund ihrer Konstruktion all dieser Nachteile. Das Kelterbiet ist fest begrenzt, der Holz- und Platzbedarf ist gering. Der Druck der Spindel ist senkrecht nach unten gerichtet, so daß die Spindeln länger halten. Die Spindelkelter als neuer Konstruktionstyp taucht ebenfalls um die Zeitenwende auf. Sie ist bereits bei PLINIUS, VITRUV und HERON beschrieben. Die ursprüngliche Konstruktion gleicht unverändert den vielen alten Spindelkeltern, wie wir sie heute noch überall finden. (190) Die frühesten pfälzischen Zeugnisse stammen aus dem 16. Jahrhundert. So finden wir im Historischen Museum der Pfalz eine Spindelkelter von 1593. Aus dem beginnenden 17. Jahrhundert sind mehrere Keltern erhalten. Diese Kelten wurden bis in die jüngste Zeit benutzt. Jedoch hat man in vielen Fällen die alte hölzerne Spindel durch eine Eisenspindel ersetzt. Dieser Vorgang läßt sich seit der Mitte des 18. Jahrhunderts beobachten. (191) Eine Sonder-Jochkonstruktion mit zwei Spindeln findet man in der Nordpfalz und in der Umgebung von **Worms**. (192)

*59./60. So wurde mit der Spindelkelter gekeltert. Eine
mehrfache Übersetzung vom Tummelbaum über den
Kelterbaum bis zur Kelterspindel erleichterte die Arbeit.
Hölzerne Spindelkelter mit Tummelbaum im Weingut
BUHL - **Deidesheim**; ebensolche im Kelterhaus des
Winzervereins **Ruppertsberg**, Kellermeister LANGHAU-
SER an der Mostbütte, jeweils 1925.*

22. Exkurs: Herstellung einer Kelterspindel

Sofern genügend Holz zur Verfügung stand, war
der Bau einer großen Baumkelter relativ einfach.
Lediglich das Schneiden der Spindel verlangte
einen wirklichen Meister. Ein Kelterleben ver-
schlang mehrere Spindeln. (193) Sie konnten
aus Nußbaum oder Kirschbaum gefertigt sein,
darüber hinaus wurde auch Apfelbaum, Ahorn
und Hainbuche benutzt.

»Die Kunst der Herstellung war der Stolz und das Geheimnis des Meisters und
wurde von ihm - so ist es Handwerksbrauch - nur dem Sohn überliefert oder mit
ins Grab genommen. Da keine Spindeln mehr geschnitten werden und es wohl
bald keinen Meister mehr geben wird, der mit der Spindel Gerechtigkeit vertraut
ist, erscheint es mir als Pflicht, dieses Handwerksgeheimnis vor dem Untergang
zu retten. Der Querschnitt des Spindelschafts ist zunächst quadratisch angelegt,
dann ins Achteck gebracht und schließlich nach der am Hirn mit dem Zirkel
geschlagenen Kreis, der als Lehre diente, rund gehobelt (nicht gedreht) worden.
Der besagte Kreis wird dann in sechs oder mehr gleiche Teile geteilt, und von
den Teilpunkten aus werden dann längs des nun zylindrischen Schaftes parallele
Linien gezogen.

Das dann erfolgende Aufreißen des Gewindeganges nennt der Zimmermann 'die
Schrift'. Die Höhe eines Gewindeganges, in der Regel nicht mehr als 1 1/2 Zoll,
wird dann in gleich viel Teile eingeteilt wie der Kreis. Die Verbindungs-punkte
der Schnittpunkte der Längslinien mit den von den Teilpunkten aus rechtwinklig
gezogenen Querlinien bilden nach dem jedem Techniker geläufigen Verfahren
der sog. Vergatterung die Gewindelinie. Es wird nun eine Gewindelinie konstruktiv aufgetragen, die weiteren werden auf den Längslinien des Schaftes mit
dem Stechzirkel vorgestochen. In der Mitte des Gewindeganges wird mit der
Handsäge ein Einschnitt gesägt, und das Gewinde selbst dann mit dem Stemmeisen unter einem Winkel von 45 Grad ausgestemmt und dann mit dem Stechbeu-

tel, einem mit der Hand gestoßenen Stemmeisen, sauber gemacht.« (194) Besonderes handwerkliches Geschick verlangte das Ausschneiden der Mutter. Neben den technischen Fertigkeiten bedurfte es besonderer Werkzeuge, die nicht in allen Regionen vorhanden waren.

»Will sich aber jemand im Rheingau eine grose Preß- oder Schraubenkelter, worauf sechs bis sieben Rheinische Ohmen auf einmal können gekeltert werden, verfertigen lassen, so musten zur zweyten Ausbohrung des Schraubenklotzes ein disseits des Rheins wohnhafter Zimmermeister berufen, oder dessen Schraubzeug entlehnet werden, weil in disseitigen Chur-Maynzischen und Pfälzischen Gegenden die Schraubkeltern vorzüglich im Gebrauch, und also auch die Handwerkszeuge hiernach eingerichtet sind.« (195)

Die folgende Beschreibung basiert auf Beobachtungen eines Augenzeugen, der zu Beginn des 20. Jahrhunderts von seinem Vater noch in diese Kunst eingeweiht wurde.

»Schwieriger ist das Schneiden des Muttergewindes in der Mutter. Der Zimmermann muß sich den Bohrer selbst fertigen und zwar aus demselben Holz wie die Spindel. Die Vorarbeit, d.h. die Gewinnung des zylindrischen Bohrerschaftes gleicht jener bei der Spindel. Längs der auch hier auszutragenden Gewindelinie, die natürlich die gleiche Gewindesteigung wie die Spindel haben muß, wird eine im Querschnitt rechtwinklige Führungsnute von zwei Linien Breite und vier Linien Tiefe eingeschnitten. In halber Höhe des Bohrerschaftes wird der Geisfuß eingeführt, ein dreieckig in Breite und Form dem Gewindegang entsprechend zugeschliffenes Hobeleisen etwa 1/4 Zoll stark. Zur Befestigung des Geisfußes diente der Keil. Der Schlitz, in welchen der Geisfuß eingeführt wird, muß hinten höher als der Geisfuß sein, damit man den Keil am Zahn fassen und herausziehen kann. Das Spänloch entspricht demjenigen des gewöhnlichen Hobels. Der Geisfuß wird nach jeder Durchbohrung der Mutter etwas stärker vorgetrieben, bis das Muttergewinde fertig ausgebohrt ist.

Das runde Loch für das Muttergewinde wird zuvor mit dem Stemmeisen herausgestemmt und zwar etwa 1/2 cm weiter als der Durchmesser des Bohrers. Das Holz, in welches das Muttergewinde geschnitten werden soll, muß auf der entsprechenden Höhe genau horizontalgelagert und befestigt werden. Unten und oben werden ... an dem Mutterholz Führungshölzer mit Holznägeln befestigt. Am unteren Führungsholz ist das Flacheisen angebracht, das in die Nute des Bohrerschaftes eingreift und diesen beim Umdrehen nach der vorgeschriebenen Schraubenlinie abwärts zieht. Diese ebenso primitive wie sinnreiche, vom schlichten Handwerker erdachte Einrichtung entspricht in ihrem Konstruktionsgedanken durchaus einer modernen mit den Hilfsmittel der Wissenschaft konstruierten Fräsmaschine.« (196)

23. Pfälzischer Weinbau auf römischer Grundlage? - eine Zusammenfassung

Das Ende der römischen Herrschaft am Rhein ist fließend. Die nördlichen Provinzen des Römischen Reiches fielen im Verlauf des 5. Jahrhunderts n. Chr. an germanische Stämme. Zu Beginn dieses Jahrhunderts waren Garnisonen und Verwaltung abgezogen, ihnen folgten Germanen. Allerdings wird man schon im Laufe des 4. Jahrhunderts n. Chr. in der Pfalz mit einer Ansiedlung von Germanen rechnen müssen, wie sie in anderen linksrheinischen Gebieten belegt ist. (197)

»Die kulturelle Dominanz der Reichskultur und die Ausstrahlung der Macht des Reiches ... haben zusammen mit den kulturellen Traditionen Galliens zu einer erstaunlich geschlossenen Zivilisation und Kultur geführt, die kaum erkennbare lokale Ausprägungen besaß und die wir als gallo-römische Kultur bezeichnen.« (198)

Trotz des vereinheitlichenden und älteres überdeckenden Einflusses der gallo-römischen Kultur hat es über den Zusammenbruch des Römischen Reiches hinaus eine Kontinuität in vielerlei Hinsicht gegeben.

So bestanden z.B. viele römische Siedlungen in den germanischen Regionen weiter. In diesen Siedlungen finden wir zum Teil noch die gleiche Bevölkerungszusammensetzung wie sie vor der Wende bestand. Das bedeutet, wir haben es in einigen Orten mit einer provinzialrömischen Bevölkerung zu tun, die sich aus Römer und anderen ethnischen Gruppen wie Germanen, Kelten etc. zusammensetzte. Diese Konstellation wirkt sich nachhaltig auf einige Bereiche aus.

Der Weinbau, eine hochspezialisierte landwirtschaftliche Sonderkultur, wurde von den neuen Herren, z.B. den Franken, anfangs nicht beherrscht.

Sie griffen in diesem Wirtschaftzweig auf die erfahrenen Kräfte, d.h. auf römisches oder römisch geprägtes Personal zurück. »Hier sind in der Pfalz die römischen Winzer ... als Übermittler denkbar.« (199) Von einer Fortführung der römisch geprägten Weinkultur nach Abzug der Römer durch die Franken ist auszugehen (siehe Kap. A. 2).

Es gibt viele Indizien, daß der Weinbau in der Pfalz auf römischer Grundlage beruht. Vor allem aus der Vorderpfalz stammen zahlreiche Bodenfunde, die auf römischen Weinbau hinweisen, wie die Pflanzgräben für Reben aus dem 1. Jahrhundert in **Speyer**, oder die Funde von Winzermessern, Küferwerkzeugen, Faßdauben oder eine Flasche mit Wein. (200)

Bislang gab es nur Indizien für einen römischen Weinbau in der Pfalz. Erst in den letzten zehn Jahren weisen weitere Bodenfunde definitiv auf römischen Weinbau hin.

Bei **Ungstein** wurden in der Flur *Weilberg* - der Name weist bereits darauf hin - umfangreiche Fundamente einer römischen Villa freigelegt. Ein Kelterhaus konnte ebenfalls gesichert werden. Darüber hinaus fand man hier auch Trauben- kerne. Eine Analyse der Kerne brachte ans Licht, das hier schon unterschiedliche Traubensorten gekeltert wurden. Diese Anlage wurde bereits im 4. Jahrhundert offen gelassen; das westlich von **Ungstein** gelegene Gut *(Villa Annaberg)* wurde offensichtlich um diese Zeit noch bebaut. Im Ort selbst befand sich ein römischer *Burgus*; es ist denkbar, daß im Schatten dieser Anlage provinzialrömische Bevölkerungsreste die Zeitenwende überstanden. (201)

Vor allem eine »technische Kontinuität«, d.h. eine Übernahme der Weinbauge- räte ist festzustellen. So hat sich die römische Technik des Kelterns bis in die Neuzeit gehalten. Übereinstimmungen in der Konstruktion der Keltern waren überall nachweisbar. Bei der Verwendung von gleichen Materialien (bevorzug- ten Holzsorten) war ebenfalls eine hohe Übereinstimmung vorhanden.

Von der Reberziehung kann gleiches gesagt werden. Der Kammertbau hat sich ebenfalls rund 2 000 Jahre nahezu unverändert in der Pfalz erhalten.

Die Übernahme von bestimmten Sachen oder Techniken führt automatisch zur Beeinflussung der Aufnahmesprache. In der Regel wird auch die fremde Bezeichnung für die (zunächst) unbekannte Sache übernommen. Die Integration vieler technischer englischer Ausdrücke in der heutigen Zeit demonstriert dies eindrucksvoll. Ähnlich müssen wir uns auch die Austauschprozesse im Frühmit- telalter vorstellen. So konnten lateinische/römische Wörter direkt in das Alt- hochdeutsche entlehnt werden.

Nach der unterschiedlichen Integrationsstufe in die Aufnahmesprache werden diese entlehnten Wörter als Fremdwort oder Lehnwort bezeichnet. Werden die Wörter jedoch mit den Mitteln der eigenen Sprache nachgebildet, so spricht man von Lehnbildungen. Je nach dem Grad der Anlehnung unterscheidet man dann zwischen Lehnübersetzung, Lehnschöpfung und der Lehnbedeutung.

Nach alledem ist es nicht verwunderlich, daß in der Fachsprache vor allem der älteren Winzer in der Pfalz heute noch viele Lehnwörter festgestellt werden können. Die folgende Wortliste erhebt keinen Anspruch auf Vollständigkeit, sie soll lediglich einen Überblick vermitteln. (202)

Bragge f.:   lat. bracchium "Arme", Kelterbalken
Brenke f.:   rätoromanisch-italienisch brenta "Rückentragegefäß für
                   Flüssigkeiten", längliches büttenähnliches Gefäß,
                   Holztrichter für große Fässer

Butte/
Bütte f.m.:	galloromanisch buttis, buttem "Faß"
Daube f.:	lat. doga "Faßdaube"
Elbling m.:	lat. albulus "weißlich", Rebsorte
Gargel m.:	rom. gargellum "Schlund", Einschnitt in den Dauben
Gelte f.:	lat. galetta "Gefäß für Flüssigkeiten"
Hümes n.:	lat. humidosus "feuchte Stelle" im Weinberg
Item m.n.:	lat. item "ebenso", kleines Acker- oder Weinbergsstück, Flächenmaß, ca. 1 Quadratmeter.
Kahm m.:	lat. canus "grau", Schimmelbelag auf dem Wein

Kammer/
Kammert m.:	lat. vinea camerata "gewölbtes Rebendach", besondere Form der Reberziehung
Kelch m.:	lat. calix "tiefe Schale, Schüssel, Becher"
Keller m.:	lat. cella "Zelle, Kammer, Vorratskammer, Keller"
Kelter f.m.:	lat. calcatura "das Stampfen, Treten". Die Weintrauben sind ursprünglich mit den Füßen ausgetreten wurden.
Kufe f.:	lat. cupa "Faß, Tonne"
Küfer m.:	lat. cuparius "Küfer".
Lamel n.:	lat. lamella "dünnes Metallblättchen", Messer
Lämpel m.f.:	lat. limbulus "Grenze", Grenzzeile (letzte Halbreihe auf beiden Seiten) im Weinberg
Leier m.:	lat. lorea "Tresterwein"
Logel n.m.:	lat. lagella "Fäßchen"
Most m.:	lat. vinum mustum "junger Wein"
Ohm n.:	lat. (h)ama "Feuer-Eimer"
P(f)länzer m.:	lat. plantarium "Rebschule, Neuwingert"
Presse f.:	lat. pressura "das Keltern des Weines"
rigolen swv:	frz. rigoler "Gräben ausheben", das Umgraben bei der Neuanlage eines Wingerts.
Schemel m.:	lat. scammellum "Schemel", Abteilung eines Kammertwingerts, Maßeinheit im Kammertbau.
Sester m. :	lat. sextarius "Hohlmaß, sechster Teil"
Stiefel m.:	lat. stipes "Stock, Pfahl"
stoppeln swv.:	lat. stuppula, stupla "Stoppel", Nachlese halten
Trichter m. :	lat. traiectorium "Trichter"
Trudel m. :	lat. trudis "Stange"
Wein m. :	lat. vinum "Wein"
Winzer m.:	lat. vinitor "Winzer"

24. Winzerbrauchtum

Wie jeder andere Beruf und Stand, so wählten im Mittelalter auch die Rebleute einen bestimmten Heiligen als Schutzpatron ihrer Zunft. Der Zunfttag, die jährliche Versammlung aller Mitglieder, wurde häufig am St. Urbanstag abgehalten, wobei der Zunftpokal, der sogenannte Urbansbecher, eine besondere Rolle spielte.

Auch heute noch gibt es sogenannte Weinheilige, die den Weinbauern guten und reichlichen Wein schenken sollen. Viele Weinbaugegenden haben ihren eigenen Winzerpatron.

a. »Trauben für Urban und Cyriak« - die Weinheiligen

»Der ursprüngliche Patron des pfälzischen Weinbaues ist mit absoluter Sicherheit nicht mehr festzustellen. Ein **Landauer** Zeugnis aus dem frühen 16. Jahrhundert spricht eindeutig für St. Urban als Weinbaupatron, der auch in **Herxheim, Lachen, Speyer** und anderswo verehrt wurde. Es handelt sich um den Papst URBAN I., der vom Jahr 222 bis 230 regierte.« (203)

An sich hat dieser Heilige mit dem Weinbau nichts zu tun. Vielmehr liegt eine Übertragung des Patronats vom Bischof URBAN von **Langres**, der in Frankreich als Weinheiliger galt, auf Papst URBAN I. vor, der in Deutschland zu den beliebten Heiligen zählte.

»Als Patron der deutschen Weinbauern und als Helfer gegen Trunksucht, die man gern 'Urbansplage' nannte, wird der heilige Urban I. gewöhnlich mit einer Traube in der Hand an Häusern, auf Weinberghängen oder auf Fässer geschnitzt dargestellt. Wer von **Forst** nach **Deidesheim** wandert, findet gegenüber dem ehemaligen Anwesen des Reichsrates von BUHL an einem Eckhaus die renovierte Statue des heiligen Urban mit der Papstkrone und einer großen Weintraube.« (204)

Seit der ersten Hälfte des 19. Jahrhunderts ersetzte immer mehr einer der 14 Nothelfer, der heilige Diakon CYRIAK, der um 309 enthauptet wurde, den heligen Urban I. als Weinpatron der Pfälzer. Dieser Wechsel ist nicht eindeutig zu erklären.

Wie schon der heilige Urban I. hat auch der heilige Cyriak zum Weinbau keinen eigentlichen Bezug. Im Mittelpunkt der Verehrung des heiligen Cyriak in der Pfalz steht die Wallfahrtskapelle **Lindenberg**.

Der Legende nach soll der heilige Cyriak als Einsiedler in der Gegend um **Lindenberg** gelebt haben. Jeden Tag sei er durch den Wald nach **Deidesheim** gegangen, um sich seinen Lebensunterhalt zu erbetteln. Immer wenn er vor das Stadttor kam, soll es sich von selbst geöffnet haben.

Nur einmal sei das Stadttor verschlossen geblieben, weil er sich an fremdem Eigentum vergriffen hatte. Als er nämlich winters in Eis und Schnee nicht mehr weiterkam, habe er einen Balken aus einem Wingert entfernt und ihn als Stütze benutzt.

Erst nachdem er den Wingertsbalken auf seinen Platz zurückgebracht hatte, sei das Stadttor von **Deidesheim** wieder wie von selbst aufgesprungen.

»Heute noch wallfahren viele Winzer aus naheliegenden Ortschaften alljährlich am 8. August nach **Lindenberg**, um dort die Statue ihres Schutzherrn mit den ersten Trauben zu schmücken und um reiche Ernte zu bitten. Diese Sitte verbreitete sich vor allem seit 1916. Die frühreifen Trauben, die man früher von **Deidesheim** aus nach **Lindenberg** mitnahm, verhießen früher je nach der Qualität einen guten oder schlechten Jahrgang.« (205)

b. »Die Herbstsau wird gepritscht!« - der Weinherbst

Die Weinlese in der Pfalz wurde schon immer in volkstümlicher Weise gefeiert und hat ein reiches Brauchtum hervorgebracht. Manch großes Weingut hat auch altes Brauchtum auf neue Weise belebt. Schon der Beginn der Lese, das wichtigste Ereignis im Jahreslauf eines Weinbauern, hat einen feierlichen Charakter.

Frühmorgens erschallen Pistolenschüsse und Glockenläuten. »Das Läuten der Feldglocke Morgens und Abends nach eingetretener Traubenreife bis zur Beendigung des Herbstes, nach welchem Niemand mehr im Felde sich aufhalten darf« wurde in **Neustadt** am 2. September 1834 vom Bürgermeisteramt einge-führt. (206)

Man zieht in der Morgendämmerung singend und johlend in den Wingert. Das Ende des Tages und der Rückweg ist mit den gleichen Zeremonien verbunden. ADOLPH Freiherr von KNIGGE hat miterlebt, wie in der Pfalz jeder Arbeitstag der Weinlese zu einem Festtag mit reichlich Essen, Spiel und Musik gerät:

»Des Morgens nach dem Frühstück ging die ganze lustige Bande hinaus, zum Traubenlesen, die dann in großen Gefäßen auf Karren nach Haus gefahren wurden. Mittags speiste man mit so gutem Appetit, wie man ihn von Menschen erwarten kann, die sechs Stunden lang in freier Luft gearbeitet haben. Nachmittags ging wieder das Traubenlesen an; abends aber, wenn draußen nichts mehr zu schaffen war, zog man nach Hause. Da setzten sich dann die älteren Damen und Herrn zum Kartenspiele und wir andern jungen Leute gingen hinunter in den

Hof, wo die Kelter stand. Hier war ein Lämpchen aufgehängt, das zugleich den Arbeitern Licht gab und den kleinen Grasplatz erleuchtete, auf welchem wir, nach einer einzigen Geige, die ein alter Invalide aus dem Dorfe spielte, lebhafter und mit fröhlicherem Herzen herumsprangen, wie wenn uns, im vergoldeten Saale, bei dem Scheine der Wachskerzen auf kristallnen Kronleuchtern, des

Kurfürsten Oboistenchöre die Ohren betäubt hätten.« (207)
Nachlässige und säumige Leser werden vom Pritschenmeister symbolisch durch
einen Streich bestraft, d.h. gepritscht. (208)
Wer verbotenerweise eine ganze Traube aufißt, wird als *Herbstsau* bezeichnet.
(209)

61. *Deutlich sind die durch eine
Scheidewand zweigeteilten Herbst-
kübel zu erkennen, in denen die
guten und weniger guten Trauben
getrennt gesammelt werden.
Die Trauben werden in den Logeln
mit einem hölzernen Mosterkolben
zerstoßen. Lese des Weinguts
ESSWEIN, **Bad Dürkheim,**
Lage Schloßgarten, 1925.*

185

c. »Weinhahn und Herbstbraten« - das Herbstschlussfest

Für das Lesepersonal gab es in **Deidesheim** und Umgebung als Verpflegung während der Arbeit neben dem obligatorischen Wein traditionell Kaffee, einen besonderen Herbstkuchen und eine Leberwurst auf einem großen Stück Schwarzbrot. (210)

Der Schluß der Lese wird zu einem allgemeinen, fröhlichen Fest. Es trägt verschiedene Bezeichnungen wie *Herbstfest* oder *Herbstfeier* und ist zumeist ein gemeinsames Mahl, weswegen es *Weinhahn, Leser-* oder *Nachtims* oder *Herbstpfudel* genannt wird. Die Verschmutzung der während der Lese gebrauchten Geräte und deren abschließende Reinigung, oder aber auch das trübe, braune Aussehen des frischen Mostes könnten dabei als Benennungsmotivik der letztbezeichneten Erntefeier zugrunde liegen.

Schon eine Kellereirechnung aus **Deidesheim** von 1656 besagt, daß die Kelter- und Zehndknechte den *Herbstbraten* wie von altersher erhalten. In späterer Zeit

62. Das letzte Landfaß mit zerquetschten Trauben wird mit einem Baum und bunten Bändern geschmückt und feierlich vom Wingert in den Kelterraum geführt.

63. Die in volkstümlicher Tracht gekleideten Leser und Leserinnnen feiern ihr Herbstschlußfest im Kelterhaus mit Tanzmusik und Festessen.

187

wurde er auch mit Geld abgegolten. (211)

In **Berghausen** gibt man ein Herbstessen mit Kartoffel- oder Bohnensuppe und Dampfnudeln. Den Herbstschluß mit Kartoffelsalat und Servela und neuem Wein feiert man in **Albersweiler**. In **Rhodt, Burrweiler** und **Weyher** feiert man gemeinsam mit allen Herbstlesern den *Herbstbraten*, der im letztgenannten Ort aus Nudeln und Sauerfleisch besteht. In **Alsterweiler** gibt es zum Herbstschluß einen richtigen Braten, danach Kaffee und Kuchen und anschließend wird getanzt.

Wenn der letzte Herbsttag kommt, schmückt man die Pferde und Kühe (**Burrweiler, Rhodt**), in **Burrweiler** begleitet man den letzten Herbstwagen mit Fahnen. (212)

d. »Bachus und Bitzlermusik« - der Winzerzug

Große Weingüter geben ihren Lesern und Leserinnen nach Schluß des Herbstes große Feste mit Umzügen. Solche Winzer- oder Herbstzüge sind in den Orten an der Deutschen Weinstraße zwischen **Wachenheim** und **Klingenmünster** bezeugt.

Die Leserinnen bringen am letzten Herbsttag ihre besseren Kleider mit. Manchmal stiftet der Gutsherr für die Frauen und Mädchen neue gleichartige Kopftücher und Schürzen. Auch die alte Pfälzer Bauerntracht wird an diesem Tag getragen. Die Männer schmücken die Logeln, den letzten Mostwagen und die Pferde mit Laub, Trauben, mit farbigen Bändern und Herbstblumen, darunter werden besonders Astern verwendet. Auch Weinlaub flechten sich die Leserinnen ins Haar.

Unter Vorantritt eines jungen Burschen, der eine Fahne in der Luft schwenkt, und unter Absingen von Herbst- und Volksliedern bewegt sich der Winzerzug vom zuletzt geherbsteten Wingert zum Ort.

»Alle Gerätschaften zur Weinbereitung wurden mitgeführt. Mit Bändern und Lappen grellfarbig und schreiend aufgeputzt, wurde der Mosterkolben vorausgetragen. Er galt förmlich als eine Person und gewann das Aussehen eines Popanzes.« (213)

Mitunter enthält der Winzerzug Gruppen, die in witziger Weise auf die Eigenheiten des Weinjahrganges anspielen, manchmal auch Darstellungen aus der Geschichte des Weinbaues.

Der Gutsherr hält eine Ansprache an seine Leserschar. Der älteste Winzer erwidert ihm mit herzlichen Worten, die in ein freudiges Hoch auf den Besitzer und seine Familie ausklingen. Hieran schließt sich im Kelterhaus eine Feier an

mit reichlicher Bewirtung, Musik und Tanz. (214)
Auf das im Rahmen des Winzerzuges auftretende Bachusbrauchtum, das wahrscheinlich die gebildeten Weingutsbesitzer aus der Taufe gehoben haben, gilt es besonders hinzuweisen.
»Auf der letzten Lott (Mostfasse) sitzt ein verkleideter Weingott, das Haupt mit Reben umkränzt, in der Linken den rebumwundenen Stab, in der Rechten einen gewaltigen Becher mit Wein. Musik und Freudenschüsse erschallen, alles jubelt und singt. Nach dem Herbstbraten (s.o.) häufig noch Musik und Tanz, und so schließt die Feier.« (215)
Der Winzerzug zwischen **Wachenheim** und **Grünstadt**, bei dem der Bachus auftritt, wird auch *Bachuszug* oder *Herbstbachus* genannt. Winzerzüge, wie die von 1906 und 1924 am Schluß der v. BASSERMANN-JORDANSCHEN Weinlese in **Deidesheim**, stellen sich als von einzelnen Personen initiierte und organisierte Feste mit volkstümlichem Charakter dar. (216)
Diese Umzüge gehen über in ein Festmahl mit anschließender Musik und Tanz, wie auch die scherzhafte Bezeichnung *Bitzlermusik* nördlich von **Grünstadt** zeigt. Solange eine Vollmechanisierung des Ernteablaufs bei der Weinlese sich noch nicht allgemein durchgesetzt hat, solange haben auch die brauchtümlichen Erscheinungen während der Weinlese und das Herbstschlußfest noch eine Zukunft in der Pfalz.

*64. Der Bachuswagen beim Festzug am **Bad Dürkheimer** Wurstmarkt 1924.*

25. *nomen est omen?* - Weinlagennamen zwischen Sprach- und Imagepflege am Beispiel von Deidesheim und Forst.

Für das Charakteristische eines Weines ist der Herkunftsort mit verantwortlich. Das war bereits in der Antike bekannt. Diese Erkenntnis ist im Mittelalter verloren gegangen, da der Wein fast immer behandelt wurde. Unterschiedliche Essenzen und Kräuter wurden ihm zugesetzt.

Zu dieser Zeit wurde nur geschieden zwischen Rot- und Weißwein, grob nach der Region, z.B. Rheinwein, oder nach dem Stapelplatz, das ist der Ort der Verschiffung, z.b. **Bacharach** oder **Speyer**. So konnte es passieren, daß Pfälzer Wein durchaus in **Köln** als **Bacharacher** gehandelt wurde. Im 19. Jahrhundert setzte sich die Erkenntnis durch, daß die Art eines Weines entscheidend vom Boden, von der Hangneigung, der Hangrichtung und dem Kleinklima geprägt wird. Die systematische Fluraufnahme (Urkataster) in der Periode 1813 bis ca. 1850 in unserem Raum führte dazu, daß die Weine fortan nach der Flurlage bezeichnet wurden. Sichtbares Zeichen dafür ist die »Geburtsurkunde« des Weines: das Weinetikett.

Um 1960 gibt es in Deutschland ca. 20 000 Weinlagennamen, exakt gezählt hat sie niemand. Um diesem Wildwuchs, z.T. waren es »private« Lagennamen, einzudämmen und sinnvolle, marktfähige Größen zu garantieren, griff der Gesetzgeber 1971 regelnd ein. So konnte man aus dem Bestand an Lagennamen einige auswählen, oder es konnten neue Namen kreiert werden. Am Beispiel der Weinorte **Deidesheim** und **Forst** soll dieser Vorgang beleuchtet werden.

Bei der Auswahl der neuen amtlichen Namen aus dem umfangreichen Kanon der tradierten Lagennamen ließ man sich offensichtlich von folgenden vier Grundsätzen leiten:

1. Originalität

Die Originalität, das heißt die Suche nach dem Ungewöhnlichen, Auffälligen, dient dazu, sich von den übrigen Lagen abzuheben. Die Lage *Ungeheuer* z.B. erfüllt dieses Kriterium. Hinzu kommt, daß es sich hier um eine anerkannt vorzügliche alte Lage handelt, die hervorragende Weine liefert. Diese Weinlage animierte den Reichskanzler Fürst von BISMARCK zum Ausspruch: »Dieses Ungeheuer schmeckt mir ungeheuer.« Der Name *Süsskopf* ist ebenfalls auffällig und hebt sich von der übrigen Namenlandschaft ab. Zudem weckt er die Assoziation von einer Lage, die süßen, hervorragenden Wein liefert. Im Grundsteuerkataster von 1828 ist er nicht unter den besten Lagen aufgeführt. In diesem Namen lebt zudem der ursprüngliche Besitzer weiter. Der kurpfälzische Hofgerichtsrat JOHANN GEORG von SÜSSMANN übernimmt den Steinhausserschen Hof in **Wachenheim**. *Paradiesgarten* ist eine Namenschöpfung, die durch das Weingut HOCH in den 50er Jahren nach der dort stehenden Frauenstatue, Eva im Paradies, geprägt wurde. 1971 wurde der Name in die Weinbergsrolle eingetragen. Der Name soll signalisieren, daß hier paradiesische Weine wachsen. Er konnte sich unter anderen alten tradierten Namen durchsetzen, weil keiner von ihnen besonders bekannt oder originell war.

65. Das »Forster Ungeheuer« im Festzug des Weinguts BUHL, Deidesheim, 1924.

2. Qualität

JOHANN PHILIPP BRONNER erwähnt in seinen Aufnahmen der Weinbauregionen stets die bekanntesten und besten Lagen; so auch bei der Beschreibung der Weinbauorte **Deidesheim** und **Forst**:

»Die beste Lage von **Deidesheim** ist unstreitig der *Grein*; nach ihm kommt *Gränzler*, *Kalkofen* und *Maushöhle*.«

(Forst) »... an die der sogenannte *Kirchenbuckel*, welches die beste Lage, ist, sich anschließt.« (217)

Unter *Kirchenbuckel* versteht er das Kirchenstück. In der alten Bayerischen Bewertung besaß dieser Weinberg als einziger die höchste Klassifizierung: 65. Die anderen genannten **Deidesheimer** Weinlagen waren in den Kategorien 44 - 34 eingeordnet. Sie sind heute mit Ausnahme von *Kränzler* noch amtliche Namen. *Kränzler* wurde von der benachbarten Lage *Leinhöhle*, die von vergleichbarer Bonität ist, verdrängt. *Leinhöhle* wird als werbewirksamer angesehen, zumal mit *Mäushöhle* ein weiterer *Höhle*-Namen vorhanden ist, ebenfalls ein bekannter alter Name.

Namen wie *Hohenmorgen*, *Kalkofen*, *Jesuitengarten*, *Freundstück* sind von so hohem Bekanntheitsgrad und weisen seit Jahrhunderten eine solche Qualität auf, daß sie, obwohl sie zum Teil von geringer Größe (2 ha) sind, die Reform von 1971 mit Recht überdauert haben. Natürlich haben hier in Einzelfällen auch Partikularinteressen eine Rolle gespielt.

3. Prestigewert

Ein weiterer Grundsatz bei der Auswahl der neuen amtlichen Namen aus dem Bestand der überlieferten Lagennamen war der damit vermeintlich verbundene Prestigewert. Der weitaus bedeutendste Grundeigentümer war einst die Kirche. Ein Drittel der heutigen Lagennamen der beiden Gemeinden verweist auf den kirchlichen Bereich: *Herrgottsacker*, *Jesuitengarten*, *Kirchenstück*, *Nonnenstück*, *Stift*, *Bischofsgarten* und *Paradiesgarten*. Die geistlichen Institutionen stehen in dem Ruf, Besitzer der besten Weinberge gewesen zu sein. Hierbei spielt die Rolle des Weines im Kultus sicherlich eine erhebliche Rolle.

4. Sprachpflege

Als letzter Grundsatz bei der Namenswahl ist die Sprachpflege zu nennen. Dabei muß der wesentliche Aspekt der Sprachpflege, das konservierende Element, jedoch nicht zu reinem Sprachpurismus verkümmern.

Die erhebliche Reduzierung der Lagenamen von 112 auf 11 in **Deidesheim** und von 61 auf 10 in **Forst** war ein schwieriges Unterfangen. Eine Wahlmöglichkeit war nur in einigen Fällen gegeben und zwar dort, wo keine alte Lage einen

192

dominierenden Charakter besaß. Daß Lagen wie *Kirchenstück* oder *Jesuitengarten* übernommen wurden, bedarf hier keiner Erläuterung.
In anderen Fällen wie zum Beispiel *Bischofsgarten* hat man behutsam an existierende Namen wie *Bischofswiese* angeknüpft. Ähnlich verfuhr man auch bei der Neuschöpfung *Nonnenstück*; hierbei hat man sich offensichtlich von der alten Lage *Klosterstück* inspirieren lassen.
Anders verfuhr man jedoch bei der Wahl des Namens *Stift*. Diese Lagebezeichnung hat keinen Anknüpfungspunkt an alte lokale Namen. Die ursprünglichen Namen hielt man offensichtlich für so nichtssagend, daß man sich für eine Neuschöpfung entschieden hat. Indem man die Bezeichnung Stift wählte, versuchte man an alte grundbesitzliche Strukturen anzuknüpfen. Ähnlich verfuhr man in **Deidesheim** bei der Namenswahl *Paradiesgarten*.
Die alten Namen waren nicht überregional bekannt. Es gab Namendoubletten in anderen Gemeinden, oder z.T. waren sie auch anstößig (z.B. ist *Kaft* auch die Gesäßfalte), so daß man einen neuen Namen wählte, der an ein Votivbild, Eva im Paradies, anknüpfte.
Abschließend kann man sagen, daß sowohl **Deidesheim** als auch **Forst** verantwortungsbewußt mit ihren alten Namen umgegangen sind. Dort, wo man glaubte, aus Wettbewerbsgründen einen neuen Namen wählen zu müssen, hat man versucht, an Bestehendes anzuknüpfen. Man hat Verantwortung vor der Geschichte gezeigt und ist nicht der Versuchung erlegen, Namen unter rein kommerziellen Gesichtspunkten zu gebrauchen. Allerdings weist der neue Deutsche Weinatlas viele negative Beispiele in dieser Hinsicht auf.

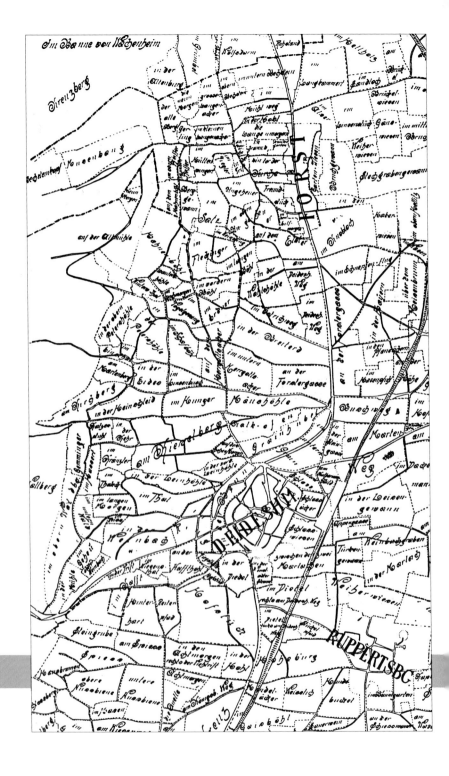

Auswahl des Lagenamens und Aufgabe der alten Namen am Beispiel **Forst**. (Links die heutige amtliche Weinbergslage mit der entsprechenden Nummer im neuen Deutschen Weinatlas, die Größenangabe der einzelnen Lage basiert auf der amtlichen Weinbergsrolle, die Numerierung der alten Lagen erfolgt gemäß den Lagekarten der OFD Koblenz von 1963/64.)

Musenhang (20 ha) 144

1. Am Musenhang
2. Der alte Berg
7. Gerling
10. Im oberen Pfeifer
11. Auf dem Hahnenböhl

Pechstein (21 ha) 145

3. Die neun Morgen
4. Sperb
5. Im großen Langenacker
6. Im kleinen Langenacker
36. Im Mühlweg
37. Im oberen Bechstein
38. Im unteren Bechstein

Ungeheuer (38 ha) 149

8. Im Hüttenwingert
9. Im unteren Pfeifer
12. Berggewann
13. Im Satz
14. Im Weisling
15. Im unteren Hahnenböhl
16. Im Fleckinger
17. Im Langenböhl
24. Im oberen Ungeheuer
26. Im Ungeheuer
27. Im Ziegler
28. In der Trift

Elster (10 ha) 150

18. In der oberen Wahlshöhle
19. In der Wahlshöhle
20. Im Deidesheimer Weg
21. Galgenplätzchen
22. Auf dem Elster

Freundstück (4 ha) 148	23. In den sechs Morgen
	25. Freundstück
Kirchenstück (4 ha) 147	29. Hinter der Kirche
Jesuitengarten (6 ha) 146	30. Im Jesuitengarten
	31. Granich
	32. Im Mäuerchen
	33. Die oberen Langenmorgen
	34. Die unteren Langenmorgen
	35. Im Hohl
Süsskopf (40 ha) 135	39. An der Wachenheimerstraße
	40. Im Langkammert
	41. Am Susskopf
	42. Mittlere Hellholzgewann
	43. Im Hellholz
	51. Am Brückel
	52. Am Sandloch
	53. Brückelwiesen
	54. Im Linsenstück
	55. Im Alser
	56. Die Gärten
	57. Gartenwiesen
Bischofsgarten (39 ha) 133	44. Auf der Mirrhe
	45. Bischofswiese
	46. An der Bischofswiese
	47. Am Neuberg
	48. An den Flußwiesen
	49. In den Flußwiesen
	50. Im oberen schwarzen Sand
Stift (19 ha) 136	58. Im Knobloch
	59. Im Schnepfenflug
	60. Haberwiesen
	61. Im oberen Heliz

Auswahl des Lagenamens und Aufgabe der alten Namen am Beispiel
Deidesheim:

Herrgottsacker (120 ha) 151

1. Auf dem Hahnenböhl
2. Im Hahnenböhl
3. Im unteren Hahnenböhl
4. Lautershöhle
5. Im Winterstal
6. In der oberen Petershöhle
7. Im Lochmorgen
8. Im voderen Langenböhl
9. Im Erdner
10. Im Vogelgesang
11. Im Herrgottsacker
12. Im Schaafböhl
13. In der Petershöhle
14. Im Einsthal
17. Im Linsenbusch
65. Im Hasenpfuhl
66. Im Buschweg
75. Auf dem unteren Herrgottsacker
76. In der Breitenerde
77. Im Östrichweg
78. Im Deidesheimerweg
79. In der Forster Straße
80. In der Pfannenscherr
81. In der Hayern
82. Im Schnepfenflug

Mäushöhle (20 ha) 152

15. Am Martenberg
16. In der Eides
18. Im Hunger
19. Hainschleid
20. Am Kirchenberg
21. Michelsbrunnen
74. In der Maushöhle

Kieselberg (20 ha) 153

22. Katzenstuhl
23. In der Kehr
43. Kieselberg

Leinhöhle (20 ha) 157

24. Im Kränzler

	42. In der Leinhöhle
	45. In der vorderen Leinhöhle
	46. In der Benn
Paradiesgarten (50 ha) 159	25. In Taleck
	26. Im Hassert
	27. Im Gemminger
	28. Im obern Waldberg
	29. Im untern Waldberg
	34. In der Mühle
	36. Im Kaft
	37. In der Trift
	38. Im Wiesenstall
	39. Weinbachhübel
	40. In der unteren Weinbach
	41. Im Tal
	47. Im Ring
	48. An der Kafthohl
	49. Im Hofstück
	50. In der Diedel
	51. In der Neustadter Straße
	52. In den Schloßwiesen
	53. Im Schloßacker
Langenmorgen (7 ha) 158	30. Im Langenmorgen
	31. In der Reis
	32. In der Weinbach
	33. Im Gehen
	35. In der oberen Weinbach
Hohenmorgen (2 ha) 156	44. Auf dem hohen Morgen
Nonnenstück (125 ha) 171	54. In der Leisengewann
	55. In der Appengasen
	56. Am Dackermann
	57. An der Singgasse
	58. Im kleinen Feld
	59. Im Dackermann
	60. Am Martenweg
	61. Klostergarten
	62. Im Hofstück
	63. Grundpfad

	64. Auf der Höhe
	87. Am Gutenberg
	100. Am hangenden Kreuz
	101. Am Kirchhof
	102. Im Hirschenmorgen
	103. Im Lerchelsberg
	104. Im Bohnental
	105. In der untern Haide
	106. Auf der mittlern Haide
	112. Im Tiergarten
Kalkofen (5 ha) 154	73. Kalkofen
Grainhübel (12 ha) 167	67. In der Steingasse
	68. Am Katharinen Bild
	69. Hinterm Schloß
	70. Im unteren Grain
	71. Deidesheim (Ortslage)
	72. Grainhübel
Letten (150 ha) 137	83. Im Wasen
	84. Ober dem Meisenbrunn
	85. An dem Meisenbrunn
	86. An der Lettengrube
	88. Ober der Lehmgrube
	89. An der Wormserstraße
	90. Im Hainrieth
	91. In der Gaulsweide
	92. Im schwarzen Sand
	93. Im Mörsch
	94. An den drei Nußbäumen
	95. Flußwiesen
	96. An den Flußwiesen
	97. Auf der obern Heide
	98. An der Hühnerkette
	99. Im Pflanzgarten
	107. Am breiten Kreuz
	108. Im obern Tiergarten II. Gewanne
	109. Im Neuberg
	110. In den neun Morgen
	111. Im obern Tiergarten I.

Einleitung

(1) RIEHL 1973, S. 30, 33, 147, 150, 31, 37, 40.
Hervorhebungen durch den Autor.
(2) Vgl. SCHANDEIN 1867, S. 191, 200 - 204, 303, 338, 383, 388.
(3) Eine Rückbesinnung auf die alten Traditionen und Werte des zünftigen Handwerks wie Ehrbarkeit, reeles Arbeiten, Einhaltung der vereinbarten Zunftregeln, tätige Nächstenhilfe u.ä. könnte zu einem neuen Selbstverständnis der pfälzischen Winzer beitragen. Somit wären keine millionenteuren Imagekampagnen notwendig.

A. Das Küferhandwerk

(1) Vgl. SPRATER 1948, S. 9 f; vgl. BERLEPSCH 1966, S. 9, 11.
(2) Vgl. BASSERMANN-JORDAN 1947, S. 22.
»Endlich ist aber auch im alten klassischen Latein nirgend von einem Handwerk die Rede, welches sich mit der Verfertigung von Fässern, Tonnen und Bottichen beschäftigt hätte.« BERLEPSCH 1966, S. 10.
(3) Vgl. ebd. S. 13.
(4) Vgl. SPRATER 1930, S. 83; vgl. LOESCHKE 1934, S. 20 - 23.
(5) Vgl. CÜPPERS 1987, S. 37.
(6) »Das aus dem Worte *cupa* ... gebildete Wort *cuparius*, das allenfalls Bötticher oder Küfer bedeuten könnte, ist erst im Mittelalter entstanden.« BERLEPSCH 1966, S. 10.
Kein anderes Handwerk hat so viele unterschiedliche Berufsbezeichnungen im deutschen Sprachraum aufzuweisen, wie das des Küfers.
Im niederdeutschen Sprachgebiet dominiert der »Böttcher«, abgeleitet von dem zum Brauen benötigten Bottich. In Thüringen kennt man den »Böttner«, südlich und südwestlich davon den »Büttner«.
Im Westen, so auch im Links- und Rechtsrheinischen, arbeitet der »Küfer«. Im Bayrischen ist der Name »Schäffler« üblich, entstanden nach der Bezeichnung des dort herkömmlichen, nach oben offenen Holzgefäßes. Im Norden war der »Tonnenmacher« für die Anfertigung von Holzbehältern für darin zu versendende Waren wie Fische oder Pelzwerk zuständig. Vgl. BAYER/FRECKMANN 1978, S. 7; Vgl. ZINK 1925, S. 223.
(7) Vgl. CÜPPERS 1987, S. 20.
Eine Abbildung des römischen Küfer-Hammergottes in:
2000 Jahre Weinkultur an Mosel - Saar - Ruwer. Trier 1987, S. 123.

(8) Vgl. BASSERMANN-JORDAN 1947, S. 8; vgl. SPRATER 1948, S. 12. Das Küferhandwerk wurzelt tief in unserem Volkstum, was sich in seiner Fachsprache zeigt. Die auf die Holzbearbeitung bezogenen Termini sind z.t. ausschließlich germanischen Ursprungs, wie *Axt, Beil, Faß, Gehrung, Hammer, Hobel, Meißel, Reithaken, Riß, Säge, Schlegel, Setze, Senkung, fügen, reißen, streifen.* Überwiegend die Termini der Küferfachsprache, die in der Regel im Zusammenhang mit dem Gegenstand Wein stehen, sind dagegen gallo-romanischen Ursprungs, wie *Bottich, Bütte, Daube, Gargel, Spund, Trichter* oder *Zirkel.* Vgl. ZINK 1925, S. 226.
(9) Vgl. SPRATER 1930, S. 80, S. 83 - 85.
(10) BERLEPSCH 1966, S. 14.
(11) Ebd. S. 14.
(12) Vgl. ebd. S. 15.
(13) Vgl. ebd. S. 16 f.
(14) ZINK 1925, S. 223.
»Die ersten sicheren Nachrichten von der Existenz unseres Handwerkes bekommen wir jedoch erst im Jahre 1146. Um diese Zeit vergönnte der Bischof zu **Freisingen** dem Kloster **Weichenstefan**, ebendaselbst Hand werker und Handelsleute ... zu halten, und unter diesen werden denn auch BÜTTNER genannt.« BERLEPSCH 1966, S. 17. Hervorhebung durch den Autor.
(15) Vgl. ZINK 1929, S. 171.
(16) Vgl. ZINK 1949, S. 4; vgl. ZINK 1925, S. 224.
(17) Vgl. ZINK 1929, S. 113.
(18) Vgl. BARBIG 1927, S. 1, 3.
(19) Vgl. ebd. S. 2.
(20) Vgl. ebd. S. 4.
(21) Vgl. ZINK 1929, S. 171; siehe Kap. 5.
(22) Vgl. BERLEPSCH 1966, S. 55 - 57.
(23) »Die in der Küfer-Innung zusammengeschlossenen Meister beklagten für das Weinküfer- und Böttcherhandwerk im größten Weinbaugebiet Deutschlands Lehrlingsmangel, wobei zahlreiche Ausbildungsplätze nicht besetzt seien.« DIE RHEINPFALZ. Zwischen Rhein und Saar, vom 2. Juni 1990. Küfern fehlt Nachwuchs.
(24) Vgl. ZINK 1925, S. 223.
(25) Vgl. ebd. S. 224.
(26) Vgl. HAGEN 1926, S. 173.
(27) HEUSER 1924, S. 54.

(28) DAUTERMANN u.a. 1978, S. 457.

(29) Aus der Hefe brannten die Küfer im Nebengewerbe Branntwein; siehe Kap. A. 12.

(30) Gemeint ist wohl, daß die Küfer Rebholz (»Rebenhäslein«) zum Brennen anstelle des Lohnes nehmen.

(31) Vgl. LEONHARDT 1928, S. 130 f.

(32) Vgl. ECKERT 1938/39, S. 189 - 192.

(33) Vgl. ZINK 1982, Abb. 47, 78, 166; vgl. ders. 1929, S. 113.

(34) Vgl. BECKER 1962, S. 68, 161.

(35) ZINK 1929, S. 114.

(36) Vgl. LEONHARDT 1928, S. 128.

(37) Vgl. 1200 Jahre 1972, S. 100.

(38) Vgl. ZINK 1929, S. 114.

(39) Vgl. ZINK 1929, S. 172.

(40) ZINK 1925, S. 225.

(41) Vgl. BARBIG 1927, S. 2.

(42) ZINK 1925, S. 224 f.

(43) Vgl. DOCHNAHL 1867, S. 62 f.

(44) Vgl. BARBIG 1927, S. 3.

(45) Freundliche mündliche Mitteilung von KURT SEEBACH - **Gräfenhausen**.

(46) Vgl. BARBIG 1927, S. 4.

(47) Vgl. ZINK 1925, S. 226.

(48) Vgl. SCHANDEIN 1867, S. 488.

(49) Vgl. BARK 1958, S. 3.

(50) Vgl. DOCHNAHL 1867, S. 68, 96, 207.

(51) Vgl. WEIDMANN 1968, S. 169.

(52) ZIEGLER 1961, S. 51.

(53) Vgl. ebd.

(54) Vgl. ZINK 1925, S. 223.

(55) Vgl. ZINK 1929, S. 113.

(56) DAUTERMANN u.a. 1978, S. 459.

(57) Vgl. ZINK 1962, S. 4.

(58) »1484 ... Köstlicher Wein und so reichlich, daß die Fässer 3 mal mehr kosten als der Wein, der zu 1 Goldgulden zu haben ist ...« DOCHNAHL 1867, S. 86.

»1539 ...Sehr viel und guter Wein, der billiger als die Fässer ist und vielen Menschen das Leben kostet. ... Man bietet 3 Fuder alten geringen Wein für 1 Ohmfaß, ohne eins erhalten zu können; ... Einige Tage vor dem

Herbste bot er den Wein, um seine Fässer leer zu bekommen, umsonst an
...« Ebd. S. 101.
(59) WEIDMANN 1968, S. 169 f.
(60) DAUTERMANN u.a. 1978, S. 457 f.
(61) Vgl. ZINK 1925, S. 223.
Weiterführende Literatur z.b. zum **Göcklinger** Branntweinhandel: SEE-
BACH 1990, S. 45 f., 195 f.
(62) Dahinter könnte sich auch ein, wenngleich geringfügiges Handelsgeschäft
des Küfers mit der Hefe verbergen. Vgl. ZINK 1962, S. 4.
Dies wiederum würde aus Gründen der Ehrbarkeit des Handwerks
verständlich machen, warum die Zunftordnung der Küfer in den Orten des
Oberamtes **Kirrweiler** untersagt, daß der Küfer um die Hefe arbeitet bei
Strafe von 2 fl. Vgl. LEONHARDT 1928, S. 131.
(63) Weiterführende Literatur zum Branntweinkonsum:
SEEBACH 1991, S. 70 f.
(64) Vgl. Schlicher (1988), S. 118.
(65) Vgl. BASSERMANN-JORDAN 1975, S. 742.
(66) Vgl. ebd. S. 740.
(67) Vgl. ebd. S. 733 f., hier bes. Fußnote 4.
Eine ausführliche Darstellung zur Entwicklung des Fasses bietet PANNE
1988, S. 13 - 20.
(68) Vgl. BARBIG 1927, S. 3.
(69) Vgl. GEIGER 1954, S. 1.
»Dem Repräsentationscharakter der großen Prunkfässer entspricht sehr oft
die Wahl ihrer Standorte. Fast stets wurden sie in Räumen gelagert, die eine
genügend große Besucherzahl aufnehmen konnten.
Treppen und Galerien gestatteten eine Besichtigung der Fässer von allen
Seiten, Plattformen auf dem Faßrücken gaben Platz für höfische Festlich-
keiten mancherlei Art.« PANNE 1988, S. 62.
(70) Vgl. BASSERMANN-JORDAN 1913, S. 3 f.; vgl. HAGEN 1926, S. 173.
Der Ruf des **Landauer** Meisters drang auch nach Norddeutschland.
Der Herzog HEINRICH JULIUS von **Braunschweig**, Bischof von **Hal-
berstadt**, ließ sich um 1593/94 ein ähnliches Riesenfaß von WERNER
anfertigen, wie es dieser auf dem **Heidelberger** Schloß gebaut hatte.
(71) Vgl. ZINK 1929, S. 114.
Gelegentlich sind die beiden zuletzt gebauten **Heidelberger** Fässer, wenn
sie gerade leer standen, zweckentfremdet zu Lustbarkeiten verwendet
worden.
So zum Beispiel 1671 anläßlich der Hochzeit der LISELOTTE von

der PFALZ das zweite Faß, in dessen Innerem die Musikkapelle versteckte
wurde. Vgl. BASSERMANN-JORDAN 1975, S. 736.
(72) Vgl. ebd. S. 733 f.
Ausführliche neuere Abhandlung über die **Heidelberger** u.a. Riesenfässer
bei PANNE 1988, S. 28 - 55.
(73) »Rauminhalt 1 700 000 Liter.
Allein der Spund hat ein Fassungsvermögen von 2 650 Litern. 200 m3
Holz waren nötig, um das Faß aus Schwarzwaldtannen zu erbauen. Dau-
benlänge 15 m, Durchmesser 13,5.
Die schmälste Daube ist 19 cm und die breiteste 32 cm breit.
Das Faß hat 1,50 m Bauch, jeder Stab biegt also 75 cm durch.
Die Dauben sind auf 6 Stich gefügt, also handwerklich hergestellt.«
KINDLER 1981, S. 22.
(74) Vgl. PANNE 1988, S. 64 - 94.
(75) BASSERMANN-JORDAN 1933, S. 110.
(76) In der Sache vergleichbar mit den geschnitzten Faßriegeln der Weinbauern
als Ausdrucksform pfälzischer Volkskunst sind die sogenannten *Kleiekot-*
zer, das sind reliefartig geschnitzte Maskenfiguren am Kleieauslauf des
Beutelkastens der Mühle.
Exemplare pfälzischer Kleiekotzer werden im Theodor-Zink-Museum in
Kaiserslautern und im Museum des Nordpfälzischen Geschichtsvereins
in Rockenhausen ausgestellt.
Geschnitzte Faßriegel sind vor allem im Historischen Museum der Pfalz in
Speyer zu sehen.
(77) PANNE 1988, S. 259 bietet hierzu weitere Interpretationen an.
(78) Vgl. BASSERMANN-JORDAN 1933, S. 110.
PANNE legt nahe, zeitlich und sachlich zu differenzieren zwischen dem
»Faßbodendekor der Riesenfässer ... als höfische Standeskunst« (bis zum
18. Jahrhundert), ferner den von Handwerkern wie Küfern, Schreinern oder
Tischlern im 19. Jahrhundert geschnitzten Faßböden, die »jetzt als eine Art
Gruppenabzeichen oder Statussymbole begüterter Weinbauern« dienen,
und schließlich der heutigen »Feiertagsarbeit«, die das gewohnte handwerkliche Arbeitsprogramm im Sinne eigenschöpferischer Leistung über
steigt. Vgl. PANNE 1988, S. 92 - 94.
(79) Vgl. PANNE 1988, S. 249 f.
(80) HEBEL 1917, S. 55f.
(81) Siehe SPRATER 1948, S. 49 f.
(82) Vgl. PANNE 1988, S. 270 f.
(83) Vgl. FRIES 1952, S. 79; vgl. LEIST 1980, S. 84.

(84) Vgl. FRIES 1952, S. 85.

(85) RIEHL spricht hier das als Keller-Hochwohnhaus gestaltete Winzerhaus an, eine durch die Sonderkultur Wein geprägte Variante des Stall-Hoch wohnhauses, wie es vornehmlich an der südlichen Weinstraße anzutreffen ist.
Er unterscheidet nicht zwischen Winzerhaus und Winzergehöft. Vgl. RIEHL 1973, S. 147.

(86) Vgl. ebd.

(87) RIEHL 1973, S. 147.
Nach dieser bäuerlich-romantisch gefärbten Beschreibung sind hohe Torbögen lediglich Ausdruck des Sozialprestiges.
Eine kunsthistorisch und kulturräumliche Deutung liefert ZINK 1982, S. 17:
»In den Torbogen des Weinlandes sieht man allenthalben den Einfluß der benachbarten Renaissance von **Heidelberg**, des Elsaß und des mittelrheinischen Landes.«
Ähnlich RIEHL 1973, S. 162:
»... der rheinische Schmuck des großen Hoftores mit dem Rundbogen ...«
Beide machen keine funktionale Zuweisung der steinernen Rundbögen.

(88) BASSERMANN-JORDAN 1975, S. 789.

(89) Ähnlich wie RIEHL und ZINK (s.o.) sehen in neuerer Zeit GLATZ/ LEIST 1985, S. 83 leider immer noch den »... Torbogen (als) die auffälligste Zierform am Winzergehöft.«

(90) Vgl. ebd.

(91) So ist es nicht verwunderlich, daß Rundbogentore auch in fernen außerdeutschen Weinbaugegenden, wie z.B. in Ungarn und in Südfrankreich zu finden sind.
Vgl. BASSERMANN-JORDAN 1975, S. 789.

(92) Vgl. FRIES 1952, S. 83, Fußnote 23.
»Die Kellertür bedarf der großen Breite zum Faßtransport.« Ebd.

(93) Vgl. LEIST 1980, S. 87.

(94) ZINK 1967, S. 14.

(95) Ebd. S. 30.

(96) Ebd. S. 32.

(97) Weiterführende Literatur zum »Dürkheimer Wurstmarkt«,: SEEBACH 1991, S. 110 f.

(98) Vgl. KUBY 1969, S. 262.

(99) Pfälzerwaldverein 1914. S. 1 f.

Das im Wechselgesang vorgetragene Küferzunftlied war in dieser oder leicht variierter Form in den Winzerdörfern entlang der Haardt (Deutsche Weinstraße) bekannt.

Seit dem Jahre 1981 bringt ein Metzgermeister aus **Burrweiler** im Rahmen von Schlachtpartien die folkloristische Darbietung des Küferschlages als Unterhaltungsprogramm bei der Bewirtung seiner Gäste.

(100) SCHANDEIN 1867, S. 280, 338.
Hervorhebungen durch den Autor.

(101) Siehe CARL 1976, Band 3. Nr. 782, 807, 853 - 855, 879.
»Abgesehen von den mancherlei Sagen über des Weines unbegreifliche Macht, über gespenstische Küfer, die im Keller zu gewissen Zeiten auf den Fässern sitzen, über die Weinverfälscher, die umgehen müssen u.s.w., so hat der ʻSorgenbrecherʼ des Pfälzers redlich das Seine gethan nicht bloß zur Erdichtung, selbst auch zur Ausführung von Schwänken, Schnurren und allerhand lustigen Stücklein, welche mehr oder minder sagenhaften Charakter gewinnen.«
SCHANDEIN 1867, S. 303.

(102) Ebd. S. 379.

(103) BECKER (1962), S. 228.

(104) SCHANDEIN 1867, S. 393.

(105) Vgl. SCHANDEIN 1867, S. 388.

(106) Vgl. BECKER (1962), S. 153, 202.

(107) Vgl. SCHANDEIN 1867, S. 271.

(108) BECKER 1952, S. 182.

(109) Vgl. ebd. S. 100 f.

(110) Vgl. BASSERMANN-JORDAN 1975, S. 741 f.

(111) ALS CHVRFÜRST CARL PHILIPP
    DIE EDLE PFALZ REGIERTE UND
    SEINER LÄNDER PRACHT
    IN FRID UND RUH BESASS
    ALS IHM DES ALTERS HÖH
    AUF SIBENZIG NEVNE FÜHRTE
    HAT MANHEIM KIEFER ZUMFT
    GEBAUET DISES FASS
    AUF DEM GEFRORNEN REIN
    WANN ORIENS STRENGE KÄLTE
    DURCH FLÜS UND FELDER TRANG
    EIN IEDES STARENT MACHT
    AVCH SIEDENWARMSTEN BRUN

DURCH DICKES EIS AVFSCHWELLTE
DA WARDT ICH FASS
BEHENDT IN DISEN STAND GEBRACHT.
MANHEIM D. 20 FEBR: ANNO 1740.

Zu dem Faß gehört noch ein Inschriftenschild, das in erhaben geschnitte-
nen und vergoldeten Buchstaben in 10-zeiliger Versgliederung folgendes
verkündet:
AVF S. MATHEIS
MIT ALLEM FLEIS
WOHL AUF DEM EIS
WARD ICH GEMACHT
UMB FASSENACHT
IN SECHZIG IAHR
WOHL OHNE GEFAHR
DIS FAS WIDERUM
DAS ERSTE WAR
DEN 25 FEBRVARII ANNO DOMINI 1740

(112) Das **Speyerer** Faß trägt Inschriften in lateinischer Sprache, die uns nähere
zeitgeschichtliche Auskünfte geben:
DIE XVII JANVARII QVO FESTA SOLENNIA
DESPONSATIONIS SERENISSIMI ELECTORIS
PALATINI CAROLI THEODORI CVM
SERENISSIMA ELECTRICE PALATINA ELISABETHA
AVGVSTA LAETE RECOLEBANTUR
(Am 17. Januar, als die feierlichen Feste der Verlobung des erlauchtesten
Pfalzgrafen KARL THEODOR und der erlauchtesten Pfalzgräfin ELI-
SABETH AUGUSTE freudig wieder begangen wurden).

IN RHENI FRIGORE GLACIANTIS DORSO SVM
FABRICATVS AB ADAMO BITHREI CELLARIAE
IN AVLA PRAEPOSITO / TER OBSEQVIOSE GRATANTE
(Auf dem Rücken des in Kälte erstarrten Rheines bin ich hergestellt von
ADAM BITHREUS, Hofkellermeister, der dreimal untertänigst beglück-
wünscht).
Anm: Die Fettgedruckten Buchstaben, die gleichzeitig auch Zahlen sind
(M = 1000, D = 500, C = 100, L = 50) ergeben in jeder Zeile das Jahr 1766.

Auf dem rückseitigen Faßboden lesen wir die Inschrift:
VIVANT FLOREANT
ET
CONSERVENTVR
DIV
CAROLUS THEODORVS ET
ELISABETHA AVGVSTA
ELECTOR ET ELECTRIX
PALATINATVS
RHENI
(Es mögen lange leben, blühen und erhalten bleiben KARL THEODOR
und ELISABETH AUGUSTE, Pfalzgraf und Pfalzgräfin bei Rhein).
Anm: Auch hier ergeben die fettgedruckten Buchstaben die Jahreszahl
1766.
(113) Vgl. PANNE 1988, S. 256 f.
»Zusammenfassend kann man feststellen, daß die Böden der Eisfässer
entweder mit Szenen dekoriert sind, die unmittelbar Auskunft geben über
die Herstellung von Eisfässern, oder mit Schmuckelementen, die auf den
Besitzer hinweisen.
Im Hintergrund der Darstellungen deutet oft eine Silhouette den Ort an,
aus dem Küfer oder Auftraggeber kommen. Schließlich ist der Bau eines
Eisfasses auch stets ein lokales Ereignis. Immer kommt zu der bildlichen
Darstellung eine erklärende Inschrift hinzu, die das Datum für die Faßherstellung angibt und wiederholt Namen der Küfer und Bildhauer sowie der
Auftraggeber festhält. Gelegentlich sind die Inschriften gereimt.« Ebd. S.
257. Siehe Kap. 15 und 16.

B. Weinverkauf und Weintransport

(1) Selbst FRIEDRICH von BASSERMANN-JORDAN behandelt in seiner zweibändigen, noch immer als Standardwerk geltenden »Geschichte des Weinbaus« diese Aspekte nur beiläufig. In den folgenden nach Berufsbezeichnungen getrennten Abhandlungen werden vor allem solche Quellen wiedergegeben, auf die BASSERMANN-JORDAN nicht Bezug nimmt.

(2) Was KARLHEINZ OSSENDORF in Bezug auf das Schröterhandwerk im allgemeinen sagt, kann nicht nur generell für das Verhältnis der übrigen »Wein-Berufe« zueinander, sondern auch für die Situation in allen Weinbaugebieten gelten:

»So weinhandelsplatzüberschneidend sind die Grenzen fließend, tauchen, mit gleichlautenden Aufgaben betraut, andere Berufsgruppen auf, die in die Befugnisse der Schröter eindringen, so wie diese umgekehrt Versuche unternahmen, über den reinen Transport hinaus weiter in das Weingeschäft einzusteigen. Da ergeben sich dann Verquickungen mit den Visierern und Eichern, aber auch mit den Weinmessern und Weinrufern, da werden die Ungeldeinzieher mit Schrötern identisch und die nahe Verwandtschaft zu den Böttchern und Küfern wird offenbar, vor allem den Küfern, einer ebenfalls alten und ehrbaren Zunft, aus der sich in vielen Fällen das Schröterhandwerk herleitet, ja mit dem es hier und da identifiziert wird.« OSSENDORF 1982, S. 6; vgl. ebd. S. 18 f.

(3) Vgl. ZIEGLER 1961, S. 52.

(4) HAGEN 1912, S. 1.

(5) Vgl. ebd.

(6) Ebd.

(7) Vgl. DOCHNAHL 1867, S. 38.

Bis zum Jahre 1867 scheinen die **Neustädter** Weinläder auch die Nachtwache in der Gemeinde gehalten zu haben. Erst danach versahen eigens bezahlte Leute die städtische Nachtwache. Vgl. ESSLINGER 1922, S. 42.

(8) Vgl. LEONHARDT 1928, S. 143.

(9) Vgl. OSSENDORF 1982, S. 25.

(10) Vgl. BASSERMANN-JORDAN 1975, Bd. 1, S. 539, Fußnote 3.

(11) Vgl. DOCHNAHL 1867, S. 56.

(12) Vgl. ZIEGLER 1961, S. 52; vgl. LEHMANN 1973, S. 100.

(13) Vgl. ebd. S. 167.

(14) Wynruffer eydt zu **landauwe**. 1519. Stadtarchiv Landau BI/1, Fol. 25.

(15) Vgl. ZIEGLER 1961, S. 52.

(16) ZIEGLER 1961, S. 53.

(17) Vgl. ebd.

(18) ESSLINGER 1922, S. 87.
(19) Vgl. BASSERMANN-JORDAN 1975, Band 2, S. 1124.
(20) Vgl. LEONHARDT 1928, S. 141 f.
(21) Ebd. S. 142.
(22) Ebd. S. 145 f.
(23) Vgl. ebd. S. 142 f.
(24) BILFINGER 1927, S. 39.
(25) Vgl. DAUTERMANN 1978, S. 521.
(26) SCHRECK 1959, S. 743.
(27) Vgl. BASSERMANN-JORDAN 1975, Bd. 1, S. 604.
(28) Vgl. FRIEDEL 1978, S 134 f.
(29) Vgl. DOCHNAHL 1867, S. 94, 133, 278.
(30) MÜLLER 1903, S. 30.
(31) Vgl. BECK 1980, S. 275 f.
(32) STEIGELMANN 1972, S. 11.
(33) Vgl. SCHRECK 1959, S. 743 f.
(34) Vgl. BECK 1980, S. 148.
(35) STEIGELMANN 1961, S. 55; vgl. ebd. S. 12.
(36) Ebd. S. 57 f.
  Quelle: Markgrafschaft Baden. Akt. Nr. 85 b. Landesarchiv Speyer.
(37) Vgl. ebd. S. 14.
(38) *schroten* = grob zerkleinern, zermahlen, zermalmem, zerschneiden; wäl-
zen,   rollen, fortziehen;
  ahd. scrotan, mhd. schroten, 'hauen, schneiden, stemmen'.
  Vgl. WAHRIG 1978, S. 3279.
(39) Vgl. OSSENDORF 1982, S. 6.
(40) Vgl. BASSERMANN-JORDAN 1975, Bd. 1, S. 475.
(41) Vgl. SCHREIBER 1980, S. 152.
(42) Vgl. DOCHNAHL 1867, S. 56.
(43) Vgl. BASSERMANN-JORDAN 1975, Bd. 1, S. 604.
(44) Vgl. GÖTZ 1979, S. 24.
(45) BASSERMANN-JORDAN 1975, Bd. 2, S. 796.
(46) Vgl. N.N. 1936, S. 221.
(47) Vgl. ZINK 1925, S. 225.
(48) Vgl. BASSERMANN-JORDAN 1975, Bd. 1, S. 824, Fußnote 1.
(49) Vgl. BILFINGER 1927, S. 37, 39.
(50) Vgl. OSSENDORF 1982, S. 9.
  Der Autor bezieht sich dabei auf BASSERMANN-JORDAN 1975, Bd. 2,
  S. 568. Dort spricht dieser vom »Institut der Weinläder, die aber oft im

Geruch starken Durstes standen.«

(51) Vgl. OSSENDORF 1982, S. 10.
     Ob auch in der Pfalz die Transportfässer mit Birkenbändern gesichert
     wurden, wie es an der Mosel üblich war, ist nicht überliefert, wenngleich
     wir Kenntnis von der Verwendung von Birkenholz beim Reifenaufziehen
     der Küfer haben (siehe Kap. A. 8.).
(52) Vgl. ebd. S. 10 f.
(53) Vgl. CÜPPERS 1987, S. 27; vgl. SCHREIBER 1980, S. 151.
(54) Vgl. OSSENDORF 1982, S. 11.
(55) Vgl. ebd.
(56) Vgl. ebd. S. 14.
(57) Vgl. BASSERMANN-JORDAN 1975, Bd. 2, S. 568.
(58) ESSLINGER 1922, S. 10.
(59) Vgl. DOCHNAHL 1867, S. 56; vgl. SCHRECK 1959, S. 743.
(60) Vgl. BECK 1980, S. 148, 186; zur »Weinsticherglocke« vgl. BASSER-
     MANN-JORDAN 1975, Bd. 2, S. 1124, Fußnote 1.
(61) MÜLLER 1903, S. 30 f.
(62) BECK 1980, S. 258; vgl. ebd. S. 251,
(63) Vgl. MERK 1952, S. 69.
(64) BASSERMANN-JORDAN 1975, Bd. 2, S. 814 f.
(65) Vgl. RHODT 1972, S. 47.
(66) Vgl. LEONHARDT 1928, S. 142.
(67) Vgl. BASSERMANN-JORDAN 1975, Bd. 2, S. 833.
(68) Vgl. BECK 1980, S. 148.
(69) ERNST CHRISTMANN mutmaßt, daß der »Multer« der Auflader war, der
     auf der Ladefläche eine Mulde herzustellen hatte, damit die Fässer sicher
     verankert werden konnten. Vgl. ZIEGLER 1961, S. 56, Fußnote 21.
(70) Vgl. ebd. S. 53.
(71) Vgl. DOCHNAHL 1867, S. 276.
(72) Vgl. ZINK 1929, S. 114.
(73) Vgl. BASSERMANN-JORDAN 1975, Bd. 2, S. 813.
(74) Vgl. ebd. Bd. 1, S. 619.
(75) »Die Fuhrleute, besonders die Wein- und die Frachtfuhrleute, deren es
     natürlich mehr gab wie heute, hatten damals mit ihren langen blauen Blusen
     sozusagen noch etwas Zunftmäßiges an sich.« ESSLINGER 1922, S. 13.
(76) »Das Ungeld verdankt sein Dasein den Städten. Von dort übernahmen es die
     Territorien«, bemerkt eine Studie über die Kurpfalz des 16. Jahrhunderts.
(77) Vgl. BASSERMANN-JORDAN 1975, Bd. 1, S. 596 - 603.
(78) BIUNDO 1937, S. 276 - 278.

C. Das Handwerk der Rebleute

(1) SCHREIBER 1980, S. 267.

(2) Ebd.

(3) »Die Hausmarke des Pfälzers muß klar und selbstredend sein. Darum wählt er nur allgemein verständliche Gewerbzeichen. Der Weinbauer läßt eine Traube in den Schlußstein seines Hoftores meißeln oder zwei gekreuzte Rebmesser, oder ein Faß mit gekreuzten Wingertshaken; der Metzger einen Ochsen, der Bäcker eine Bretzel.« RIEHL 1972, S. 151. Vgl. ECKERT 1938/39, S. 189 - 192.

(4) Vgl. ZINK 1951, S. 4.

(5) Vgl. SARTORIUS 1950, S. 9.

(6) Vgl. STAMER 1949, S. 126.

(7) Vgl. ZINK 1951, S. 4.

(8) Vgl. DAUTERMANN u.a. 1978, S. 521.

(9) Ebd. S. 208.

(10) STAMER 1949, S. 126. Hervorhebung durch den Autor.

(11) Vgl. ZIEGLER 1961, S. 51.

(12) Vgl. HESS 1974, S. 180 - 183, 187.

(13) Vgl. ZIEGLER 1961, S. 53 f.

(14) Vgl. Stadtarchiv Landau, Quelle 318 A. A. 152.

(15) »In **Neustadt** gab es nach dem Seelbuch neben der allgemeinen noch die Rebeknechtbruderschaft.« STAMER 1949, S. 130. »Rebknechte«, auch »Wingertknechte« geheißen, waren die von den Weinbauern für ein Jahr gedingten Knechte zur Erledigung der Weinbergsarbeiten (siehe Kap. C. 10). Falls keine Überschneidung oder Verwechslung vorliegt, müssen sowohl die Rebleute als auch die Rebknechte in Neustadt eine Bruderschaft gehabt haben.

(16) Vgl. FADER 1975, S. 667 f.

(17) Vgl. ebd. S. 669.

(18) Vgl. BÖHN 1964, S. 16.

(19) Vgl. FADER 1975, S. 669.

(20) Vgl. ebd. S. 670 f.

(21) Ebd.

(22) Vgl. ebd. S. 671.

(23) Vgl. ebd. S. 671 f.

(24) Vgl. BÖHN 1964, S. 20. Meiner Ansicht nach kann eine landwirtschaftliche Tätigkeit erfolgreich und zweckdienlich nicht zunftmäßig nach festgelegten Vorschriften und

Regelungen betrieben werden. Dieses in der »Natur der Sache« und in der Eigenart dieses Gewerbes liegende Konfliktpotential wurde nicht erkannt. Das starre Anlehnen an andere Zunftverfassungen mit Meisterpüfung etc. hat die Fehlentwicklung noch beschleunigt.

(25) Vgl. DOLL (1987), S. 56 ff.; KLOTZ 1988, S. 72.

(26) DOLL (1987), S. 60 ff.

(27) Ebd. S. 59.

(28) Vgl. VOLTMER 1981, S. 199; Zunftlisten zwischen 1327 und 1524 in Fußnote Nr. 112; ders. S. 195 - 196, Fußnote Nr. 100.

(29) Stadtarchiv Speyer, Urkunde Nr. 235 v. 1327 März 20 u. Urk. Nr. 279 v. 1352 Okt. 22.

(30) *Caupon(es)* (Grundbedeutung 'Wirt') lautet die Inschrift auf der Plica der Urkunde von 1327 über dem Siegel der Kolhenger.

(31) Stadtarchiv Speyer, Urk. Nr. 333 von 1377 Nov. 10, mit Vidimus von 1378 Juli 2.

(32) In die Weinleutezunft eingegliedert waren ursprünglich auch die Bart-(Scherer); vgl. VOLTMER 1981, S. 195 f. Fußnote Nr. 100; von den Badern ist bekannt, daß sie gemäß einer Ratsverordnung von 1343 den Bündnisbrief der Zünfte von 1327 und den Sühnebrief von 1330 vor den Meistern der Weinleute zu beschwören hatten; vgl. HILGARD 1885, S. 427.

(33) Vgl. ebd. S. 481, 482, 484; Stadtpolizeiliche Verordnungen aus der Mitte des 14. Jahrhunderts, ferner die Speyerer Ratsverordnungen zw. 1431 u. 1441, Stadtarchiv Speyer, Best. 1 A Nr. 100, Ordnung und Begriff sämtlicher Zünfte.

(34) HERWIG GUDING und HEINTZ GREFFE, Zunftmeister der Weinleute, erwerben das dort zwischen der »sant Georigen mulen« und der »Sonne« gelegene Anwesen durch Zahlung eines Kaufpreises von 35 Gulden an SIFRID SCHALLUFf und CONRAD EYERER, Pfleger des St. Georgs-Spitals; 1430 wird das Haus von den Zunftmeistern HENSEL FRISPECHER und CLAUS KEMPFE gen. SCHERRNBEL für 50 Gulden verkauft. Vgl. Stadtarchiv Speyer, Best. 1 B 14, Nr. 2 Kontraktenbuch 1420 - 1436, Fol. 48 u. 128. Der bei VOLTMER angeführte frühe Beleg von 1317 (VOLTMER S. 197, Fußnote Nr. 197, nach HILGARD S. 241 - 242) für ein Trinkhaus der Weinleute (?) beim Dominikanerkloster - als Besitzer dieses Hauses wer

den in der Quelle die *lixe Spirenses* genannt - scheint mir nicht hinreichend
gesichert, da *lixa*, 'Koch, Aufwärter, Marketender', (HABEL, E./GRÖ-
BEL, F. Mittellat.
Glossar. Paderborn 1989. S. 223) in den einschlägigen deutschen und
lateinischen Wörterbüchern und Glossaren nicht als lat. Bezeichnung für
»Weinschenk« oder »Weinmann« nachgewiesen ist.

(35) Der 1430 durch die beiden Zunftmeister HENSEL FRISBECHER und
CLAUS KEMPFE mit 50 Gulden erkaufte Besitz, »ab una an dem hofe
zur Tuben und ander siit an des Reters backhuse in der Hertgasse gelegen
und stöst hinden an die Webergassen«, wird 1432 von PETER WOLFF und
JOST ERLEBACH für 60 Gulden wieder veräußert. Ebd. Fol. 128 u. 160.

(36) So finden sich beispielsweise die Weinschröter 1553 bei den
Krämern wieder. Vgl. Stadtarchiv Speyer, Best. 1 A Nr. 555,
Gesammelte Zunftordnungen 1526 - 1588, Fol. 451.

(37) Vgl. DOLL (1987), S. 59; Stadtarchiv Speyer Best. 1 B 14 Nr. 1,
Kontraktenbuch 1398 - 1409, Fol. 157. Der Zins rührt u.a. von zwei
Wingerten »uff der Leingruben« und »uff dem Sande« her.

(38) Zitat nach DOLL (1987), S. 60.

(39) Vgl. STAMER 1949, S. 54 f., S. 130.

(40) Stadtarchiv Speyer, Best. 1 B 13 Nr. 1, Kämmerergerichtsprotokoll 1521 -
1524, Fol. 135.

(41) Stadtarchiv Speyer, Best. 121 B, Nr. 2, Zins- und Salbuch
des Stockalmoses, des Platteralmosens und der Heiligkreuzkapellenpflege,
angelegt 1584, mit späteren Nachträgen; Rechnungen Best. 123 3 R.

(42) Stadtarchiv Speyer, Best. 1 A Nr. 638.

(43) HANNS SOLDT 1580, 1584, 1588; JOST ALCZHEIMER 1580, 1588.

(44) Vgl. die Zunftordnungen der Gärtner im Stadtarchiv Speyer,
Best. 1 A Nr. 555, s.o., und Best. 1 A Nr. 562 a), Acta Generalia
der Gärtnerzunft (mit Zunftordnungen vom 16. bis 18. Jhd.).
Sie hatten sich mit dem Anbau gefragter Sonderkulturen wie Zwiebeln und
Krapp (mhd. roete) eine wichtige Existenzgrundlage geschaffen. Aus der
Krapp-Pflanze wurde durch Ausdörren ein für die Tuchproduktion notwen-
diger roter Farbstoff gewonnen.

(45) Vgl. dazu die Eintragungen über Haus- und Zinsverkäufe mit Beteiligung
von Weingärtnern in den vorgen. Kontrakten- und Rechnungsbüchern.

(46) Stadtarchiv Speyer, Kontraktenbuch Nr. 2 Fol. 81; ebenso
auch 1430 Fol. 132, 1433 Fol. 176'.

(47) Stadtarchiv Speyer, Kontraktenbuch Nr. 4, 1567 - 1576, Fol. 381.

(48) Vgl. KLOTZ 1988, S. 72.

(49) Vgl. Stadtarchiv Speyer, Best. 1 A 562 a), Fol. 16'.

(50) Die vier Zunftmeister der Gärtnerleute waren 1777 JOHANN GEORG BEUTELSBACHER, WOLFGANG ADAM DOLL, JOHANN TOBIAS HELLINGER und JOHANN VINCENS DOLL.

(51) Ebd. Fol. 117.

(52) Vgl. KLOTZ 1988, S. 73.

(53) BECKER o.J. S. 1 f.

(54) Siehe Ordensregeln der »Weinbruderschaft der Pfalz»

(55) »Häcker« ist auch der Ortsneckname des Weinbauortes **Ranschbach**; vgl. SEEBACH 1983, S. 35.
Auch im südpfälzischen Bauernroman »Nonnensusel« werden sie als Tagelöhner im Weinbau erwähnt: »So schön war ihr (Nonnensusel) der Weg nicht vorgekommen, wenn sie in **Gleishorbach** Häcker für die Wingerte, Drescher oder Taglöhner für die Saat und Ernte bestellte.« BECKER (1962), S. 152.

(56) Vgl. ABEL 1956, S. 79 f.

(57) ZIEGLER 1989, S. 348, 350.

(58) Vgl. ebd. S. 350.

(59) »... die Anstellung von 'Knechten' auf Jahresgehalt ist im Weinbaubetrieb der Mittelhaardt seit etwa 1815 vollständig abgekommen.« BASSER-MANN-JORDAN 1975, Bd. 2, S. 824.

(60) Ebd. S. 811.

(61) Ebd. S. 812.

(62) Ebd.

(63) Ebd.

(64) Vgl. DOCHNAHL 1867, S. 236.

(65) Vgl. BASSERMANN-JORDAN 1975, Bd. 2, S. 811; vgl. Tabelle der Tagelöhne von 1609 bis 1900, ebd. S. 835 - 837.

(66) GRAEBER 1969, S. 255.

(67) Vgl. ADAMS/SCHUMANN (1979), S. 78.

(68) Gehorsamster Stadträthl. Bericht. - Die Nahrungs Schatzung betr. (LA Speyer, B2/3685). Dieser Bericht ist die Antwort des Stadtrats auf ein Gutachten des Regierungsrats WERNHER vom 26. Januar 1782, das zu beweisen suchte, daß die Handwerker im Herzogtum **Zweibrücken** im Verhältnis zum Bauernstand zu wenig Steuern zahlten. Freundlicher Hinweis von GÜNTHER VOLZ, **Bad Bergzabern**.

(69) SCHANDEIN 1867, S. 374.
»Den pfälzischen 'Weinbauer oder Winzer' ernährt in der Regel sein eigenes Weingut nicht zur Genüge, darum besorgt er den Bau anderer

Weinberge 'überhaupt,' d.h. auf Jahresakkord.« Ebd. S. 203.
(70) GRAEBER 1969, S. 255.
Vermutlich beziehen sich diese Angaben auf die Zeit kurz vor der Jahrhundertwende.»Ein tüchtiger Baumann schaffte jährlich bis zu 32 Viertel Wingert.« Ebd. S. 259.
(71) BASSERMANN-JORDAN 1975, Bd. 2, S. 811.
(72) SCHANDEIN 1867, S. 374.
(73) VOGELSGESANG 1914, S. 22 f., 27.
(74) Ebd. S. 337.
(75) KUBY 1969, S. 44.
(76) Vgl. LEONHARDT 1928, S. 140.
(77) Das Erd- und Dungtragen, das Binden der Reben und die Laubarbeiten waren typische und traditionelle Frauenarbeiten, während die Bodenbearbeitung trotz des technischen Wandels und des Einsatzes von Maschinen Männerarbeit blieb. So sind die alten Handgeräte der traditionellen Bodenbearbeitung museumsreif geworden: Mit der »Orthack« (mhd. *das ort* = 'Ende, Ecke, Rand, Saum') wurde im Winter das Ort »gemacht«, d.h. der dachartig abfallende Randstreifen an der Grenze zum Nachbar wurde mit der Orthacke bearbeitet, die etwas schmäler war als die »Brathack«, mit der der Wingert selbst gehackt wurde.
Siehe auch KUBY 1969, S. 260.
(78) SCHANDEIN 1867, S. 376.
(79) Vgl. BREUCHEL 1781, S. 59 - 61;
(80) Ebd. S. 44.
(81) Ebd. S. 64.
(82) Ebd. S. 38.
(83) Ebd. S. 45.
(84) Ebd. S. 61.
(85) Ebd. S. 38.
(86) Ebd. S. 52
(87) Ebd. S. 51.
(88) Ebd. S. 45.
(89) Ebd. S. 41.
(90) Ebd. S. 64.
(91) Ebd. S. 44.
(92) »Nach 1870 kamen die ersten Scheren nach **Haardt**. Die alten Männer von damals konnten den Umgang mit den neuen Geräten nicht mehr ansehen. Sie fingen darum mit den Jüngeren und Fortschrittlichen Streit an, beschimpften sie und nannten ihre Tätigkeit eine 'Sauarbeit'. Doch die neue

Methode setzte sich durch, so daß 'heute'(1931 - der Verf.) niemand mehr imstande wäre, einen Stock mit einem Sesel zu schneiden.« BECK 1980, S. 136. Die pneumatische Traubenschere ist die neueste Entwicklung auf dem Gebiet der Schneidegeräte.

(93) »... so ist hierin seit fünfzig Jahren auch manches anders geworden. Ich muß da vo allem eine Träne der Wehmut widmen dem ehrlichen *Mosterkolben*, der vor der Traubenmühle das Feld hat räumen müssen wie das Sesel vor der Rebschere ... «
ESSLINGER 1922, S. 86. Hervorhebung durch den Autor.

(94) Siehe dazu weiter unten.

(95) »Als aber dann gegen Ende des vorigen Jahrhunderts Risser und Pflug immer mehr Anwendung fanden, verblieb für die Querbalken (des Kammertgerüsts - der Verf.) kein Raum mehr.« GRAEBER 1969, S. 250.
»Ende der siebziger Jahre wurden im Wingert die ersten Versuche mit Pflügen unternommen, 'Risser' genannt, um den Boden aufzureißen, also zu lockern. Auch dabei gab es viel Ablehnung. Aber nicht lange danach zeigte sich der Vorteil der Pflugbearbeitung. Der Wuchs der Reben wurde besser, und der Boden ließ sich während des ganzen Jahres behandeln. 1931 war fast jeder Winzer im Besitz eines Pfluges.« BECK 1980, S. 136.

(96) »Und dann den alten *Holzkeltern* mit ihrem gewaltigen Oberbau aus Eichenholz und der mächtigen Spindel. Wir können sie jetzt nur noch im Weinmuseum zu Speyer bewundern. Ja selbst der Eisenkelter mit dem Bajaß in der Pfanne ist durch die Wasserdruck-Kelter und die Wagnerkelter der Krieg erklärt und wie lange wird's noch währen, so wandern Schwing und Haspel der Holzkelter ins Museum nach.«
ESSLINGER 1922, S. 86. Hervorhebung durch den Autor.

(97) »Der letzte *Balkenwingert* mit seinem grünweißlichen Moosansatz wird auch bald dahin sein. Wenn dann die eisernen Stiefel nach und nach den Holzstiefel verdrängen und damit den alten Stiefelmacher vollends in's Grab bringen ...»
Ebd. S. 87. Hervorhebung durch den Autor.
»Die dabei verwendeten Stiefel und Holzbalken kosteten den Winzer viel Geld und erforderten viel Arbeit durch Anbinden und Ausbessern. Eine Erleichterung bedeutete es, als nach 1860 statt Holzbalken Eisendraht verwendet wurde, den man - wie heute noch vielfach - an den Zeilenenden mit Steinen befestigte. Von Anfang an hatten die Drahtwingerte viele Feinde; aber nach vier bis fünf Jahren wurden keine anderen mehr angelegt.« BECK 1980, S. 136.

»1873 ... Bei Neuherstellung von Wingerten (in **Haardt** - der Verf.) werden statt der bisherigen Holzbalken Draht verwendet. Auch ältere Wingerte werden mit Drahtkammert versehen.« MÜLLER 1903, S. 53. »1889 ... Bei Neuanlagen von Wingerten werden vielfach statt der Holzstiefeln Eisenstäbe, in Stein eingelassen, verwendet.« Ebd. S. 54. »Um 1840 kamen die Drahtanlagen mit Endsteinen erst an der Mittelhaardt auf; hier (in **Maikammer-Alsterweiler** - der Verf.) wurde der erste Wingert mit Stein und Eisen von JAKOB FRIEDRICH MÜLLER im Jahre 1862 angelegt.«
LEONHARDT 1928, S. 105.

(98) Noch bis Mitte des letzten Jahrhunderts wußten sich die pfälzischen Winzer gegen die Plage des Heu- und Sauerwurms kaum zu helfen. Der Weingutsbesitzer KEMPF aus **Neustadt** rückte um 1840 dem Wurm mit Pottasche, Vitriol, Weingeist und Tabaksud zu Leibe.
1841 hat man noch im Weingut BUHL in **Bissersheim** 200 000 Würmer von einem Morgen Rebland mit Nadeln erstochen, bevor man in der Tabaklauge im Jahre 1844 ein wirksames Gegenmittel fand. Nur zögernd wichen die mechanischen Maßnahmen den chemischen. Um die letzte Jahrhundertwende waren zunächst einfache, oft selbsthergestellte Tabakextrakte im Gebrauch, die durch Pinsel oder Spritzen auf die Gescheine bzw. Trauben gebracht wurden. Nikotin-Präparate von chemischen Firmen folgten bald. Die Pfalz war bei dieser Umstellung führend, denn bereits 1911 sind hier 1 500 Morgen Reben mit Nikotin behandelt worden. Ab 1917 kamen bei uns arsenhaltige Präparate in Gebrauch. Damit war die Gefahr einer schleichenden Selbstvergiftung der Winzer gegeben, die auf die bisher erfolgreichen Nikotin-Präparate verzichteten. Manche pfälzischen Obst- und Gemüsebauern holen sich heute noch einige handvoll Tabakblätter bei den vorderpfälzischen Tabakbauern, um eine Tabaklauge als Spritzmittel herzustellen. Schon ein winziger Tropfen Nikotin genügt, um Pflanzensauger wie Blattläuse augenblicklich zu lähmen oder zu töten.
Vgl. ZIEGLER 1989, S. 72 - 75.

(99) ESSLINGER 1919, S. 88 f.

(100) BREUCHEL 1781, zitiert nach BECK 1980, S. 270.

(101) Vgl. HUSENBETH 1980, S. 55.

(102) Vgl. SPRATER 1948, S. 25.

(103) Vgl. BASSERMANN-JORDAN 1975, Bd. 1, S. 27 - 30, 37 f. Fußnote 3.

(104) SPRATER 1948, S. 22.

(105) Vgl. ebd. S. 23, 39.

(106) Vgl. ebd. S. 23 f; vgl. BASSERMANN-JORDAN 1927, S. 8.
(107) Vgl. STEIGELMANN 1961, S. 7; vgl. HALLANZY 1983, S. 31 f.
(108) Vgl. SEEBACH 1983, S. 55 f.
(109) Vgl. STEIGELMANN 1961, S. 7; vgl. STEIGELMANN 1972, S. 128.
(110) DEBUS 1988, S. 190.
Als gelbes Sesel mit Weinlaub und Traube auf blauem Grund taucht es im Wappen der Gemeinde **Römerberg** wieder auf. Vgl. ebd. S. 189.
(111) Vgl. ebd. S. 33.
(112) Ebd. S. 230.
(113) Vgl. ebd. S. 235.
(114) Vgl. ebd. S. 55.
(115) Folgende römische Agrarschriftsteller haben Wesentliches zum antiken Weinbau festgehalten: M. PORCIUS CATO (234 - 149 v. Chr.), VARRO (116 - 27 v. Chr.), GAIUS PLINIUS SECUNDUS (23 - 79 n. Chr.), R. TAURUS AEMILIANUS PALLADIUS (n. Chr.), LUCIUS IUNIUS MEDERATUS COLUMELLA (1. Jhd. n. Chr.).
Gute zusammenfassende Darstellungen des antiken Weinbaus findet man bei: HAGENOW 1982, REMARK 1927, BILLIARD 1913, CURTEL 1903, MAGERSTEDT 1858.
(116) Vgl. MAGERSTEDT 1972, S. 48.
(117) Vgl. OSSENDORF 1980.
(118) Vgl. PLINIUS 17,199.
(119) Vgl. VARRO 1,8,4.
In den pfälzisch-elsässischen Kolonien im Odessagebiet hatte jede Familie noch bis in die 30er Jahre dieses Jahrhunderts eine Hopfenpflanze zumeist an einem Baum rankend im Garten gezogen zu dem ausschließlichen Zweck, aus Hopfensud ein Treibmittel zum Backen zu gewinnen. Siehe SEEBACH 1991, S. 75f.
(120) Vgl. PLINIUS 17,200.
(121) Vgl. COLUMELLA 5,7,2.
(122) Eine gute Zusammenstellung zu dieser Thematik bietet HAGENOW 1972.
(123) Vgl. VARRO 1,8,1.
(124) Vgl. PLINIUS 14,14.
(125) Vgl. PALLADIUS S. 3,11.
(126) Vgl. PLINIUS 17,184 f.
(127) Vgl. ders. 14,40.
(128) Vgl. HEYM 1927.
(129) Vgl. VARRO 1,8,1.

(130) Vgl. COLUMELLA 4,26,1.
(131) Vgl. ebd. 5,4,1 - 3.
(132) Vgl. PLINIUS 17,164; zum folgenden Komplex vgl. auch HAGENOW 1976.
(133) Vgl. PLINIUS 17,165.
(134) Vgl. HENDERSON 1833, S. 152.
(135) Vgl. PLINIUS 17,164.
(136) Vgl. ebd. 165.
(137) Vgl. COLUMELLA 4,19,3.
(138) Vgl. BASSERMANN-JORDAN 1923, S. 216, Anm. 2.
(139) Vgl. PLINIUS 17,166.
(140) Vgl. ebd. 14,42.
(141) Vgl. ders. 11.
(142) Vgl. MAGERSTEDT 1972, S. 140.
(143) Das Pergelwerk, d.h. die Konstruktion, besteht aus senkrecht angeordne-ten Pfählen, auf die tragende Latten oder Balken aufgelegt werden. Die Zwischenräume werden mit dünneren Hilfslatten ausgefüllt. Diese Hilfs-latten werden in der Neuzeit zunehmend durch andere Materialien ersetzt, z.B. Draht. Jeweils zwei senkrechte Pfähle des Gevierts haben die gleiche Höhe. Dadurch entsteht ein Gefälle, so daß die Konstruktion an ein Pultdach erinnert. Der Abstand der Stützposten beträgt ca. zwei bis drei Meter, die Höhe an der »Traufe« ca. zwei Meter und am »First« ca 2,5 Meter.
Umfassend dazu LADURNER-PARTHANES 1972.
(144) Vgl. DAREMBERG-SAGLIO 46, S. 439.
(145) Vgl. FEW 865 b, REW 8894.
(146) Vgl. COLUMELLA 3,2,28.
(147) Vgl. BERNHARD 1979.
Eine weitere kulturhistorische Besonderheit hat **Rhodt** unter der **Rietburg** vorzuweisen.
Hier steht in der Lage *Rosengarten* ein Weinberg mit rund 350 Jahre alten Rebstöcken der Sorte Gewürztraminer. Der als Naturdenkmal ausgewie-sene Weinberg trägt alljährlich immer noch, wenn gleich nur eine geringe Menge.
Er kann als Deutschlands ältester Weinberg mit noch tragenden Reben gelten.
(148) Vgl. WINKELMANN 1960, dort auch Nachweis der entsprechenden Fundorte im *Codex Laureshamensis*.
(149) Faksimile bei WEINHOLD 1975, S. 69, 87.

(150) Z.B. Langkammert in **Deidesheim**; weitere Kammertnamen und Belegorte in der Pfalz im Flurnamenarchiv **Mainz** und im Flurnamenarchiv **Kaiserslautern**.

(151) Vgl. GODEFROY 1, S. 45.

(152) LAUTERBORN 1910, S. 112.

(153) Vgl. BREUCHEL 1781, S. 13 f.

(154) Ebd. S. 33 f.

(155) Ebd. S. 39.

(156) Vgl. METZGER 1827, S. 132 - 143.

(157) Ebd. S. 136.

(158) BRONNER 1833, S. 11 f.

(159) Ebd. S. 47 f.

(160) Vgl. ebd. S. 61.

(161) RIEHL 1973, S. 37 f.; Hervorhebungen durch den Autor.

(162) SCHATTENMANN 1863.

(163) Vgl. LENERT 1905, S. 3 f.

(164) Schon in früheren Jahrhunderten scheint Holzmangel die Erziehung der Reben im Stockwingert beschleunigt zu haben, wie ein Beispiel für das Jahr 1592 zeigt:
»Den **Mußbachern** wird erlaubt, zur Frühjahrszeit ihr Holz zu den Weinbergen in **Neustadt** zu kaufen, sollte aber keines oder nur wenig daselbst vorhanden sein, so mögen sie sich in **Lautern** etc. holen und gegen Zoll durch die Stadt führen, übrigens sollen sie, zur Schonung der Wälder, hauptsächlich nur auf Stockwingert sehen und keine guten Fruchtäcker mit Reben anlegen.« DOCHNAHL 1867, S. 124.

(165) Freundliche mündliche Mitteilungen verschiedener sogenannter »Spätheimkehrer«, die als ehemalige Bewohner dieser Kolonistendörfer bis in die 30er Jahre hinein Weinbau betrieben.

(166) MÜLLER 1867, S. 455.
1788 **Rhodt**: »Das Gras, das freilich sehr häufig darinn wächst, wird mit vieler Mühe gesammlet, und ersetzt den Mangel an Weiden und Wiesen.« LAUTERBORN 1910, S. 112.

(167) Vielleicht wird damit verständlich, daß Weinbergschnecke und Rebhuhn hier einmal ihr Zuhause hatten.

(168) BRAUNER 1975, S. 40.

(169) Ebd. S. 44.

(170) Wir wissen von Grabmalereien aus **Theben** in Ägypten, daß man Trauben in Säcke füllte und diese mit einem Zipfel an der Decke befestigte, am gegenüberliegenden Ende ein Stein anbrachte, der infolge seines Gewichtes

den Sack streckte und somit die Trauben auspreßte (Tipiti-Technik).
Man konnte die in einem Sack befindliche Trauben auch mit Hilfe von
Knebeln auswringen (Torsionspresse). Ferner war es möglich, Trauben,
die in einem Sack waren, mit Hilfe eines einseitig gelagerten Hebels aus-
zupressen. Dabei konnte man den Druck durch ein Gewicht, in der Regel
ein Naturstein, noch erhöhen.

(171) Gute Zusammenstellung der Techniken im Vorderen Orient
bei TROOST 1990.

(172) z.B. JEREMIAS 5,2; Matthäus 21,33.

(173) Vgl. HAGENOW 1978.

(174) Vgl. NEYSES 1979.

(175) Vgl. BERNHARD 1984.

(176) CAPITULARE DE VILLIS, Capitularia I, Nr. 32.

(177) Anonymus des Curiosen Kellermeisters 1731, zitiert nach TROOST 1990,
S. 16.

(178) Vgl. JÜNGST/THIELSCHER 1957, S. 113 f.

(179) Weiterführende Literatur: FALLOT-BURGHARDT, 1989; siehe GRÜ-
NENWALD 1925, S. 18.

(180) Vgl. JÜNGST/THIELSCHER 1957. Die Autoren beleuchten alle Facetten
der Überlieferung sowie der Konstruktion.

(181) Vgl. JÜNGST/THIELSCHER 1957, S. 104 - 107.

(182) Siehe **Echternacher** Kodex um 1020/30, Faksimile bei TROOST 1990,
S. 99.
Eine arbeitsfähige Darstellung finden wir im *Hortus deliciarum* aus dem
Jahre 1167. Dieses Werk ist allen Weinfreunden wegen seiner zahlreichen
Abbildungen zur Weinkultur bekannt. Siehe HERRAD von **Landsberg**
um 1165/80 (**Odillienberg**/Elsaß), Faksimile bei BASSERMANN-JOR-
DAN 1975, S. 247.
Auf mystische Darstellungen wie etwa Christus in der Kelter soll hier
nicht eingegangen werden. Weiterführende Literatur hierzu: THOMAS
1981.

(183) Vgl. STINGL 1981. Eine Bestandsaufnahme des Neckar-Raumes bietet
STOCKER 1959.

(184) VORSTER 1765, S. 288.

(185) BRONNER 1833, S. 41.

(186) GRÜNENWALD 1925, S. 17 f.
Das Vorkommen desselben Typs Baumkelter jeweils in unmittelbarer
Nähe des im Jahre 1148 gegründeten Zisterzienserklosters **Eußerthal**
hält Verf. für keinen Zufall. Zum einen war der »Rotburgunderort«

Gräfenhausen im Besitz des Klosters, zum anderen stand die zweite beschriebene Kelter in der **Dernbacher** Zehntscheuer des Klosters.

(187) Vgl. ROLLER 1969; vgl. BÜCKING 1915/16.
(188) SPRENGER 1778, S. 133.
(189) Vgl. TROOST 1990, S. 27.
(190) Vgl. HIRSCH 1924.
(191) BASSERMANN-JORDAN 1923, S. 344 ff; dort gute Zusammenstellung der pfälzischen Exponate.
(192) Vgl. BRONNER 1834, S. 35; solche Keltertypen sind auch für die Antike z.B. durch HERON bezeugt.
(193) »Die Spindel dient dem Baum auf eine leichte und vortheilhafte Weise dort, wo sie durch sein eines Ende durchgeht, hinauf und wieder herab zu winden; aber alsdann beschreibt der an seinnem anderen Ende festgemachte Baum in seinem Aufsteigen einen Circulbogen, wobey sich die Schraube oben krüemmen muß, und daher dorten leicht abbricht, welches die eine Unvollkommenheit der Baumkelter ist.« SPRENGER 1778, S. 132.
(194) HIRSCH 1924, S. 190.
(195) VORSTER 1765, S. 292 f.
(196) HIRSCH 1924, S. 191.
(197) Vgl. ROLLER 1981, S. 526, 527, 542.
(198) Ebd. S. 527.
(199) POST 1990, S. 172.
(200) Im »Pfälzischen Weinmuseum«, einer Abteilung des Historischen Museums der Pfalz in **Speyer**, sind zahlreiche Gegenstände der Wein- und Trinkkultur aus römischer Zeit ausgestellt.
(201) Vgl. BERNHARD 1984, S. 2 - 15.
(202) Siehe POST 1990, S. 168 ff.; siehe POST 1982.
(203) Vgl. HAFFNER 1967, S. 6.
(204) Ebd.
(205) Ebd; vgl. GRAFF 1988, S. 114 f.
(206) DOCHNAHL 1867, S. 271.
(207) BECKER 1926, S. 228.
(208) Vgl. SCHANDEIN 1867, S. 383.
      Auch bei der Kartoffelernte im Westrich wurde gepritscht.
(209) Vgl. ebd.
(210) Unveröffentlichte Materialien zu einer Agrargeschichte der Pfalz anhand der Sonderkulturen.
(211) Vgl. CHRISTMANN 1964, S. 16; vgl. STOLL 1969, S. 74, S. 166.

(212) Unveröffentlichte Materialien zu einer Agrargeschichte der Pfalz anhand
der Sonderkulturen.
(213) KLEEBERGER 1909, S. 101.
Daher kommt auch die Redewendung im Pfälzischen: »Der hat sich
geputzt wie ein Mosterkolben!«
(214) Vgl. STRIEFFLER 1979, S. 66.
(215) SCHANDEIN 1867, S. 383 f.
(216) Vgl. CHRISTMANN 1964, S. 16; vgl. BECKER 1979, S. 255.

225

Literaturverzeichnis

ABEL, Otto. Hambach an der Weinstraße. Landau 1956.

ADAMS, Karl/SCHUMANN, Fritz. Rheinpfalz - Weinpfalz. Das Buch vom Pfalzwein. Neustadt/W. (1979).

AMMAN, Jost. Das Ständebuch. 133 Holzschnitte mit Versen von Hans Sachs und Hartmann Schopper. Hrsg. Lemmer Manfred. Leipzig 1975.
1200 Jahre Appenhofen. Hrsg. Gemeinde Appenhofen. Appenhofen 1975.

BACH, Adolf. Deutsche Namenkunde. Bd. 1: Die deutschen Personennamen. Teil 1: Einleitung. Zur Laut- und Formenlehre, Wortfügung, -bildung und -bedeutung der deutschen Personennamen. Teil 2: Die deutschen Personennamen in geschichtlicher, geographischer, soziologischer und psychologischer Betrachtung. Heidelberg 1978;
Bd. 2: Die deutschen Ortsnamen. Teil 1: Einleitung. Zur Laut- und Formenlehre, zur Satzfügung, Wortbildung und -bedeutung der deutschen Ortsnamen. Teil 2: Die deutschen Ortsnamen in geschichtlicher, geographischer, soziologischer und psychologischer Betrachtung. Ortsnamenforschung im Dienste anderer Wissenschaften. Heidelberg 1981. Registerband. Bearb. v. Dieter Berger. Heidelberg 1974.

BARBIG, Friedrich. Das Küferhandwerk an der Unterhaardt in der Vergangenheit. Gewidmet den pfälzischen Küfermeistern zu ihrem Verbandstag zu Grünstadt am 1. - 13. Juni 1927. In: Das Weinblatt Neustadt/W. Nr. 24, vom 12. Juni 1927. Sonderabdruck. (Vier Seiten).

BARK, Hans. Vater Rhein schenkte der Pfalz ein badisches Dorf. Volkskundliches aus dem Schiffer- und Fischerdorf Neuburg. In: Pälzer Feierowend 1958. Nr. 29, S. 3.

BARZEN, Robert Michael. Neue Arten der Rebenveredlung nach dem antiken Wein- und Obstbaulehrbuch »Über die Bäume« von Columella. Neustadt/W. 1958.

BASSERMANN-JORDAN, Friedrich von. Geschichte des Weinbaus. 3 Bde. Zweite wesentlich erweiterte Auflage. Frankfurt 1923. Nachdruck in 2 Bänden als dritte Auflage. Neustadt/W. 1975.

ders. Der Faßriegel. In: Die Pfalz am Rhein 1933. Heft 6, S. 110 f.

ders. Der Weinbau der Pfalz im Altertum. 2. Auflage. Speyer 1947.

Bavaria. Landes- und Volkskunde des Königreichs Bayern. 4. Band. 2. Abtheilung: Bayerische Rheinpfalz. München 1867.

BAYER, Gerd/FRECKMANN Klaus. Küferhandwerk im Rheinland. Schriftenreihe des Freilichtmuseum Sobernheim Nr. 3. Hrsg. Zweckverband Freilichtmuseum Sobernheim. Köln 1978.

BECK, Karl. Die Chronik von Haardt. Hrsg. Stadtverwaltung Neustadt. Neustadt 1980.

BECKER, Albert. Pfälzer Volkskunde. Bonn/Leipzig 1925. Reprint Frankfurt a.M. 1979.
Ders. Alt-Pfälzer Herbsttage. In: Pfälzisches Museum - Pfälzische Heimatkunde 1926. Heft 9/10, S. 228.

BECKER, August. Die Nonnensusel. Roman aus dem Pfälzer Bauernleben. (Jena) 1886. Bearbeitete Neuauflage Neustadt/W. (1962).

BECKER, Karl August. Die Volkstrachten der Pfalz. Veröffentlichungen der Pfälzischen Gesellschaft zur Förderung der Wissenschaften. Band 30. Speyer 1952.

BECKER, Theo. Ein Stück(chen) Pfälzer Weingeschichte. Die Weinbrüder. Sonderdruck aus Neustadt-journal 1981, Heft 1.
Ders. Weinbau anno dazumal. Neustadt 1983.

BERLEPSCH, Hermann Alexander. Chronik vom ehrbaren Böttchergewerk. Nebst unterhaltenden Historien und Nachrichten aus dem Bereiche des Brauwesens und der Weinkultur früherer Zeiten. Osnabrück 1853. Neudruck 1966.

BERLET, Jakob. Pfalz und Wein. Eine Beschreibung des pfälz. Rebgeländes, seiner Geschichte und Entwicklung, der einzelnen Weinbauorte und Gemarkungen mit zahlreichen Abbildungen. Neustadt/W. 1928.
Ders. Ortsgeschichte des Edelweindorfes Herxheim am Berg. Herxheim 1960.

BERNHARD, Helmut. Römische »Spätlese« aus Speyer. Der älteste Weinberg Deutschlands wurde jetzt bei Ausgrabungen vor den Toren der Stadt entdeckt.

In: DIE RHEINPFALZ v. 12. 5. 1979.
Ders. Das römische Weingut »Weilberg« bei Bad Dürkheim-Ungstein. In:
Pfälzer Heimat 1984. Heft 1, S. 2 - 15.

BERTRAM, Otto. Kriegsnot in der saarpfälzischen Volksüberlieferung. Sonderdruck aus den saarpfälzischen Abhandlungen zur Landes- und Volksforschung. Band 3. Kaiserslautern 1939.

BILFINGER, Ernst. Aus Gimmeldingens Vergangenheit. Neustadt/W. 1927.

BIUNDO, Georg. Annweiler. Geschichte einer alten Reichsstadt. Annweiler
1937.
776 - 1976 Böbingen. Aus der Geschichte eines Gaudorfes. Hrsg. Ortsgemeinde.
Böbingen 1976.

BOESCH, Bruno. Die Auswertung der Flurnamen. In: Mitteilungen für Namenkunde 1959/60. Nr. 7, S. 1 - 9.

BÖHN, Friedrich Georg. Neustadter Zünfte im Wandel der Zeiten. Eine Untersuchung der Handwerksordnungen. In: Pfälzische Heimatblätter 1964. Nr. 2, S.
15 f., 19 - 21.

BRAUNER, August. Aus Bad Bergzaberns geschichtlicher Vergangenheit.
Hrsg. Stadt Bad Bergzabern. Bad Bergzabern 1975.

BREUCHEL, Philipp Jacob. Umständliche und gründliche Beschreibung des
edlen Weinstocks wie nemlich Weingärten und Weinberge aufs beste angelegt,
hergestellet, unterhalten und benutzet, auch allerhand Gemüß und fruchtbare
Bäume mit Nutzen darein gepflanzet werden können. Nebst beigefügter Abhandlung von allen Sorten Trauben nach der Bauart des Kernes von Churpfalz,
als nemlich Neustatt, Gimmeldingen, Hard, Mußbach und Königsbach. Frank-
furt/M. 1781.

BRONNER, Johann Philipp. Der Weinbau am Haardtgebirge von Landau bis
Worms. Der Weinbau in Süddeutschland. Heidelberg 1833.
Ders. Der Weinbau in der Provinz Rheinhessen, im Nahethal und Moselthal.
Heidelberg 1834.

BÜCKING, Ferdinand. Die alten Baumkeltern des Metzer Landes. In: Jahrbuch der Gesellschaft für lothringische Geschichte und Altertumskunde 1915/1916. Nr. 27/28, S. 64 - 115.

CAPITULARE de Villis. In: Monumenta Germaniae Historica.

CARL, Viktor. Pfälzer Sagen. 3 Bde. Neustadt/W. 1977.

CATO, Marcus Pocius. Vom Landbau. Fragmente. Alle erhaltenen Schriften. Lateinisch-deutsch. Hrsg. Otto Schönberger. München 1980.

CHRISTMANN, Ernst. Karten zur Volkskunde. Pfalzatlas. Textband 1. Speyer 1964.
Ders. Brunnen und Born in den Orts- und Flurnamen der Pfalz. In: Christmann 1965, S. 38 - 44.
Ders. Die besondere Bedeutung alter Formen für die Flurnamenforschung. In: Christmann 1965, S. 23 - 33.
Ders. Die Siedlungsnamen der Pfalz. Teil 1. Veröffentlichungen der Pfälzischen Gesellschaft zur Förderung der Wissenschaften Band 29. Speyer 1952; Teil 2: Die Namen der kleineren Siedlungen. Veröffentlichungen der Pfälzischen Gesellschaft zur Förderung der Wissenschaften Band 47. Speyer 1964; Teil 3. Siedlungsgeschichte der Pfalz an Hand der Siedlungsnamen. Veröffentlichungen der Pfälzischen Gesellschaft zur Förderung der Wissenschaften Band 37. Speyer 1958.
Ders. Flurnamen-Deutung an Hand historischer Belege. In: Christmann 1965, S. 33 - 38.
Ders. Hasensteil, Hasensäule, Remise. In: Christmann 1965, S. 199 - 202.
Ders. Venningens Flurnamen. In: Christmann 1965, S. 209 - 215.
Ders. Weinlagen in Pfalz und Rheinland. In: Christmann 1965, S. 165 - 196.
Ders. Zwischen Rhein und Saar. Veröffentlichungen der pfälzischen Gesellschaft zur Förderung der Wissenschaften Band 49. Speyer 1965.

COLUMELLA, Lucius Junius Moder. Zwölf Bücher über Landwirtschaft, Buch eines Unbekannten über Baumzüchtung. De re rustica libri duodecim, Incerti auctoris liber de arboribus. Lateinisch-deutsch. Hrsg. v. Willy Richter. 3 Bde. München/Zürich 1981 - 83.

CONRAD, Klaus. Die Geschichte des Dominikanerklosters in Lambrecht (bei Neustadt an der Weinstraße) bis zur Reformation anhand der Quellen untersucht. Heidelberger Veröffentlichungen zur Landesgeschichte und Landeskunde 5.

Heidelberg 1960.

CÜPPERS, Heinz. Südlicher Weinbau und vor- und frührömischer Weinimport im Moselland.
In: 2000 Jahre Weinkultur an Mosel - Saar - Ruwer 1987, S. 9 - 40.

DAUTERMANN, Wilhelm/FELDMANN, Georg/KLEIN, Walther/ZINK, Ernst. Bad Dürkheim. Chronik einer Salierstadt. Bad Dürkheim 1978.

DEBUS, Karl Heinz. Das große Wappenbuch der Pfalz. Neustadt/W. 1988.

DECKER, Albert. Der Magdalenenhof bei Klingenmünster und seine frühen Nachbarhöfe. In: Pfälzer Heimat 1950. S. 21 - 25, 51 - 56.

DETTE, Christian. Liber Possessionum Wizenburgensis. Neu herausgegeben und kommentiert.
Quellen und Abhandlungen zur Mittelrheinischen Kirchengeschichte 59.
Mainz 1987.

DEUTSCHER Weinatlas. Anbaugebiete, Lagen, Straßenkarten. Ausgabe 91/92 Hrsg. Deutsches Wein-Institut Mainz. Mainz 1990.

DEUTSCHES Rechtswörterbuch. Hrsg. Preußische Akademie der Wissenschaften. 5 Bde. Weimar 1914 ff.

DEUTSCHES Wörterbuch. Begr. v. Jacob Grimm u. Wilhelm Grimm. Hrsg. Deutsche Akademie der Wissenschaften zu Berlin. 16 Bde.
Leipzig 1854 - 1954.

DIE RHEINPFALZ vom 2. Juni 1990. Zwischen Rhein und Saar. Küfern fehlt Nachwuchs.

DIEMER, Eduard. Deutschlands Weinbauorte und Weinbergslagen. 4. Auflage. Mainz 1937.

DITTMAIER, Heinrich. Rheinische Flurnamen - unter Mitarbeit von P. Melchers auf Grund des Materials des von Adolf Bach begründeten Rheinischen Flurnamenarchivs. Nebst einem Vorwort »Geschichte des Rheinischen Flurnamenarchivs« von Adolf Bach. Bonn 1963.

DOCHNAHL, Friedrich Jakob. Chronik von Neustadt an der Haardt nebst den umliegenden Orten und Burgen, mit besonderer Berücksichtigung der Weinjahre. Neustadt 1867.

DÖHN, Hans. Kirchheimbolanden. Die Geschichte der Stadt. Kirchheimbolanden 1968.

DOLL, Anton. Speyer als Weinort. In: Schriften der Stadt Speyer. Band 4. Speyer (1987). S. 53 - 71.

DRACH, Peter. Petrus de crescentiis. Liber ruralium commodorum, Speyer 1493.

ECKERT, Erwin. Berufszeichen an saarpfälzischen Torschlußsteinen. (mit 9 Abbildungen). In: Unsere Heimat 1938/39, S. 189 - 192.

ESSLINGER, Jakob. Aus der Jugendzeit. Eine Plauderei von einem alten Derkemer. Zweite, erweiterte Auflage. Bad Dürkheim 1922.

FADER, Werner. Die Rebleutebruderschaft - eine weinbauliche Organisation früherer Zeit. In: Neustadt an der Weinstraße. Beiträge zur Geschichte einer pfälzischen Stadt. Neustadt/W. 1975. S. 667 - 675.

FABRICIUS, Wilhelm. Erläuterungen zum geschichtlichen Atlas der Rheinprovinz. Bd. 6: Die Herrschaften des unteren Nahegebietes. Der Nahegau und seine Umgebung. Publikationen der Gesellschaft für Rheinische Geschichtskunde 12. Bonn 1914.

FALLOT-BURGHARDT, Willi. Pfälzische Obstmühlen. Kaiserslautern 1989.

FORSTER, Anton. Der Rheingauer Weinbau aus selbsteigener Erfahrung und nach der Natur-Lehr. Frankfurt/Leipzig 1765.

FÖRSTEMANN, Ernst. Altdeutsches Namenbuch. Bd. 1: Personennamen. Bonn 1900.

FREY, Michael siehe Urkundenbuch des Klosters Otterberg in der Rheinpfalz.

FRIEDEL, Heinz. Kirrweiler. Die Geschichte eines pfälzischen Weindorfes.

Kirrweiler 1978.

FRIES, Heinrich Otto. Das Winzerhaus an der Pfälzer Weinstraße. Diss. Berlin-Charlottenburg 1952.

FUCHSS, Peter/Müller, Klausjürgen. Rheinpfalz. Unter Mitarbeit von Karl Adams, Werner Fader, Helmut Matheis, Alois Rupprecht und Fritz Schumann. Vinothek der deutschen Weinberg-Lagen. Stuttgart 1981.

GEIGER, Michael/Preuß, Günter/Rothenberger, Karl-Heinz (Hrsg.). Die Weinstraße. Porträt einer Landschaft. Landau 1985.
Diess. (Hrsg.) Pfälzische Landeskunde 3 Bde. Band 2: Beiträge zu Geographie, Biologie, Volkskunde und Geschichte. Landau 1981.

GEIGER, Theo. Von Pfälzer Küfermeistern und Meisterkufen. Von großen Fässern und ihren Erbauern. In: Pfälzer Land 1954. Nr. 4, S. 1 f.

GLASSCHRÖDER, Franz Xaver: Neue Urkunden zur Pfälzischen Kirchengeschichte im Mittelalter. Veröffentlichungen der Pfälzischen Gesellschaft zur Förderung der Wissenschaften Band 14. Speyer 1930.
Ders. Urkunden zur Pfälzischen Kirchengeschichte im Mittelalter. München/Freising 1903.

GLATZ, Joachim/LEIST, Karl-Heinz. Das Siedlungsbild im Wandel der Zeit. In: GEIGER, Michael u.a. 1985, S. 75 - 94.

GLESIUS, August. Der Weinbau. In: Mushake, A. 1964, S. 53 - 64.

GODEFROY, Frédéric. Dictionnaire de l_ancienne langue française et de tous ses dialectes due IXe au XVe siècle. Paris 1880 - 1902.

GODRAMSTEIN. Einst und jetzt. 1200-Jahrfeier. Hrsg. Gemeinde Godramstein. Landau 1981.

GOLDSCHMIDT, J. Deutschlands Weinbauorte und Weinbergslagen. Mainz 1910.

GOTTSCHALD, Max. Deutsche Namenkunde. Unsere Familiennamen. Mit einer Einführung in die Familiennamenkunde von Rudolf Schützeichel. 5. Aufl.

Berlin/New York 1982.

GÖTZ, Bruno. Wein und Kultur. Auslesen aus der Weinhistorie. Stuttgart-Degerloch 1979.

GRAEBER, Peter. Der heimische Weinbau einst und jetzt. In: Kuby, Alfred Hans 1969. S. 250 - 263.

GRAFF, Dieter. Weinheilige und Rebenpatrone. Saarbrücken 1988.

GRIMM, Jacob siehe Weisthümer.

GRÜNENWALD, Lukas. Die Höfe und Wüstungen im Queichtal bei Albersweiler und nördlich bis Ramberg und Eusserthal. (Landau) 1925.

GUTMANN, Hermann. Weinlandschaft Rheinpfalz. HB Bildatlas Spezial 16. Hamburg 1985.

HAFFNER, Franz. Pfälzer Weinheilige. Jedes Weingebiet hat seinen Patron. In: Pälzer Feierowend 1967. Nr. 3, S. 6.

HAGEN, Julius. Eid des Landauer Eichmeisters aus dem fünfzehnten Jahrhundert (1482). In: Landauer Museum 1912. Nr. 10, S. 1 f.
Ders. Vom Küfer- und Winzerhandwerk in der Südostpfalz. In: Pfälzisches Museum - Pfälzische Heimatkunde 1926. Heft 7/8, S. 173.
Ders. Grundzüge der Ortskunde und Geschichte von Godramstein. Godramstein 1941.

HAGENOW, Gerd. Rebe und Ulme. Geschichte eines literarischen Bildes. Schriften zur Weingeschichte Nr. 28. Wiesbaden 1972.
Ders. Die Pergola. Ursprung und Entwicklung der Weinlaube. Schriften zur Weingeschichte Nr. 38. Wiesbaden 1976.
Ders. Das Keltern. Ein Leitmotiv in der antiken Kulturgeschichte. Schriften zur Weingeschichte Nr. 46. Wiesbaden 1978.
Ders. Aus dem Weingarten der Antike. Der Wein in Dichtung, Brauchtum und Alltag. Kulturgeschichte der antiken Welt 12. Mainz 1982.

1200 JAHRE HAINFELD 781 - 1981. Hrsg. Ortsgemeinde Hainfeld (1981).

HALFER, Manfred. Die Flurnamen des oberen Rheinengtals. Ein Beitrag zur Sprachgeschichte des Westmitteldeutschen. Mainzer Studien zur Sprach- und Volksforschung Band 12. Stuttgart 1988.
Ders. Die Flurnamen von Freimersheim und Ilbesheim. In: Alzeyer Geschichtsblätter 1989. S. 34 - 68.

HALLANZY, Ludwig. Vom Sesel und dem Winzermesser. Bei Burrweiler gab's sogar eine »Seselschlacht«. In: Die Pfalz am Rhein 1983. Nr. 5, S. 31 f.

HEBEL, Friedrich Wilhelm. Pfälzer Humor in Sprache und Volkstum. Kaiserslautern 1917.

HECKEL, Friedrich/WAGNER, Rudolf. 1200 Jahre Lustadt. Jubiläums-Festschrift zur 1200-Jahr-Feier der Gemeinde Lustadt 773 - 1973. Lustadt 1973.

HENDERSON, Alexander. Geschichte der Weine der alten und neuen Zeiten. Weimar 1833.

HENSSEN, Gottfried/WREDE, Adam. Volk am ewigen Strom. 2 Bde. Band 1: Arbeit und Leben am Rhein. Essen 1935.

HESS, Hans. Stand und Struktur der Stadtbevölkerung am Übergang zur Neuzeit. In: Landau in der Pfalz. Aus der Geschichte einer alten Reichs- und Festungsstadt. Teil 1.
Landau 1974. S. 163 - 188.

HESSMANN, Pierre. Die Flurnamen des nördlichen und östlichen Kreises Rotenburg (Wümme). Rotenburger Schriften Band 16.
Rotenburg 1972.

HEUSER, Emil. Zunftordnung der Küfer im fürstbischöflich speyerischen Amt Madenburg 1785. In: Pfälzer Land 1924. Nr. 14, S. 54.

HEYM, Arthur. Weinbau und Weinhandel im Kreise Kreuznach. Saarbrücken 1927.

HILDEBRANDT, Reiner/Friebertshäuser, Hans (Hrsg.) Sprache und Brauchtum. Bernhard Martin zum 90. Geburtstag. Deutsche Dialektgeographie 100. Marburg 1980.

HILGARD, Alfred (Hrsg.) Urkunden zur Geschichte der
Stadt Speyer. Straßburg 1885.

HIRSCH, Fritz. Der Salemer Torkel. In: Badische Heimat 1924, S. 161 - 196.

HÖRIG, Siegfried. Flurnamen, Gewanne und Weinlagen der Stadt Wachenheim
an der Weinstraße. Wachenheim 1989.

HUSENBETH, Helmut. Das Sesel, ein uraltes Winzergerät unserer Heimat. In:
Heimat-Jahrbuch Südliche Weinstraße 1980. S. 53 - 56.

JUNGANDREAS, Wolfgang. Historisches Lexikon der Siedlungs- und Flurnamen des Mosellandes. Schriftenreihe zur Trierischen Landesgeschichte und
Volkskunde 8. Trier 1962/63.

JÜNGST, Emil/Thielscher, Paul. Catos Keltern und Kollergänge. Ein Beitrag
zur Geschichte von Öl und Wein. In: Bonner Jahrbücher 1957, S. 53 - 126.

KAUFMANN, Henning. Altdeutsche Personennamen. Ergänzungsband zu:
Ernst Förstemann, Altdeutsche Personennamen, Bonn 1900.
München 1968.
Ders. Die Namen der rheinischen Städte. München 1973.
Ders. Genetivische Ortsnamen. Grundfragen der Namenkunde 2.
Tübingen 1961.
Ders. Pfälzische Ortsnamen. Berichtigungen und Ergänzungen zu Ernst Christ-
mann, »Die Siedlungsnamen der Pfalz«. München 1971.
Ders. Rheinhessische Ortsnamen. Die Städte, Dörfer, Wüstungen, Gewässer
und Berge der ehemaligen Provinz Rheinhessen und die sprachgeschichtliche
Deutung ihrer Namen. München 1976.
Ders. Westdeutsche Ortsnamen mit unterscheidenden Zusätzen. Mit Einschluß
des westlich angrenzenden germanischen Sprachgebietes. Teil 1.
Heidelberg 1958.

KELLER, Heinrich Julius. Mein Heimatbuch. Aus vergangenen und gegenwär-
tigen Tagen von Kirchheim an der Eck. Grünstadt 1941.

KINDLER, Herbert. Der Handwerksberuf des Böttchers und Küfers. Berufs-
kunde des Handwerks. Fachliche Reihe. Folge 22. (Bremen 1948).
Nachdruck. o.O. 1981.

KLEEBERGER, Karl. Geputzt wie ein Mosterkolben. In: Der Pfälzerwald 1909. Nr. 10, S. 101.

KLOTZ, Fritz. Speyer. Kleine Stadtgeschichte. 4. Aufl. Speyer 1988.

KREISSPARKASSE Bad Dürkheim (Hrsg.) Tradition hat Zukunft. (Bad Dürkheim 1987).

KUBY, Alfred Hans. 1200 Jahre Edenkoben. Mannheim 1969.

LADURNER-Parthanes, Matthias. Vom Perglwerk zur Torggl. Arbeit und Gerät im Südtiroler Weinbau. Bozen 1972.

LAMPERT, Walter. 1100 Jahre Grünstadt. Ein Heimatbuch. Grünstadt 1975.

LAUTERBORN, Robert. Ein Pfälzer Weinort im Jahre 1779. Von Heinrich Sander. In: Pfälzische Heimatkunde 1910. Nr. 9, S. 111 - 113.

LEHMANN, Johann Georg. Geschichtliche Gemälde der Pfalz. Nachdruck Pirmasens 1974.
Ders. Urkundliche Geschichte der ehemaligen freien Reichsstadt und jetzigen Bundesfestung Landau in der Pfalz nebst derjenigen der drei Dörfer Dammheim, Nußdorf und Queichheim. Nachdruck Pirmasens 1973.

LENERT, Adolf. Edenkobener Winzerbuch oder Der Kammertbau am obern Haardtgebirge in der Rheinpfalz. Edenkoben 1905.

LEIST, Karl-Heinz. Das Bauernhaus der Vorderpfalz. In: Pfälzer Heimat 1980. Heft 3, S. 82 - 89.

LEONHARDT, Johannes. Geschichte von Maikammer-Alsterweiler. Maikammer 1928.

LEXER, Matthias. Mittelhochdeutsches Wörterbuch. 3 Bde. Leipzig 1872 - 1878. (Nachdruck Stuttgart 1979.)

LOESCHKE, Siegfried. Denkmäler vom Weinbau aus der Zeit der Römerherrschaft an Mosel, Saar und Ruwer. Trier 1934.

LUCAS, Forst. Chronik von Forst a. d. W. Forst 1975.

LUTWITZI, J. Aus Mußbachs Vergangenheit. Beiträge zur Förderung der Heimatliebe. Mußbach 1929.

MAGERSTEDT, Adolf Friedrich. Der Weinbau der Römer. Für Archäologen und wissenschaftlich gebildete Weingärtner und Landwirthe. Sondershausen 1858. Nachdruck Walluf 1972.

von der MALSBURG, Raban. 150 Jahre pfälzische Weingeschichte. Carl. Jos. Hoch in Neustadt an der Weinstraße. Neustadt/W. 1978.

MAUL, Dieter. Vom Kammertbau zur Drahtanlage. In: ADAMS/Schumann 1979, S. 78 - 90.

MEISEN, Karl siehe Rheinisches Wörterbuch.

MERK, Ernst. Heimatbuch des Edelweindorfes Kallstadt. Kallstadt 1952.

METZGER, Johann. Der Rheinische Weinbau in theoretischer und praktischer Beziehung. Heidelberg 1827.

MOHR, Friedrich: Der Weinstock und der Wein. Praktisch- wissenschaftliche Abhandlung über die Zucht des Weinstocks und die Bereitung des Weines. Coblenz 1864.

MÜLLER, Adam. I. Landwirtschaft. In: BAVARIA 1867, Neunter Abschnitt. Betriebsamkeit. S. 449 - 463.

MÜLLER, Josef. Chronik von Haardt. Neustadt a.d.H. 1903.

Müller, Horst. Deidesheim. Berühmte Weinorte. Niederhausen 1976.

MÜLLER, Otfried. 1000 Jahre Freckenfeld 982 - 1982. Heimatbuch. Freckenfeld 1982.

MÜNSTER, Sebastian. Cosmographia oder Beschreibung der gantzen Welt. Faksimile-Druck nach dem Original von 1628. Band 2. Lindau 1978.

NEYSES, Adolf. Drei neuentdeckte gallo-romanische Weinkelterhäuser im Moselgebiet. In: Antike Welt 1979.

NIEDHAMMER, Heinrich P. Geschichte der Stadt und Burg Wachenheim a.d.H. Wachenheim 1906.

OSSENDORF, Karlheinz. 6000 Jahre Weinbau in Ägypten. Schriften zur Weingeschichte Nr. 55. Wiesbaden 1980.
Ders. Schröter - Weinlader - Weinrufer. Erinnerungen an ausgestorbene Weinhandelsberufe. Schriften zur Weingeschichte Nr. 62. Wiesbaden 1982.

PALLADIUS, Rutilius Taurus Am. Opus agriculturae, de veterinaria medicina, de insitione. Hrsg. Robert H. Rodgers. Bibliotheca Scriptorum Graecorum et Romanorum Teubneriana. Leipzig 1975.

PANNE, Kathrin. Schnitzerkunst auf Weinfaßböden. Eine Untersuchung über die modernen Nachfahren einer historischen Handwerkskunst unter besonderer Berücksichtigung von Rheinland-Pfalz und Hessen. Studien zur Volkskultur in Rheinland-Pfalz. Band 4. Hrsg. Schwedt, Herbert/Roeb, Frank. Mainz 1988.

PFARRKIRCHE St. Ulrich Deidesheim. Festschrift zur Altarweihe Sonntag 8. Februar 1987. Hrsg. Katholische Pfarrgemeinde St. Ulrich. Deidesheim 1987.

PFÄLZERWALDVEREIN, Ortsgruppe Hambach (Hrsg.) Der Küferstreich. Altpfälzer Zunfttanz, vorgeführt beim Fest zu Hambach am Markustag und am darauffolgenden Sonntag 1914. Hambach 1914.

PFÄLZISCHES Wörterbuch. Hrsg. von Julius Krämer. Wiesbaden 1965 ff.

PLINIUS, Cajus Secundus. Naturgeschichte. Teil 2. Überarbeitet und hrsg. v. Max Ernst Dietrich Lebrecht Strack. Bremen 1854.

POST, Rudolf. Romanische Entlehnungen in den westmitteldeutschen Mundarten. Diatopische, diachrone und diastratische Untersuchungen zur sprachlichen Interferenz am Beispiel des landwirtschaftlichen Sachwortschatzes. Mainzer Studien zur Sprach- und Volksforschung Band 6. Wiesbaden 1982.
Ders. Pfälzisch. Einführung in eine Sprachlandschaft. Landau 1990.

PRÖSSLER, Helmut. Bernkasteler Doctor. Der »kurfürstliche« Weinberg. Koblenz 1990.

RAMGE, Hans (Hrsg.). Hessischer Flurnamenatlas. Nach den Sammlungen des Hessischen Flurnamenarchivs Gießen und des Hessischen Landesamtes für geschichtliche Landeskunde unter der Mitarbeit von Sonja Hassel-Schürg, Ulrich Reuling, Gerde Weigel, Bernd Vielsmeier, computativ bearbeitet von Harald Händler, Wolfgang Putschke. Arbeiten der Hessischen Historischen Kommission Neue Folge 3. Darmstadt 1987.
Ders. Die Siedlungs- und Flurnamen des Stadt- und Landkreises Worms. Beiträge zur deutschen Philologie. 2. Auflage. Giessen 1979.

REMLING, Franz Xaver. Das Hospital zu Deidesheim, urkundlich erläutert. Speyer 1847.

1200 JAHRE RHODT unter Rietburg. 772 - 1972. Hrsg. Gemeinde Rhodt. Edenkoben 1972.

RIEHL, Wilhelm Heinrich. Die Pfälzer. Ein rheinisches Volksbild. Stuttgart/ Augsburg 1857. Neuauflage Neustadt/W. 1973.

ROLLER, Otto. Die wirtschaftliche Entwicklung des pfälzischen Raumes während der Römerzeit. In: Beiträge zur pfälzischen Wirtschaftsgeschichte. Veröffentlichungen der Pfälzischen Gesellschaft zur Förderung der Wissenschaften Band 58. S. 3 - 51.
Ders. Die Baumkelter im Weinmuseum des Historischen Museums der Pfalz. In: Mitteilungen des Historischen Vereins der Pfalz 1969. S. 347 - 358.
Ders. Die Pfalz in der Römerzeit. In: GEIGER u.a. Landau 1981. S. 526 - 544.

SARTORIUS, Otto. Besitzverhältnisse und Parzellierung im Weinbau. Geschichtliche Entwicklung und Gegenwartsfragen. Die Betriebserfolge der Winzer. Mainz 1950.

SCHANDEIN, Ludwig. Zweiter bis Siebenter Abschnitt. In: Bavaria. Landes- und Volkskunde des Königreichs Bayern. 4. Band, 2. Abth: Bayerische Rheinpfalz. München 1867. S. 190 - 423.

SCHATTENMANN, Karl Heinrich. Denkschrift über den Weinbau in den Departementen des Ober-und Niederrheins und in Rheinbayern. Straßburg 1863.

SCHIRMER, Alois. Ortschronik. Göcklingen bei Landau/Pfalz. Geschichtliche Studien über ein Winzerdorf an der Südlichen Weinstraße. Göcklingen 1981.

SCHLICHER, Walter. Bad Bergzabern. Beiträge zur Stadtgeschichte. Bad Bergzabern (1988).

SCHNABEL, Berthold. Die territoriale Entwickung und verwaltungsmäßige Gliederung des Hochstifts Speyer. In: Deidesheimer Heimatblätter 1978 (a). S. 7 - 15.
Ders. Wie gelangten die Gemeinden des ehemaligen Amtes Deidesheim an das Hochstift Speyer? In: Deidesheimer Heimatblätter 1978 (b). S. 16 - 52.
Ders. Die Amtskellerei Deidesheim am Ende der Regierungszeit des Fürstbischofs Franz Christoph, Freiherrn von Hutten (1743 - 1770). In: Deidesheimer Heimatblätter 1978 (c). S. 53 - 79.

SCHNEYDER, Johann. Über den Wein- und Obstbau der alten Römer. Rastatt 1846.

SCHRAMM, Albert. Der Bilderschmuck der Frühdrucke. Band 16. Die Drucker in Speyer, Würzburg, Eichstätt, Passau, München, Ingolstadt, Zweibrücken, Freising, Memmingen. Leipzig 1933.

SCHRECK, Friedrich. Entstehungsgeschichte des Weinkommissionärstandes. Das Weinblatt 1959. Nr. 35/36, S. 741 - 744.

SCHREIBER, Georg. Deutsche Weingeschichte. Der Wein in Volksleben, Kult und Wirtschaft. Köln 1980.

SCHUMANN, Fritz. Historische Erziehungsarten im Weinbau. In: Deutsches Weinbaujahrbuch 1970, S. 26 - 36.
Ders. siehe Adams, Karl 1979.

SCHÜTTE, Ludwig. Die Kämpfe um Edenkoben und das Schänzel während der französischen Revolutionskriege. Neustadt/W. 1965.

SCHÜTZEICHEL, Rudolf. Mundart, Urkundensprache und Schriftsprache. Studien zur rheinischen Sprachgeschichte. Rheinisches Archiv 54. 2. Aufl. Bonn 1974.

SEEBACH, Helmut. Die Necknamen, Neckverse und Neckerzählungen der pfälzischen Dörfer, Städte und Landschaften. Ein Beitrag zur Volks- und Landeskunde der Pfalz. Annweiler-Queichhambach 1983.
Ders. Weinfässer und Tabakbandeliere prägen die Architektur südpfälzischer Bauernhäuser. Ein Beitrag zur pfälzischen Bauernhausforschung. In: Heimat-Jahrbuch Südliche Weinstraße 1987, S. 63 - 67.
Ders. Wandergewerbe. Fahrende Handwerker, Wanderarbeiter und Hausier-händler. Altes Handwerk und Gewerbe in der Pfalz. Band 1. Annweiler-Queichhambach 1990.
Ders. Was der Pfälzer Bauer nicht kennt ... Essen und Trinken im Wandel der Zeit. Ein Beitrag zur Volkskunde der Pfalz. Annweiler-Queichhambach 1991.

SEEL, Heinrich. Chronik der Stadt Deidesheim mit besonderer Berücksichti-gung der Rechts-Verhältnisse der Gemeinde. Deidesheim 1880.

SIMON, André. Bibliotheca Bacchica. Bibliographie raisonnée des ouvrages imprimés avant 1600 et illustrant la soif humaine sous tous ses aspects, chez tous les peuples et dans tous les temps. Reprint von 1927 - 32. London 1972.

SPIESS, Karl-Heinz. Das älteste Lehnsbuch der Pfalzgrafen bei Rhein vom Jahre 1401. Edition und Erläuterungen. Veröffentlichungen der Kommission für geschichtliche Landeskunde in Baden-Württemberg A 30. Stuttgart 1981.

SPRATER, Friedrich. Die Pfalz unter den Römern. II. Teil. Veröffentlichungen der Pfälzischen Gesellschaft zur Förderung der Wissenschaften Band 8. Speyer 1930.
Ders. Rheinischer Wein und Weinbau. Heidelberg 1948.

SPRENGER, Balthasar M. Vollständige Abhandlung des gesamten Weinbaues uns anderer daraus entstehenden Producte etc. Stuttgart 1778.

STAMER, Ludwig. Kirchengeschichte der Pfalz. II. Teil. Vom Wormser Kon-kordat bis zur Glaubensspaltung (1122 - 1560). Speyer 1949.

STANG, Otto. Wie die berühmte Weinlage »Forster Musenhang« entstand. In: Pfälzer Heimat 1929. Nr. 269, S. 1.

STEIGELMANN, Wilhelm. Im Zeichen des Sesels. Ein weinkultureller Beitrag zur wechselvollen Geschichte des Traminerdorfes Rhodt unter Rietburg an der

Weinstraße, zugleich ein Beitrag zur Sippenkunde bekannter Familien. (Edenkoben) 1961.
Ders. Das frühere Weintsicheramt in Rhodt unter Rietburg. In: Edenkobener Rundschau vom 4./5. Februar 1972, S. 11.

STINGL, Willy. Noch fünfzehn Torkel im Bodenseeraum. Meersburg 1981.

STOCKER, Karl Heinz. Der Kelterbau im Stromgebiet des Neckar. Masch. Diss. Karlsruhe 1959.

STOLL, Ilse. Der brauchtümliche Wortschatz im Überlieferungsbestand der Pfalz. Zum Problem einer Brauchsprache. Speyer 1969.

STRIEFFLER, Heinrich. Fröhlich' Pfalz - Gott erhalt's! Landau 1979.

SUBSIDIA DIPLOMATICA ad selecta juris ecclesiastica germaniae et historiarum capita elucidanda ex originalibus aliisque authenticis documentis congesta, notis illustrata et edita. Hrsg. Stephan Alexander Würdtwein. 13 Bde. Heidelberg 1772 - 1780.

SÜDHESSISCHES Wörterbuch. Hrsg. Maurer, Friedrich/Stroh, Friedrich/Mulch, Rudolf. Marburg 1965 ff.

THOMAS, Alois. Die Darstellung Christi in der Kelter. Eine theologische und kulturhistorische Studie, zugleich ein Beitrag zur Geschichte und Volkskunde des Weinbaus. Quellen und Abhandlungen zur Mittelrheinischen Kirchengeschichte 37. Mainz 1981.

TROOST, Gerhard. Die Keltern. Zur Geschichte der Keltertechnik. Schriften zur Weingeschichte Nr. 97. Wiesbaden 1990.

URKUNDENBUCH des Klosters Otterberg in der Rheinpfalz. Hrsg. FREY, Michael/REMLING, Franz-Xaver. Veröffentlichungen der Pfälzischen Gesellschaft zur Förderung der Wissenschaften Band 29. Mainz 1845.

VOGELSGESANG, Hugo. Ordnung der Wingert leuth. 12 May Anno 1600 uffgericht und verlesen. Aus dem Dackenheimer Weistum, Königl. Kreisarchiv Speyer. In: Leininger Geschichtsblätter 1914. Nr. 3, S. 22 f., S. 27.
Ders. Schützenordnung 1578. (Dirmsteiner Amts Weistümer Nr. 10, Kr.-A.

Sp.). In: Leininger Geschichtsblätter 1914. Nr. 5, S. 37 f.

VOLTMER, Ernst. Reichsstadt und Herrschaft. Zur Geschichte der Stadt Speyer im hohen und späten Mittelalter. Trierer Historische Studien Band 1. Trier 1981.

WAHRIG Deutsches Wörterbuch. Gütersloh 1978.

WALKER, Wilhelm. Die Obstlehre der Griechen und Römer. Reutlingen 1845. Nachdruck Wallau 1973.

WEIDMANN, Werner. Die pfälzische Landwirtschaft zu Beginn des 19. Jahrhunderts. Von der Französischen Revolution bis zum Deutschen Zollverein. Saarbrücken 1968.

WEINBRUDERSCHAFT der Pfalz. Ordensregeln. o.O. o.J.

WEINFACHVERBÄNDE der Pfalz. (Hrsg.) Die Pfalz und ihre Weine. (Neustadt/W.) 1927.

WEINHOLD, Rudolf. Vivat Bacchus. Eine Kulturgeschichte des Weines und des Weinbaues. Zürich/Frankfurt/Innsbruck 1975.

2000 JAHRE WEINKULTUR an Mosel - Saar - Ruwer. Denkmäler und Zeugnisse zur Geschichte von Weinanbau, Weinhandel, Weingenuß. Hrsg. Rheinisches Landesmuseum Trier. Trier 1987.

WEISTHÜMER. Hrsg. Jacob Grimm. 7 Bde. Göttingen 1848 - 1869.

WENDEL, Fritz. Geschichte der Stadt Wachenheim an der Weinstraße. Neustadt/W. 1967.

WIDDER, Johann Goswin. Versuch einer vollständigen Geographisch - Historischen Beschreibung der Kurfürstlichen Pfalz am Rheine. 4 Bde. Berlin/Leipzig 1786 - 1788.

WIESINGER, Peter. Die Stellung der Dialekte Hessens im Mitteldeutschen. In: R. Hildebrandt 1980, S. 68 - 148.

WINKELMANN, Richard. Die Entwicklung des oberrheinischen Weinbaus.

243

Marburger geographische Schriften 16. Marburg 1960.

WÜRDTWEIN, Stephan Alexander siehe Subsidia diplomatica

ZECH, Josef (Hrsg.) Aus der Geschichte von Rödersheim-Gronau. Rödersheim-Gronau 1978.

ZIEGLER, Cäcilie. Spuren von gestern. Sozialgeschichtliche Betrachtungen über das Winzerdorf St. Martin im 19. und frühen 20. Jahrhundert. St. Martin 1989.

ZIEGLER, Hans. Die Anfänge des Weinhandels in Landau. In. Pfälzer Heimat 1961. Heft 2, S. 50 - 56.

ZINK, Ernst. Vom Küferhandwerk im Leininger Land. In: Pälzer Feierowend 1949. Nr. 14, S. 4.
Ders. Als die Rebleute noch eine Zunft hatten. Pfälzische Bruderschaft zur Bekämpfung des Elends. In: Pälzer Feierowend 1951. Nr. 39, S. 4. f.

ZINK, Theodor. Vom ehrsamen Küferhandwerk. In: Pfälzisches Museum - Pfälzische Heimatkunde 1925. Heft 41/42, S. 223 - 226.
Ders. Unser Küferhandwerk in Volkstum und Geschichte. In: Bei uns daheim 1929. Blatt 29, S. 113 f.
Ders. Von Küfern und Fässern. In: Pfälzisches Museum - Pfälzische Heimatkunde 1926. Heft 7/8, S. 171 f.
Ders. Die Pfalz. Deutsche Volkskunst Band 12. o.O. 1931. Unveränderter Nachdruck Frankfurt a. M. 1982.

Quellennachweis

Stadtarchiv Bad Bergzabern (StadtA BZ):
Kt Gemarkungskarte, anno 1776.

Staatsarchiv Darmstadt (StAD):
E5, B3, Konv. 467, Fasz. 5, Otterberger Salbuch, angelegt 1491.

Universitätsarchiv Heidelberg:
Best. IX 4 e, Nr. 284 a Lagerbuch des Klosters Lambrecht, 13./14. Jhd.

Generallandesarchiv Karlsruhe (GLA):
Best. 67, Nr. 289 Bruchsal (weltlich). Liber contractuum sub Rabano episc.
1397 - 1437, Ende 14. Jhd.

Stadtarchiv Landau:
BI/1, Fol. 25 Wynruffer eydt zu landauwe 1519.
318 A. A. 152 Bestätigung der confrerie des vignerons (Bruderschaft der
Winzer) über den Empfang der Miete für ihr Zunfthaus, 1725 November 8.

Stadtarchiv Mainz (StadtAMz):
Best. 13 Klöster und Stifte, Nr. 538 Kopiar des Klosters Otterberg, 14./15. Jhd.

Bayerisches Hauptstaatsarchiv, München:
Bestand: Rheinpfalz Urkunden
Nr. 32 anno 1316
Nr. 120 anno 1277
Nr. 123 anno 1345
Nr. 134 anno 1345 Mai 14
Nr. 254 anno 1369 Juni 29
Nr. 607 anno 1310 Mai 6
Nr. 944 anno 1374 Nov. 3
Nr. 944 anno 1374 Nov. 3
Nr. 1717 anno 1346 Dez. 14
Nr. 1728 anno 1362 Feb. 3

Landesarchiv Speyer (LASp):
Best. A 2 Kurpfalz, Akten:
Nr. 1622 Akten aus Speyerdorf, 18. Jhd.

Nr. 1670 Renovation des Hofgutes in Gerolheim, anno 1635

Best. A 13 Geistliche Güteradministration, Urkunden:

Nr. 25 1598 März 27, Appenhofen

Nr. 32 1594 Mai 28, Bellheim

Nr. 74 1615 Nov. 11, Birkweiler

Nr. 404 1742 März 20, Dackenheim

Nr. 443 1602 Mai 26, Edenkoben

Nr. 473 1602 April 23, Essingen

Nr. 656 1662 April 12, Göcklingen

Nr. 679 1746 Juni 4, Großkarlbach

Nr. 689 1607 April 23, Hainfeld

Nr. 908 1576 Oktober 8, Mörzheim

Nr. 1176 1732 November 19, Weisenheim

Nr. 1208 1709 März 20, Wollmesheim

Best. A 14 Universität Heidelberg:

Nr. 53 c Kloster Seebach. Renovationsakten, anno 1731.

Nr. 186 a Ottersheim. Erbbestandsrevers über Eußerthaler Hofgut, anno 1596.

Nr. 271 a Weisenheim am Sand. Renovation der Enkenbacher Hofgüter, anno 1562.

Nr. 349 a Hambach. Renovation nebst einem Heberegister von 1793.

Nr. 376 o Bockenheim. Renovationsgefälle von 1576.

Nr. 460 Knittelsheim. Pfarrgüter und Gefälle, Renovation, anno 1666.

Nr. 534 b Extract eines summarischen Verzeichnisses über des Klosters Präsenz Gefälle, anno 1608.

Nr. 551 Weingülten in Deidesheim und Forst.

Nr. 593 Fruchtmanual des Stifts Klingenmünster 1701. Register der Jahre 1708/ 09.

Nr. 706 Renovation der Stiftsgefälle, anno 1543.

Nr. 721 a Renovation von 1719 über sämtliche Gefälle in Deidesheim.

Nr. 721 i Weingülte Register verschiedener Jahre, 1664 - 1724.

Nr. 795 a Wachenheim. Renovation der Schultgefälle von 1705.

Nr. 890 c Kleinniedesheim. Akten zum Erbbestand der Diakonie- und Kaplaneigüter, anno 1764.

Bestand B 2 Herzogtum Zweibrücken:

Nr. 3685. Gehorsamster Stadträthl. Bericht. - Die Nahrungs Schatzung betr. (Bergzabern); 1782 November 19.

Best. C 5 Markgrafschaft Baden:

Nr. 85 b. Entwurf einer Ordnung, wornach hinkünfftig die weinstichere zu Rod zu verpflichten wären, 1754 Juli 24.

Best. D 2 Hochstift Speyer, Akten:

Nr. 33 Akten zu Freinheimer Güter, 17 - 18. Jhd.

Nr. 306 - 10 Liber visitationis sämtlicher Pfarreien in den Ämtern Kirrweiler, Edesheim und Marientraut, anno 1583.

Nr. 388 Akten zur Pfarrei Insheim, 17. Jhd.

Nr. 418 Akten der Pfarrei Mörzheim, 1601 - 1799.

Nr. 577 Fremdherrische Besitzungen im Hochstift, 18. Jhd.

Best. D 11 Hochstift Worms, Urkunden:

Nr. 657 1615 März 10.

Best. D 57 Urkunden über den Besitz und die Rechte des Johanniterordens in der Pfalz:

Nr. 18 1600 April 24.

Best. D 58 Akten über den Besitz und die Einkünfte und Rechte des Johanniterordens in der Pfalz:

Nr. 29 Altdorfer Güterrenovation, anno 1710.

Nr. 30 Renovation der Hofgüter zu Altdorf, anno 1786.

Best. F 1 Kopialbücher und Handschriften:

Nr. 6 a Kloster Enkenbach 1187 - 1581, angelegt 1567, mit Nachträgen.

Best. F 2 Sal- und Lagerbücher:

Nr. 24 Kloster Eußerthal, anno 1658. Betrifft Güter, Gülten und Zinsen.

Nr. 35 b Kloster Heilsbruck. Zinsbuch von 1489.

Nr. 53 Lagerbuch des Amtes Kirrweiler III. Lagerbuch der Kellerei Edesheim von 1584.

Nr. 61 Sal- und Lagerbuch Leiningen-Hardenberg, anno 1586.

Nr. 67 Zinsbuch der Gefälle von Limburg und Seebach, anno 1496.

Nr. 99 Kloster Ramsen. Verzeichnis der Güter und Zinsen, anno 1490.

Nr. 120 Herrschaft Stauf. Lagerbuch, anno 1604.

Nr. 135 Burgvogtei Winzingen. Lagerbuch, anno 1619.

Best. F 3 Schatzungsbücher (1584 - 1793):

Nr. 1 a Schatzungsregister des Zeller Tales, angelegt 1737.

Best. F 5 Briefprotokolle:

Nr. 62 Gerichtsbuch Ilbesheim b. Kirchheim-Bolanden, 1532 - 1620.

Nr. 132 Gerichtsbuch Impflingen, 1607 - 1683.

Nr. 623 Gerichtsbuch Leistadt, 1733 - 1804.

Best. L Finanz-, Zoll- und Rechnungsbehörden:

Pfälzische Katasterbestände

Nr. 66 211 Frankweiler, anno 1838.

Nr. 66 237 Groß- und Kleinfischingen, anno 1838.

Nr. 66 264 Siebeldingen, anno 1858/59.

Nr. 66 540 Immesheim, 1. Hälfte 19. Jhd.
Nr. 66 564 Oberotterbach, anno 1843.
Nr. 66 569 Schweighofen, anno 1843.
Nr. 66 570 Steinfeld, anno 1843.
Nr. 66 578 Dierbach, anno 1842.
Nr. 66 580 Gleiszellen-Gleishorbach, 1. Hälfte 19. Jhd.
Nr. 66 584 Kapellen-Drusweiler, anno 1841.
Nr. 66 585 Kapsweyer, 1. Hälfte 19. Jhd.
Nr. 66 589 Niederhorbach, anno 1841.
Nr. 66 590 Niederotterbach, anno 1843.
Nr. 66 851 Bolanden, anno 1843.
Nr. 66 892 Kirchheimbolanden, anno 1844.
Best. X Bild- und Tonträger:
Nr. 65-14/15 Stift Limburg, Gefällbeschreibung von 1496
Nr. 65-49/50 Kollektur Zell. Lagerbücher, Güterbeschreibungen, 16.- 18. Jhd.

Stadtarchiv Speyer:
Urkunden Nr. 235, 279, 333,
Best. 1 A Nr. 100 Ordnung und Begriff sämtlicher Zünfte.
Best. 1 A Nr. 555
Gesammelte Zunftordnungen 1526 - 1588.
Best. 1 A Nr. 562 a Acta Generalia
der Gärtnerzunft mit Zunftordnungen vom 16. bis 18. Jhd.
Best. 1 A Nr. 638 Musterungen der Bürger und ihrer Wehren 1580, 1584, 1588,
1592 und 1605
Best. 1 B 14, Nr. 1
Kontraktenbuch 1398 - 1409.
Best. 1 B 14, Nr. 2 Kontraktenbuch 1420 - 1436.
Best. 1 B 14, Nr. 4 Kontraktenbuch 1567 - 1576.
Best. 1 B 13, Nr. 1 Kämmerergerichtsprotokoll 1521 - 1524.
Best. 121 B, Nr. 2 Zins- und Salbuch
des Stockalmoses, des Platteralmosens und der Heiligkreuzkapellenpflege,
angelegt 1584, mit späteren Nachträgen.
Best. 123-3R-Rechnungen.

Bildnachweis

ABEL 1956, S. 45: 33

AMMAN 1975, S. 90, 99: 11, 44

BASSERMANN-JORDAN 1947, Tafel XIV, V: 1 - 4, 49

BAVARIA 1867, Frontispiz: 42

BECKER 1983, S. 86, 168: 26, 41

BRONNER 1833: 57

FRIESS 1925, S. 104, 99, 98, 89, 103, 103: 32, 59, 60, 61, 64, 65
ders. 1926, S. 47: 35

FREITAG, Kurt (Edesheim): 51

GEIGER u.a. 1985, S. 187: 56

GRAFF 1988, S. 62: 40

HELLMANN, Robert (Lingenfeld): 34

HENSSEN/WREDE 1935, S. 209, 108, 354, 217: 17, 20, 32, 62

HISTORISCHES MUSEUM der Pfalz, Speyer HM 0/187//5962/2, 2214, 2213: 9, 45, 47

KREISSPARKASSE Bad Dürkheim (1987), S. 42: 30

MÜNSTER 1978, S. 855: 53
von der MALSBURG 1978, S. 35: 16
Pfälzisches Museum-Pfälzische Heimatkunde 1925. Heft 9/10, S. 251: 18

SCHMECKENBECHER, Karlheinz (Landau): 14

SEEBACH, Beverly (Mainz-Gonsenheim): 22 - 29

SIMON 1972, S. 54, 177, 56, 55, 191, 133, 104, 199: 5, 6, 7, 13, 36, 37, 38, 42

SPRATER 1948, S. 42: 58

SPARKASSE SÜDLICHE WEINSTRASSE in Landau, Fotosammlung THEO-
DOR SPAETH, Fotograf J. F. MAURER, Landau: 54, 55

STRIEFFLER 1979, S. 107, 65: 21, 63

ZIEGLER 1988, S. 98, 349: 12, 46

ZINK 1982, Abb. 103: 19

ZINK, Theodor, historische Fotosammlung, Pfalzbibliothek Kaiserslautern: 8,
10, 15
Weinfachverbände der Pfalz 1927, S. 41: 66
1200 Jahre Hainfeld, S. 154, 153: 48, 50

Buchschmuck:
S. 11: Der Weinfreund. Illustrierte Zeitschrift für Freunde des Weines. (o.J.) Nr.
1. S. 5.

S. 66, 70 f.: FRANKEN-Werkzeuge für Küfer - Böttcher. (Verkaufsbroschüre
16 Seiten).

S. 66 f., 69, 72 f.: KINDLER 1981.
S. 112 - 115, 118, 169: DRACH 1493. Aus: SIMON 1972.
(Der Speyerer Buchdrucker Peter DRACH gab unter dem Titel »Das Weinjahr«
eine Folge von zwölf Holzschnitten heraus. Es gilt als erstes pfälzisches Buch
über den Weinbau und die Weinbereitung.)
S. 128: SIMON 1972

S. 142 f.: BECKER 1983, S. 100.

S. 144: BRONNER 1833.

S. 154: DEBUS 1988, S. 33, 55, 189, 190, 227, 230.

Ortsregister

(Städte, Dörfer, Burgen, Klöster)

Schwaben: 55, 83, 85
Sozialprestige: 30, 43, 46 f., 62, 64, 204
Spenner: 104
Tischler: 204
Treille: 158
Unterschleif: 78, 81, 86, 89, 91, 106, 138 f.
Wagner: 26, 61
Wein:
 - als Nahrungsmittel: 24 f., 27, 107
 - als Zahlungsmittel: 42
 - bereitung: 24 f., 33 f., 53
 - kommissionär: 24, 77, 81
 - pumpe: 35, 44, 94, 101
 - verfälschung: 60, 106, 206
Weinbau, römischer: 18 - 20, 149 - 151, 158, 160, 169 - 171, 179 - 181
Weinlagerung: 21, 38, 49, 80
 - Amphore: 18
 - Lederbutten/-schläuche: 18, 20 f.,
Winzergenossenschaft: 113
Zimmermann: 26, 177 f.
Zunft: 112
 - Bender-: 26
 - fahne: 57
 - haus/stube: 114, 118 - 120, 126, 129, 131
 - Holz-: 26
 - Küfer-: 24, 26 f., 39, 57
 - meister: 27 f., 115, 126, 131
 - ordnung: 26 - 28, 125 - 127, 131
 - Rebleute-/Weingärtner-/Winzer-: 110, 112 - 116, 129
 - versammlung: 27 f., 120
 - Weinleute-: 129
zünftig: 39, 120, 200

1. ABC des Kammertbaus

abheben: leichtes Umgraben

abpetzen: Abbrechen von Trieben

abschärfen: Wegnehmen der aufgeworfenen Erde beim Setzen der Rebe

Ankel m.: Ort, an den man den Stützpfahl für die junge Rebe setzt

aufziehen : rühren bzw. durchhacken

Ausschaufelpickel m.: Spitzhacke, mit der auch ausgeschaufelt werden kann

Bajazz m.: Gerät zum Einrammen der Stiefel, dreieckiger Klotz, der zu zweit bedient wird

Balken m.: altes Flächenmaß, entsprach 4 bis 5 Stöcken. 100/120 Balken ergeben ein Viertel Morgen

Balkenband n.: dicke Weiden zum Anbinden von Balken und Stiefeln

Balkenkreuz n.: Lager, an der die Balken in den Stiefelhals eingelegt und mit Stiefelband festgebunden werden

Balkenlänge f. altes Längenmaß; 3 oder 4 Stiefel machen eine Balkenlänge von max. 4 Meter aus

Balkenmacher m.: Handwerker, der die Aufgabe hat, das Holz für die Balken und Stiefel auszusuchen und zu reißen

Balkenreißer m.: Handwerker, dessen Aufgabe es war, die Balken im Winter zu reißen

Balkenwingert m.: der alte Kammertwingert, aber auch die niedere Holzrahmenerziehung ohne Querbalken

Band n. (f.): Weiden zum Anbinden von Reben, Stöcken, Balken und Stiefel oder zum Bündeln der Rebenhäsel

banden: das Abbinden von Balken und Stiefeln

Bandholz n.: Bindematerial, vorzugsweise aus Weiden

Bandschlegel m.: Gerät zum Einrammen der Stiefel

Bandweide f.: Weiden zum Anbinden von Balken und Stiefeln

beilen (ab-, ein-): das Ort abhacken oder die Gräben rechts und links abhacken

Biegband n.: dünne Weiden zum Anbinden der Reben

biegen: die Reben biegen, die Gerten auf den Balken/Länderich, auf die Trudel biegen

Biegweiden f.: werden zum Anbinden der Reben benutzt; sie sind dünner als Kammertweiden

Biegzinken m.: dünne Weiden zum Anbinden des Bogens

binden (an-, auf-): das Befestigen der jungen Triebe im Mai/Juni

Bindweide f.: dünnere Weiden, um die Gerten, Reben anzubinden

Bogen m.: der Hauptschoß am Rebstock, welcher seitlich abgebogen wird

Bogrebe f.: Rebe, die beim Schnitt im Frühjahr stehen bleibt und beim Kammertmachen umgebogen wird

brechen (aus-): das Entfernen von überflüssigen Trieben

Büschel n.: vier Büschel der Rebabfälle ergeben eine Welle

Däumling m.: Lederschutz über dem Daumen, wenn mit dem Sesel geschnitten wird

Dezimal n.: altes Flächenmaß, früher: 72/80 Dezimale = 1 Morgen

Eckstiefel m.: Endpfosten im Kammertwingert

Einleger m.: der durch Eingraben gewonnene neue Stock

Einschnitt m.: Vertiefung an den Stiefeln zum Durchschieben, Auflegen der Balken/der Truderstangen/des Länderichdrahtes

Eisen n.: Befestigungsvorrichtung an den Steinen zur Aufnahme des Länderichdrahtes

Eisenbalken m.: als Ersatz für den Länderichbalken oder für den Querbalken, sie gingen über 3 Zeilen.

Eisenstickel m.: 1,60 m lang, mit Halfeneisen, ersetzten die Holzstickel

Endbalken m.: die Endpfosten aber auch die Querbalken am Ende eines Kammertwingerts

Endeisen n.: die Quereisen am Ende eines Wingerts an den Endsteinen, ersetzten z.T. die Endbalken

Endpfähle m.: die Pfähle am Ende des Kammertwingerts sind etwas stärker als die anderen Pfähle

Endpfosten m.: die Pfähle am Ende des Wingerts

Endstein m.: das Grenzzeichen oder Stein am Ende eines Kammertwingerts

Endstickel m.: die Pfähle am Ende eines Wingerts, frühere Bezeichnung Endstiefel

Endstiefel m.: die Endpfosten eines Kammertwingerts

Endstöcke m. pl.: Rebzeile an der Grenze zum Nachbarn

Fach n.: Raum zwischen den Zeilen, Strecke von Stein zu Stein bzw. von Eisen zu Eisen mit etwa 7 Weinstöcken

Falz f.: Einschnitt, in den der Länderichbalken gelegt wurde, 10 bis 12 Zentimeter tief vom oberen Stiefelende

Furche f.: Grenze im Kammertwingert, Raum zwischen zwei Abteilungen im Kammertwingert

Gang m.: Raum zwischen den Zeilen, von dort wurde das Ort eingestochen

Gangsteine m.: zwischen den Endsteinen, ersetzten die Stiefel

Gasse f.: Raum zwischen den Zeilen

Gaugenband n.: Weiden zum Zusammenflicken von gebogenen oder gebrochenen Balken

Gegensteiper m.: auf dem Haupt des Wingertsteins liegende Stütze

Gegitter n.: die Konstruktion aus Längs- und Querbalken im Kammertbau

geizen: das Entfernen des Laubes im Kammertwingert

graben (heraus-, um-): Bodenarbeit im Frühjahr, im Sommer und nach der Lese

Graben m.: Vertiefungen neben dem Mittelgang im Kammertwingert; beim vierzeiligen Wingert gibt es zwei breite Gräben und ein Mittelgang, bei dreizeiligem Wingert ein breiter und ein schmaler Graben, Grube zum Einpflanzen der Reben

grasen (aus-): das Unkrautjäten im Kammertwingert

Grasfurche f.: Grasgang im Kammertwingert; Rebzeile an der Grenze zum Nachbarn

Grasgang m.: tiefer angelegte Furche, auf beiden Seiten befindet sich das Ort

Grenzabstand m.: der Abstand zum Nachbarwingert, er betrug früher 60/120 Zentimeter

Grenze f.: die Grenze im Kammertwingert

Grenzreihe f.: Rebzeile an der Grenze zum Nachbarn

Grenzstein m.: Grenzzeichen im Kammertwingert

Gruber m.: der durch Eingraben gewonnene neue Stock

hacken (ab-, heraus-, vor-): das Bearbeiten von Ort, Grasfurche mit dem Wiesenbeil; Bodenarbeit im Frühjahr, im Sommer und nach der Lese, aber auch das Zurichten der Stiefel

Hals m.: Einschnitt im Stiefel zum Auflegen des Streckbalkens

halsen (ein-): einen Stiefel einschneiden

Haue f.: Hacke für die Bodenbearbeitung

Haupt n.: Bestandteil des Wingertsteins, die Gegensteiper liegen auf dem Haupt

Hauskammert m. s.: Kammert

Hauslauben f.: Spalierreben mit Laubgestellen

Hausrebe f.: Spalierrebe, mit Draht, ausschließlich Malvesier angepflanzt

Hausstöcke m.: Spalierrebe, konnte an Lauben bis zu 100 Jahre alt werden

heften: junge Triebe der Reben anbinden

Heftstroh n.: Stroh zum Anbinden der Reben

Heftweiden f.: dünne Weidenruten zum Anbinden der Reben

Hektar m.: Flächenmaß, 100 ar, 4 Morgen, 200 Dezimal

Herbstpfudel m.: fröhliches Fest am Ende der Lese, man maskiert sich wie an Fastnacht

Hippe f. (Heppe f.): Gerät zum Schneiden der Reben, Sichelform nur vereinzelt im Gebrauch, abgelöst durch die Rebschere

Hochkammert m.: Spalierrebe, bis zu 3 Meter hoch, allgemein üblich

Holzreißer m.: Personen, die die Stiefel herstellen

Holzstickel m.: die Pfähle zwischen den Endpfosten im Kammertwingert, vgl. Eisenstickel

Holzstiefel m.: die Pfähle zwischen den Endpfosten im Kammertwingert, an ihnen wurden Trudel und Balken angenagelt

Holzwingert m.: Kammertanlage

Hopfenbohrer m.: Erdbohrer zum Ausheben der Löcher für die Stiefel, auch im Hopfen- und Obstbau verwendet

Hörner n.: an die Stiefel genagelt zum Einhängen des Drahtes

Hutsch m.: letzte Reihe, Auslaufreihe in einem Wingert

Item n.: besonders kleiner Weinberg; Flächenmaß, ca. 1 Quadratmeter

Jungfer f.: neuer Stock, der durch Eingraben gewonnen wird

Kammer f.: ein Abschnitt im Kammertwingert

Kammer(t)band n.: dickere Weiden zum Anbinden von Balken und Stiefel

Kammern ausbessern: das Ausbessern der Kammertanlage

Kammert aufschlagen: einen Kammertwingert neu anlegen

Kammert m./f.: der Kammertwingert mit Holzrahmen; die angebundene Rebe

Kammertbalken m.: der querliegende Balken im Kammertwingert aus Eichenholz

Kammertbau m.: der Kammertwingert mit Längs- und Querbalken, mit Länderich und zwei Trudelbalken; die Drahtanlagen mit drei Drähten, bis Mitte der 20er Jahre dieses Jahrhunderts üblich

Kammertdraht m.: Draht, an den die Reben angebunden werden

kammertgrasen: das Entfernen des Laubes im Kammertwingert, Frauenarbeit

kammertmachen (kammern, kammerten): das Anbinden der Reben sowie das Anbinden von Balken und Stiefel; das Ausbessern des Wingerts; gelegentlich wird das Neuanlegen eines Kammertwingerts und das Nachschlagen der Stiefel so bezeichnet

Kammertschlegel m.: Gerät zum Einschlagen der Stiefel in die Erde

Kammertstiefel m.: die Pfähle zwischen den Endpfosten im Kammertwingert

Kammertweiber n.: Frauen, die die Reben anbinden

Kammertweiden f.: Weiden zum Anbinden des Stockes, der Balken und Stiefel, direkt am Stiefeleinschnitt; Bindematerial für verschiedene Zwecke

Karst m.: Gerät zum Umgraben, Hacken, Rigolen, Abschlagen, Ebenziehen

Kastanie f.: Holz der Stiefel, der Länderich- und der Trudelbalken

Kerbe f.: Einschnitt am oberen Stiefelende

klopfen (hinein-, nach-): das Einrammen, Nachrammen der Stiefel

Klotz m.: Raum zwischen den Dunggräben

Knebel m.: Zapfen

Knick machen: das Biegen der Reben vor dem Setzen

kniehoch: altes Maß für die Höhe einer Kammertanlage

Knie und **Faust**: altes Maß für die Höhe der Anlage

Kopf m.: Einschnitt am oberen Stiefelende zum Auflegen der Längsbalken

Krampen m.: Gerät zum Umgraben, spitze Rotthacke

Kreuzbalken m.: die Querbalken im Kammertwingert

Kreuzband n.: Weiden zum Anbinden von Stiefel und Balken; extra starke daumendicke Weiden für die Endstiefel

Kreuzklang m.: Besonderer Knoten zum Anbinden der Reben mit Weiden, denn die Weiden durften nicht scheuern

Kreuzwingert m.: der Kammertwingert mit Längs- und Querbalken

Kulturweiden f.: Weidenpflanzung zum Anbinden der Reben

Lach n./f.: die Grenze im Kammertwingert

Lachstein m.: das Grenzzeichen im Kammertwingert, früher Sandstein, heute Granit

Lager n.: Bestandteil des Wingertsteins

Länderich m.: die mittleren Längsbalken, der mittlere Draht im Wingert

Länderichbalken m.: die mittleren Längsbalken im Kammertwingert, etwas stärker als die äußeren Balken

Länderichdraht m.: Draht im Haltegerüst des Rebstockes, der die Funktion des **Länderichbalkens** übernimmt

länderichen (auf-): einen Kammertwingert neu anlegen; das Hineinschlagen der Stiefel in die Erde

Längsbalken m.: die (mittleren) Längsbalken im Kammertwingert

Längshölzer n. pl.: die (mittleren) Längsbalken im Kammertwingert

Lappen m.: Wingertstück

Latte f.: Meßlatte zum Ausmessen des Wingerts

Laube f.: ein Abschnitt, eine Abteilung im Wingert

Laubengang m.: Teil des früheren Hochspaliers

laubmachen: das Entfernen des Laubs im Kammertwingert

laubschneiden: das Entfernen des Laubs im Kammertwingert

Leergang m.: Raum zwischen den Abteilungen im Kammertwingert, nach vier Zeilen

legen (an-, auf-, ein-): einen (Kammert-)Wingert neu anlegen; das Einlegen der Balken in die Einschnitte; das Setzen der Reben

Legrebe f.: der durch Eingraben gewonnene neue Stock

machen (auf-, um-): einen Kammertwingert neu anlegen; Bodenarbeit im

Frühjahr
Mistbahn f.: Dunggraben
Mistgang m.: Zwischenraum zum Einwerfen der mit dem Wiesenbeil eingehauenen Grasfurche
Mistgräben m. pl.: Gräben im Kammertwingert, in die der Mist tief eingegraben wird
Mittelbalken m.: der mittlere Längsbalken im Kammertwingert
Mittelfurche f.: mit Gras bewachsener Mittelgang im Kammertwingert, zu beiden Seiten befindet sich das Ort
Mittelgang m.: trennt bei vierzeiligem Kammertwingert die beiden breiten Gräben voneinander
Mittelgräben m.: Mistgräben im Kammertwingert
Mittelstiefel m.: der Pfahl zwischen den Endpfosten im Kammertwingert, nur bei längeren Balken
Nachort n.: vom Gang aus mit dem Wiesenbeil gehackt
Nachortzeile f.: erste Zeile nach dem Ort
nageln (an-, darüber-, auf-): das Befestigen der Längsbalken, der Latten, der Eisenbalken, der Drähte, der Truder mit Nägeln an den Stiefel
Nase f.: Einschnitt im Stiefel
Nebenfurche f.: die Grenzfurche wird in der Hälfte geteilt, die andere Hälfte wird vom Nachbarn bewirtschaftet
Ort aufziehen: Bodenarbeit nach der Lese.
Ort einstechen : Umgraben des Furchengrasweges, das Unkrautjäten im Kammertwingert
Ort machen: das Anlegen des Ortes
Ort n./f.: die Grenze, die Rebzeile an der Grenze zum Nachbarn, Graben im Kammertwingert
Ortgang m.: Rebzeile an der Grenze zum Nachbarn
Ortpflug m.: außer dem Zeilenpflug gab es noch einen speziellen Pflug, um das Ort mit einer Kuh oder einem Ochsen zu ackern
Ortstein m.: das Grenzzeichen im Kammertwingert
Ortzeile f.: die vorderste Reihe im Kammertwingert
Pfähle m.: die Pfähle zwischen den Endposten, früher aus Holz, heute dagegen Eisen- und Zementpfähle
Pfahleisen n.: Erdbohrer zur Erstellung der Löcher für die Stiefel; früher wurde nur der Stiefelhammer zum Einrammen der Stiefel benutzt.
Pflanzstück n.: der neu angepflanzte Kammertwingert
Pfosten m.: Pfosten aus Holz
Pickel m.: Gerät zum Umgraben bei steinigen Böden

Placken m.: großer bzw. kleiner Wingert

putzen (aus-): das Entfernen der überflüssigen Triebe

Querbalken m.: die querliegenden Balken im Kammertwingert

Quereisen n.: die querliegenden Eisen im Kammertwingert, sie gingen über drei Zeilen

Querhölzer n.: die querliegenden Balken im Kammertwingert nach jedem Stiefel, früher als Querjoche bezeichnet

Querjoche n.: die querliegenden Balken im Kammertwingert, später sprach man von Querhölzern

Rahmenwingert m.: niedere Holzrahmenerziehung mit Truderstangen als Längsbalken; »offene Rahmen«

Rebbalken m.: die alle vier bis sechs Stöcke vorkommenden Balken im Kammertwingert

Rebbüschel n.: die geschnittenen und gebündelten Reben

Reben mit Balken: der Kammertwingert mit Längs- und Querbalken

Rebenhäsel n.: die geschnittenen und gebündelten Reben

Rebsäge f.: Gerät zum Schneiden der Reben, besonders zum Einschneiden der Pfähle

Rebwelle f.: die geschnittenen und gebündelten Reben

Rebzeile f.: die Reihe, in der die Weinstöcke stehen

reißen: das Anfertigen der Balken und Stiefel aus Rundhölzern

Reitel m. : Drahtspanner

Reuthaue f.: Rodehacke

richten: das Einrammen der Stiefel in die Erde, das Anbinden von Balken und Stiefeln mit Weiden

Richthammer m.: Gerät zum Einrammen der Stiefel in die Erde

rigolen: das Umgraben bei der Neuanlage eines Wingerts

Rod n.: der neuangepflanzte Wingert

rodbalken: das Umgraben zur Neuanlage eines Kammertwingerts, Bodenarbeit nach der Lese

roden (um-)/reuten/rotten: einen Wingert neu anlegen, aber auch Bodenarbeit nach der Lese

Rodhacke f.: Gerät zum Roden bei der Neuanlage eines Wingerts, zum Ausheben der Setzlöcher, zum Unkrautjäten

Rodhölzer n.: Hölzer zum Abstecken beim Setzen der Reben

rolieren: das Umgraben bei der Neuanlage eines Wingerts

rühren: das Umgraben zur Neuanlage; Bodenarbeit im Frühjahr, im Sommer

Rührhacke f.: Gerät für die Bodenarbeit im Sommer, zum Unkraut jäten

Salband n.: Weiden zum Anbinden der Reben

Scheid(e) f. m.: die Grenze im Wingert
Scheidgrenze f.: die Grenze im Wingert
Scheidstein m.: das Grenzzeichen
Schemel m.: ein Abschnitt, eine Abteilung im Kammertbau
Schere f.: Gerät zum Schneiden der Reben, zum Entfernen des Laubes
scheren (ein-): das Umgraben zur Neuanlage eines Wingerts; Bodenarbeit im Frühjahr oder nach der Lese
Scherkarst m.: Gerät zum Umgraben bei der Neuanlage, für die Bodenarbeit im Frühjahr oder zum Unkraut jäten
Schippe f.: Gerät zum Umgraben bei der Neuanlage, für die Bodenarbeit nach der Lese
Schlackenwingert m.: der Kammertwingert ist gelegentlich mit einer schwarzen Schlackenschicht (Pechstein) versehen, damit kein Gras aufwuchs und die Wärme besser gespeichert wird
Schlag m.: Erdaushub (Graben) bei der Neuanlage
Schlegel m.: Gerät zum Einrammen der Stiefel
Schlitz m.: Einschnitt im Stiefel
Schloß n.: Kopplungsstelle von Balken und Stiefel im Stiefelhals
schmeißen (ein-): das Anlegen der Gräben im Kammertwingert, das Einwerfen der Grasfurchen des Ortes
Schnallen machen: das Anbinden der Reben bei roten Traubensorten, sonst biegen
schneiden (aus-, ein-): das Entfernen des Laubes im Kammertwingert, einen Stiefel einschneiden
Schneidmesser n.: Werkzeug zum Zurichten der Stiefel
Schneidstuhl m.: auf dem Schneidstuhl werden die Pfähle mit dem Schneidmesser angespitzt
Schnur f.: Hilfsmittel zum Vermessen der Zeilen im Kammertwingert
Schuh m.: altes Längenmaß im Kammertwingert
Schwalbenkarst m.: Gerät zum Umgraben bei der Neuanlage eines Kammertwingerts
Schwalbenschwanz m.:Gerät für die Bodenarbeit im Frühjahr, zum Unkrautjäten
Senker m.: der durch Eingraben gewonnene neue Stock
Sesel n.: Gerät zum Schneiden der Reben, zum Entfernen des Laubes, zum Ernten der Trauben
setzen: das Setzen der Reben
Setzstein m.: das Grenzzeichen im Wingert
Setzstückel n.: Maßholz

Sichel f.: Gerät zum Entfernen des Laubes aber auch zum Unkrautjäten
solen/salen: das Anbinden der Reben mit Weiden
Spalier n.: senkrechte oder schräge Konstruktionen an Mauern und Hauswänden
Spalierstock m.: Hausrebe, Laube
Spaltaxt f.: Gerät zum Einrammen der Stiefel in die Erde
Spalteisen n.: Gerät zum Spalten des Holzes für die Stiefel
spalten (ab-): das Zurichten der Stiefel und Balken
spitzen: das Zurichten der Stiefel
Spitzkarst m.: Gerät zum Umgraben bei der Neuanlage eines Kammertwingerts, für die Bodenarbeit im Frühjahr, im Sommer
Spitzpickel m.: Gerät zum Roden, aber auch für die Bodenarbeit im Frühjahr auf steinigen Böden
Spreitbalken m.: Querbalken
Staden m.: Graben im Kammertwingert
stechen (auf, um-): das Umgraben bei der Neuanlage, Bodenarbeit im Frühjahr wenn der Boden hart war
Stecher m.: Gerät zum Umgraben, vierzinkig; auch für sonstige Bodenarbeit bei sehr hartem Boden
Stechgabel f.: Gerät für die wiederkehrende Bodenarbeit im Frühjahr oder Sommer bei harten Böden
Stein m.: oft anstelle der Holzpfähle im Kammertwingert verwendet; das Grenzzeichen
Steinanlage f.: Kammertwingert mit Endsteinen und Holzstiefel, später auch mit End- und Gangsteinen
Steinhauer m.: Handwerker, der die Steine für den Wingert zu hauen hatte
Stickel m.: die Pfähle zwischen den Endpfosten
Stiefel klopfen: das Einrammen der Stiefel
Stiefel m.: die Pfähle zwischen den Endpfosten im Kammertwingert
Stiefel schlagen: das Einrammen der Stiefel
Stiefel wackeln: das Herausziehen der Stiefel aus der Erde, das Ausbessern der Kammertanlage
Stiefelanlage f.: die Zweischenkel-Erziehung
Stiefelaxt f.: Gerät zum Zurichten der Balken und Stiefel
Stiefelband n.: Weiden zum Anbinden von Balken und Stiefeln
Stiefelbeil n.: Gerät zum Einrammen der Stiefel und zum Zurichten der Stiefel
Stiefelhals m.: Einschnitt am Stiefel
Stiefelhammer m.: Gerät zum Einrammen der Stiefel in die Erde
Stiefelkopf m.: Einschnitt am oberen Stiefelende; in den Stiefelkopf wird der

Balken eingelegt

Stiefelmacher m.: Spezialisten, die die Stiefel zurichten

Stiefelwingert m.: der alte Balkenwingert

Stock m.: Rebstock allgemein; altes Flächenmaß im Kammertbau; die Stockzahl schwankt zwischen 2400 und 3000 Stöcken für einen Morgen, ferner altes Längenmaß: 4 Stöcke ergeben einen Balken

Stockband n.: Weiden zum Anbinden der Stöcke an die Stiefel

Stockdraht m.: Draht zum Anbinden der Stöcke

Stockweiden f.: Weiden zum Anbinden der Stöcke an die Stiefel

Streckbalken m.: der mittlere Längsbalken im Kammertwingert; über Querbalken eingelegt

Stroh n.: Bindematerial zum Befestigen junger Triebe

Strohseile n. pl.: Material zum Befestigen junger Triebe

Stufe f.: der neu angepflanzte Kammertwingert, das Setzloch für die Rebe

stufen (ein-, nach-, unter-): das Ausheben der Setzlöcher für eine Rebpflanzung

Stufenhacke f.: Gerät zum Umgraben bei der Neuanlage, zum Setzen der Reben

stufenhacken: Setzlöcher machen

stufenmachen: Setzlöcher machen

Stufenpickel m.: Gerät zum Umgraben bei der Neuanlage

Stufenschnur f.: Gerät zum Vermessen der Zeilen

Stufenseil n.: Gerät zum Vermessen der Zeilen

Stutzer m.: Eisen, die an dem Stein befestigt wurden

Tagwerk n.: altes Flächenmaß

Trudel m.: die parallel zu den Längsbalken verlaufenden Stangen im Kammertwingert

Trudelbalken m.: s.o.

Trudeldraht m.: als Ersatz für die Trudelbalken in den Drahtanlagen verwendet

Truder (-le, -lin, -che) m.: Längsbalken bei der niederen Rahmenerziehung

Truderanlage f.: alter Holzwingert mit Truder

Truderstange f.: Längsbalken bei der niederen Rahmenerziehung an der Bergstraße

Truderwingert m.: alter Holzwingert mit Truder

Trul f.: die parallel zu den Längsbalken verlaufenden dünneren Stangen im Kammertwingert

trulen: das Aufbinden der Reben auf die Trudelbalken

Trulrich m.: Trudeldraht als Ersatz für die Trudelbalken

Trulsystem n.: der Kammertwingert und das Übergangssystem mit den beiden Trudeldrähten

überzwerche Balken m.: die querliegenden Balken im Kammertwingert

Unterband n.: Weiden zum Anbinden von Balken und Stiefeln
Unterleger m.: der durch Vergraben gewonnene neue Stock
Verleger m.: s.o.
Viertel n.: altes Flächenmaß, 1 Viertel = 6 ar, 1 Viertel = 9 ar; 1 Viertel = 10 Dezimale, 1 Viertel = 18 Dezimale
Vorort n.: vom Gang das Vorort, mit dem Wiesenbeil gehackt
Vorortzeile f.: wie Nachortzeile
Wassergalle f.: nasse Stelle im Wingert
Weiden (Welchen, Wilge) f.: Weide, Bindematerial für Reben, Stöcke, Balken und Stiefel
Weidenband n.: s.o.
Weidenmann m.: Im Frühjahr kam der Weidenmann, der die Weiden verkaufte
Welle f.: s. Rebwelle
Wickelbänder n.: starke Weiden zum Anbinden von Balken und Stiefel
Wiesenbeil n.: Gerät zum Einhauen der Grasfurche, nachdem sie mit dem Stufenseil abgesteckt wurde
Wingert jungmachen: einen Kammertwingert neu anlegen
Wingert m.: Weinberg
Wingert umlegen: mit der Schnur die Zeilen vermessen
Wingertbeil n.: Gerät zum Abhacken der Grasfurche, Wiesenbeil
Wingertsfurche f.: Grenzfurche
Wingertsgang m.: der Raum zwischen den Zeilen
Wingertsteine m.: anstelle der Holzstiefel im Kammertwingert verwendet
Wingertstiefel m.: die Pfähle zwischen den Endpfosten im Kammertwingert, sie werden von den Querbalken gehalten
Zeile f.: die Reihen im Kammertwingert, in der die Weinstöcke stehen
Zeilensteine m.: die Steine zwischen den Endsteinen, mit dem Aufkommen der Zeilensteine verschwinden die Trudelbalken aus dem Kammertwingert
ziehen (ein-, heraus-): das Ausbessern einzelner Teile im Kammertwingert, das Auflegen des Streckbalkens auf den Hals des Stiefels und das Festbinden mit Wickel- und Kreuzband
Zieler m.: Gerät zum Ausheben der Setzlöcher für die Reben
Zoll m.: altes Maß, 11 Zoll = 1 Schuh, 1 Zoll = 2,5 cm., zum Einhängen des Drahtes

2. Das Kelter-ABC

aufschütten: das Biet, den Kelterkasten erneut mit Trauben füllen

Auslauf m.: Röhre, aus der der Most in den Zuber fließt

Bajazz m.: hüpfender Eisenkeil auf einem Zahnrad, der verhindert, daß die Kelter sich zurückdrehen kann. Er erlaubt den Einsatz der Spindelkelter auf engstem Raum. Die Konstruktion setzt eine Eisenspindel voraus. Die hölzerne Spindel wurde in vielen Fällen durch eine eiserne ersetzt. Die korrekte technische Bezeichnung für Bajazz lautet: Fallkeildruckwerke.

Balken m.: Kanthölzer

Bauer m.: s. Sau

Baum m.: in der Regel der große Preßbaum, meist 10 - 12 m lang, oft auch aus mehreren Stämmen zusammengefügt.

Bett n.: Preßboden, Teil des Untergestells

Biet n.: Preßboden, meist von quadratischer Form

Bietschalen f. pl.: Preßboden, die Dielen sind oft aus Lärchenholz

Boden m.: Preßboden

Bracken f. pl.: Querhölzer, zum Teil mit Handgriff versehen, die unter den Kelterbaum oder unter die Sau bei der Spindelkelter zur Druckverteilung gelegt werden. Auf das Lesegut kommen zuerst die Säckerdielen/-bretter, dann die Bracken und anschließend die Sau.

Brett n.: Die Bretter werden unter die Bracken gelegt, um den Druck auf das Preßgut gleichmäßig zu verteilen.

Bütte f.: Gefäß zur Aufnahme des Mostes

Deckbretter f. pl.: s. Brett

Deichsel f.: Stange, die durch die Kelterspindel oder den Tummelbaum gesteckt wurde, um ihn zu drehen.

Dielen f. pl.: Säckerbretter

Docke f.: senkrechte, paarweise angeordnete Balken zwischen denen der Kelterbaum sich bewegt. Man unterscheidet Vorder- und Hinterdocken. Bei der Spindelkelter verbindet das Joch, in das die Mutter eingeschn. ist, die Docken.

Druck m.: Bezeichnung für einen vollständigen Preßvorgang.

Esel m.: Querbalken in der Vorderdocke, auf der der Kelterbaum zeitweise allein ruht.

Feldkelter f.: freistehende Kelter

Fett n.: Schmiermittel für die Eisenspindel, Holzspindeln wurden mit Schmierseife behandelt.

Galgen m.: Querhölzer am Hintergestell einer Baumkelter.

Gans f.: s. Sau

Gerüst n.: allgemeine Bezeichnung für aller Arten von Preßhölzer, Bracken, Bretter, Nadeln usw.

Gewerke n. pl.: s.o.

Haspel f.: s. Tummelbaum

Hintergerüst n.: s. Gerüst

Hölzer n. pl.: Bretter, Kanthölzer die auf den Traubenstock schichtweise aufgelegt werden. Sie sollen den Druck verteilen.

Hund m.: s. Sau

Huppser m.: s. Bajazz

Joch n.: Querholz bei einer Baumkelter, das in Verbindung mit der Sattelmutter das Heben und Senken des Baumes erlaubt. Bei einer Spindelkelter das Querholz, das die Docken miteinander verbindet.

Jude m.: s. Sau

Kammfett n.: s. Fett

Kar m.: Preßkasten zur Aufnahme des Lesegutes

Kasten m.: s. Preßkasten

Kelterbaum m.: s. Baum

Kelterboden m.: s. Boden

Kelterbracken f. pl.: s. Bracken

Kelterbutte f.: s. Butte

Kelterbütte f.: s. Bütte

Keltergerüst n.: s. Gerüst

Kelterhaspel f.: s. Haspel

Kelterhaus n.: Standort der Kelter, immer überdacht

Kelterhebel m.: s. Hebel

Kelterhölzer n. pl.: s. Hölzer

Kelterjoch n.: s. Joch

Kelterknecht m. : Arbeiter an der Kelter

Kelterlaus f.: Beule am Kopf, entsteht durch das Zurückschl. der Kelterstange.

Keltermännchen n.: Keltergeist, der im Kelterhaus spukt

Keltermesser n.: großes Messer, um den Säckerkuchen zu beschneiden.

Kelterpfanne f.: s. Pfanne

Kelterschraube f.: s. Schraube

Kelterseife f.: Schmiermittel für die Holzspindel, damit sie gut gleitet und das Holz nicht austrocknet.

Kelterseil n.: s. Seil

Kelterstange f.: s. Stange

Kelterstuhl m.: s. Stuhl

Kelterzuber m.: s. Zuber

Kernfang m.: Sieb, hält die Traubenkerne zurück

Klammer f.: die Holzklammern halten den aus vier Stämmen bestehenden Kelterbaum zusammen.

Kuchen m.: ausgepreßtes Traubengut

Legdielen f. pl: s. Dielen

Loch n.: ausgemauerte Grube, die den nicht angehobenen Kelterstein aufnimmt.

Mohr m.: s. Sau

Mostzuber m.: s. Zuber

Mulde f.: s. Biet

Mutter f.: Querholz an der Spindel

Mutterbalken m.: s. Balken

Nachdruck m.: Most, der erst durch die zweite Preßung abläuft

Nadeln f. pl.: Querhölzer zur Druckverteilung, vgl. Bracken

Pfanne f.: s. Sau

Pfosten m.: s. Docken

Preßbalken m.: s. Balken

Preßbaum m.: s. Baum

Preßbett n.: s. Bett

Preßgut n.: s. Kuchen

Preßhölzer n. pl.: s. Hölzer

Preßkar m.: s. Kar

Preßkasten m.: s. Kasten

Preßriegel m.: s. Schlüssel

Preßstange f.: s. Stange

Preßstein m.: s. Stein

Querholz an der Spindel: s. Joch

Rüsthölzer n. pl.: s. Hölzer

Säcker m.: Treber, ausgepreßte Traubenkuchen

Säckerbretter n. pl.: s. Bretter

Säckerdielen m. pl.: s. Dielen

Sattel m.: Querholz an der Spindel

Satteljoch n.: s. Joch

Sattelmutter f.: durch die Sattelmutter läuft die Spindel

Sau f.: Preßblock, der Druck der Spindel wird über die Sau auf die Bracken bzw. Kelterbretter geleitet. Er hat viele Namen: *Wutz, Pfanne, Gans, Bauer, Bube, Jude.*

Schlüssel m.: Querbalken, auf denen der Kelterbaum beim Auf- und Abbewegen zwischengelagert werden kann.

Schmalz n.: Schmiermittel

Schragengrube f.: nimmt das Steingewicht auf

Schraube f.: Spindel

Schraubenspindel f.: Schraube

Schuppen m. pl.: Querbalken an der Hinterdocke, die den Kelterbaum ebenfalls aufnehmen können.

Schwengel m.: Kelterstange

Seil n.: zwischen Kelterhaspel und Spindel oder Baum

Setzdielen m. pl.: s. Dielen

Sieb n.: vgl. Kernfang

Sperrbalken m.: s. Balken

Spindel f.: Sie hebt oder senkt den schweren Baum einer Baumkelter, bzw. übt den Druck auf die Sau bei einer Dockenkelter aus. Sie wird mit Schmierseife und nicht mit Fett gängig gehalten.

Spindelbalken m.: s. Balken

Spindelbaum m.: s. Baum

Spindelmutter f.: s. Mutter

Staufferfett n.: Markenbezeichnung, s. Fett

Stein m.: bei der Baumkelter ein mit der Spindel gekoppelter Stein zur Erhöhung des Druckes.

Stock m.: aufgeschichtetes Traubengut

Stockgewinde n.: flaches, nicht spitzes/scharfes Gewinde; zumeist benutzt man ein scharfgängiges Gewinde.

Stuhl m.: Kelterrahmen, Hintergerüst, Hinterdocken.

Talg m.: Schmiermittel für die Eisenspindel

Teller m.: s. Pfanne

Tresterstock m.: s. Stock

Tretzuber m.: s. Zuber

Troß m.: s. Säcker

Tummelbaum m.: zusätzliche Welle, die über ein Seil mit der Kelterstange verbunden ist. Sie ermöglicht eine Kraftsteigerung.

Untergestell n.: so wird das Kelterbett bezeichnet

Untergestell n.: s. Gestell

Vorderdocke f.: s. Docke

Vorlauf m.: Most, der ohne großen Druck bereits abläuft.

Vorsschuß m. : Most, der ohne großen Druck bereits abläuft

Weidensieb n.: s. Sieb, manchmal auch ein Strohwisch

Werk : Gerüst

Wutz f.: s. Sau

Zuber m.: s. Bütte

3. Die pfälzischen Weinlagennamen

a. Entstehung, Bedeutung und Deutung von Flurnamen

Die Definition des Terminus Flurname (1) wurde in der Vergangenheit unterschiedlich vorgenommen.

PIERRE HESSMANN geht von einem weitgefaßten Begriffsverständnis aus: »Unter Flurnamen verstehen wir Namen für nicht besiedelte Teile der Landschaft, so haben wir in diese Arbeit aufgenommen: die Namen der Pfühle, Gräben, Wehre, Furten, Landzungen, Untiefen, Teiche, Seen, Wasserhöhen, Quellen, Flüsse, Bäche, Kanäle und sonstige Wasserläufe, weiter die Namen der Wiesen, Weiden, Äcker, Gärten, Moore, Sümpfe, Brüche, Heide und Ödlandschaften, Wälder, Büsche, Gruben, Höhlen, Kuhlen, Berge, Hügel, Höhen, ...« (2).

ERNST CHRISTMANN definiert den Flurnamen als Gegensatz zum Siedlungsnamen:

»Bezeichnen Siedlungsnamen bewohnte, besiedelte Bodenstellen, dann Flurnamen alle nicht vom Menschen besiedelten.«

Daraus folgert CHRISTMANN dann weiter, daß der Flurnamenbegriff auch »Berge, Täler, Gewässer, Wege, Straßen, (...), einzelne Bäume, Steine und ähnliche Dinge« mit einschließt. (3) Zusammenfassend bleibt für unsere Betrachtung festzuhalten:

- Flurnamen bezeichnen unbesiedeltes Gebiet. Namen von Gebäuden oder Flußläufen werden nur dann aufgenommen, wenn sie namengebend für Flurstücke waren.
- Der Mensch steht zu diesem Gebiet in einer Beziehung, die ihn veranlaßt, ihm eine Bezeichnung zu geben, es zu benennen.

Die Weinlagennamen stellen dabei lediglich eine Untergruppe der Flurnamen mit Sonderkultur Wein dar.

Die Flurnamenforschung beschäftigt sich mit den Flurnamen, deren Sammlung und Herleitung. Darüber hinaus bietet die Aufhellung der Motivation eines Namens oft Aufschlüsse für den Historiker über die Genese einer Siedlungslandschaft.

Der Flurname hat eine wesentliche Funktion innerhalb der Rechtsgemeinschaft zu erfüllen. Erst die genaue Bezeichnung der Örtlichkeiten ermöglicht die Besitzsicherung, den Verkauf oder Tausch eines Grundstücks, der jetzt nicht mehr wie vorher an Ort und Stelle vorgenommen werden muß. Die Änderung der wirtschaftlichen Strukturen bleibt auf die Flurnamen nicht ohne Einfluß. Eine zunehmende Zersplitterung des Besitzes bzw. intensive Nutzung des Areals führte in unserem Gebiet zu einer Differenzierung der Toponyme. Früher erfolgte die Festlegung der genauen Lage einer Flur durch Nennung der Anrainer bzw. der Besitzer, deren Namen dann - oft in elliptischer, d.h. verkürzter Form - Eingang in die Flurbezeichnungen finden konnten. Wie Örtlichkeiten und Besitzer zur Identifizierung von Grundstücken herangezogen werden soll ein Beispiel aus einer mittelalterlichen Güteraufzeichnung für Deidesheim ver deutlichen.

1425
It(em) iii morge ein viertel gelegen in der musegewand(en) vnden an Claus Orteln vnd eben an Balwin von Meckenheim. It(em) i morge in der musegewn-den yewedersyt dem Bischoff gelegen. Item 1/2 morgen stoßet uff den Sliede-wegk vnd uff die vier baume nyeden an de(m) wiedem. (GLA 67/289,266r)

Ein Personenname in einem zusammengesetzten Flurnamen wird dann als wahrscheinlich angesehen, wenn in der engeren Umgebung dieser Familienname belegt oder der Rufname sonst allgemein überliefert ist. In den seltensten Fällen läßt sich eine Verbindung Flurname/ehemaliger Besitzer eindeutig nachweisen.

Die Bildung von Toponymen mit Personennamen ist während des gesamten Untersuchungszeitraumes möglich, zunehmend treten jedoch unterscheidende Zusätze zum Flurnamen hinzu, die die relative Lage der Flur näher bezeichnen, z.B. auf, an, bei, in, unter, über, hinter usw. Diese Präpositionen und Richtungs-adverbien sind keine unbedeutenden Anhängsel, sondern sie gehören fest zum Namen, weil erst hierdurch die singuläre Beziehung zum Objekt, die den Namen auszeichnet, hergestellt wird.

Flurnamen zeichnen sich durch ihre Nähe zum appellativischen Wortschatz aus, denn sie entstehen nur dort, wo ein konkretes Bedürfnis des Menschen vorliegt, einen Gegenstand seiner Umgebung zu benennen. So wird der Namenschöpfer aus dem Wortschatz seiner Sprache nach Möglichkeit diejenige Bezeichnung auswählen, die geeignet ist, das Typische des zu benennenden Objekts zu fassen. Die Namenforschung kann man daher als eine Disziplin der historischen Lexikologie auffassen. Ihr geht es in erster Linie um die Frage nach den allgemeinen Bildungsgesetzen und Inhalten der Namen, nach der Entstehung, dem Gebrauch und der Eigenart unseres gesamten Namenschatzes. Sie fragt vor allem nach dem Typischen.

Hinsichtlich der Bedeutungsherleitung lassen sich vier Kategorien von Namen aufstellen:

- Als eindeutig gelten Flurnamen, die sprachlich ohne weiteres erklärbar sind, weil sie gegenwärtig oder seit Beginn der Schriftlichkeit dem Wortschatz der eigenen Sprache angehören.
- Bei der zweiten Gruppe handelt es sich um Flurnamen, bei denen erst eine Rückführung auf einen sehr frühen Sprachstand eine Erklärung zu liefern vermag.
- Weiterhin lassen sich in einer Gruppe die Namen zusammenfassen, die sprachlich korrekt auf verschiedene - für die Deutung akzeptable - Appellativa zurückgeführt werden können.
- Die Gruppe der Flurnamen, die gar nicht einzuordnen sind, ist sehr klein.

Eine Namendeutung ist allerdings dann noch nicht erfolgt, wenn es gelingt, den Flurnamen einem noch bekannten Gattungswort zuzuweisen.

Die Namenforschung strebt nicht nur die sprachgeschichtliche Klärung eines Namens an, sondern sie versucht festzustellen, welche Motive den Namenschöpfer zur Auswahl gerade dieser Bezeichnung aus dem appellativischen Wortschatz bewogen haben. Oftmals wird dies nicht gelingen, weil das Benennungsmotiv nach der Namenschöpfung in Vergessenheit geriet und somit für uns nicht mehr zu fassen ist.

Die Deutung wird unter Umständen erschwert, wenn die Realprobe, d.h. die Überprüfung vor Ort, nicht mit der sprachlichen Rückführung in Einklang zu bringen ist. Die Realprobe ist zwar ein wichtiges Indiz für die Richtigkeit der Deutung, sie darf aber nicht allein ausschlaggebend sein. So entziehen sich viele Namen der Realprobe, wie z.B. Ereignis- oder Besitzernamen (Typus: Alser in Forst). Diese letzte Gruppe ist relativ stark vertreten.

Anmerkungen

(1) Die Eigennamen lassen sich in zwei Großgruppen gliedern:
- Ruf-, Familien- und Gruppennamen
- Siedlungs-, Flur- und Gewässernamen
(2) HESSMANN 1972, S. 1.
(3) CHRISTMANN 1965, S. 24.

Abkürzungsverzeichnis:

ahd. = althochdeutsch
Dt. Wb. = Deutsches Wörterbuch
FlnA Mz = Flurnamenarchiv Mainz
FlnA Kl = Flurnamenarchiv Kaiserslautern
GLA = Generallandesarchiv Karlsruhe
HDA = Handbuch des Deutschen Aberglaubens

Pfälz. Wb. = Pfälzisches Wörterbuch
Pfälz. Wt. = Pfälzische Weistümer
LASp = Landesarchiv Speyer
nhd. = neuhochdeutsch
mhd. = mittelhochdeutsch
mlat. = mittellateinisch
StADa = Staatsarchiv Darmstadt
StadtA Bz = Stadtarchiv Bad Bergzabern
StadtA Mz = Stadtarchiv Mainz
UBH = Universitätsbibliothek Heidelberg, Archiv
Wersch. Reg. = Werschweilerer Regesten
Worms UB = Urkundenbuch Worms

b. Von Abtsberg bis Zitadelle

Erstmals in der Weinbauliteratur werden im folgenden sämtliche Weinlagenamen der Pfalz verzeichnet.

Sie sind nach alphabetischen Stichworten geordnet. Dabei folgt das Stichwort der Schreibung des Deutschen Weinatlasses, Ausgabe 1991/92. Auch die entsprechende Begleitziffer richtet sich nach dem Atlas. Danach folgt der zugehörige amtliche Ort, bzw. Ortsteil. Die Leser können zum besseren Verständnis die beigefügte Originalkarte des Weinatlasses verwenden.

Das anschließende Namenmaterial ist chronologisch geordnet. Die benutzten Quellen und Archive werden im Kürzel angegeben.

Wenn der Name nicht offensichtlich ist, wird eine kurze sprachwissenschaftliche Deutung und gegebenenfalls eine sprachhistorische Herleitung angeboten. Literaturangaben, Hinweise auf gleichlautende Personennamen in der Region schließen sich an. Am Schluß des Artikels folgt, sofern es sich um ein Kompositum handelt, der Hinweis, wo die Deutung des Grundwortes bzw. des Bestimmungswortes zu finden ist.

278

Abtsberg (30)
Impflingen
1542 der Aptsberg (LASp A14/706,36), 1545 der aps Bergk (LASp Stift Selz A 1, 21-25).
Die Nutzungsrechte am Weinberg standen dem Abt des Klosters Selz (Elsaß) zu.

Abtsfronhof (124)
Bad Dürkheim
1910 Frohnhof (GOLDSCHMIDT 1910, S. 304).
Die Lage gehörte zum Besitz des ehemaligen Fronhofes des Klosters Limburg. Seit 1808 ist dieses Areal im Alleinbesitz des Weingutes FITZ-RITTER, Bad Dürkheim.
DAUTERMANN 1978, S. 529.

Alsterweiler Kapellenberg (218)
Maikammer
Der Name ist neueren Ursprung; er ist weder bei F. GOLDSCHMIDT noch bei E. DIEMER verzeichnet.
Die Lage ist nach dem Standort der Kapelle benannt. Dort befindet sich ein berühmtes spätgotisches Tafelgemälde (1470 - 1480). Das zweiflügelige Tafelbild stammt vom Hochaltar der Pfarrkirche St. Cosmas und Damian in Maikammer.
GEIGER u.a. 1985, S. 380.

Altenberg (32)
Bad Bergzabern
1776 im Alten Berg (StadtA BZ Kt.).
Die Altenberge weisen in der Regel auf frühen mittelalterlichen Ausbau hin.

Altenberg (79)
Weisenheim am Sand
1330 Aldinberg (MERK 1960,S.100), 1562 hinder dem alten perck (LASp A14/ 271a),
s.o.

Altenburg (143)
Wachenheim
1483 in der alden Burge (WENDEL 1967,S.76,79), 1496 an der alten Burge (LASp X65/14 - 15).

Der Name bezieht sich nicht auf die Wachtenburg. Südlich der Burg stand auf einem Bergsporn eine Warte oder ein ähnliches Bauwerk.
CHRISTMANN 1964, S. 11 f.

Altenforst (265)
Burrweiler
1275 in Altenforste (Mon. Palat. Bd.III,Nr.38), 1326 uf dem Altenvorste (Mon. Palat. Bd. IV, Nr.260).
Mit Forst wurde früher der Wald bezeichnet, der der herrschaftlichen Jagd und Nutzung vorbehaltene war. Altenforst ist der Name einer alten Siedlung, die im 14. Jhd. wüst gefallen ist.
CHRISTMANN 1952/53, S. 14; DOLCH/greule 1991, S. 39.

Alter Berg (264cT)
Heiligenstein, OT von Römerberg
1841 Unterm alten Berg (FlnA Mz)
siehe Altenberg in Bad Berzabern.

Alter Berg (264cT)
Mechtersheim, OT von Römerberg,
s.o.

Altes Löhl (283)
Landau mit Queichheim und Mörlheim
1581 Löhel (FlnA Kl), 1841 Im alten Löhl (FlnA Mz).
Dort stand 1841 noch eine Lohmühle (FlnA Mz), in der Lohe für die Gerber gemahlen wurde. Die Endung -l beruht auf Abschwächung von -mühle oder - buhil (Hügel) o. ä.
HAGEN 1937, S. 42.

Annaberg (105)
Kallstadt
Der Name ist neueren Ursprungs; er ist weder bei F. GOLDSCHMIDT noch E. DIEMER bezeugt. Der Name Anna ist in der Pfalz weit verbreitet; so war die Hl. Anna die Schutzpatronin des Schönfelder Benediktinerinnenklosters, das umfangreichen Besitz in der Pfalz hatte. Ein Zusammenhang ist nicht gesichert. Das Weingut Annaberg, ursprünglich eine alte Ziegelhütte, war im Besitz der Leininger. Heute ist die Lage im Alleinbesitz des STUMPF-FITZ'sches Weingutes Annaberg.

Baron (226)
St. Martin
Die Lage ist weder bei F. GOLDSCHMIDT noch bei E. DIEMER verzeichnet.
Da keine historischen Belege vorhanden sind, ist der Name nicht sicher zu
deuten. Er gehört entweder zu pfälz. Barn, Baran, eine Bezeichnung für den
Getreide- oder Heuspeicher, oder zu Baron (Standesbezeichnung), um auf die
Qualität des Weines hinzuweisen.

Belz (139)
Wachenheim
1366 Beltz, 1579 Beltz (WENDEL 1967, S. 79 f.).
Hier liegt eine verkürzte Namenform, bei der nur noch das Bestimmungswort,
der PN Beltz erhalten ist, vor. Die Weinlage ist im Alleinbesitz des Weingutes
J. L. WOLF ERBEN, Wachenheim.
GOTTSCHALD 1982, S. 108.

Benn (28)
Mühlheim, OT von Obrigheim
Der Name ist weder bei F. GOLDSCHMIDT noch E. DIEMER verzeichnet; er
ist jedoch alt.
Der Name gehört zu mhd. biunde 'umzäunter Platz'. Die vorliegende Form
beruht auf einer Nebenform mit dem Stammvokal i. Senkung zu e sowie
Angleichung an den vorhergehenden Konsonanten (nd > nn) führen zu dem
heutigen Namen.

Berg (209)
Diedesfeld, OT von Neustadt
1583 Jme Berg (LASp HStSp D2/306 - 10,199).
Kleiner Hügel in der Ebene.

Bergel (228)
Edenkoben
1489 uf dem berg (CHRISTMANN 1969, S. 112).
Zugrunde liegt eine Verkleinerungsform (-ila - Ableitung) zu Berg, also kleiner
Berg.

Bergel (37)
Grünstadt
1490 Bergels (LAMPERT 1975, S. 250), 1839 An Bergels (FlnA Mz), s.o.

Bettelhaus (96)
Ungstein, OT von Bad Dürkheim
1837 Bettelhaus (FlnA Mz)
Durchziehende Bedürftige/Kranke wurden hier verköstigt. Das Bettelhaus wurde 1742 abgerissen.
MERK 1928, S. 134.

Biengarten (287)
Frankweiler
1838 Biengarten (LASp 66 211)
Der Standort eines Bienenhauses (verkürzt: Bien-) war namengebend. Ein pfälzisches Wort ist Immengarten, ein offizieller Lagenamen in Maikammer.

Biengarten (185)
Gimmeldingen, OT von Neustadt
1753 Biengarten (BILFINGER 1927, S. 45),
s.o.

Bildberg (254)
Freimersheim
1613 ahm Bildberg (LASp HStSp A 33), 1735 auf dem Bildberg (CHRIST-MANN 1971, S. 155), 1840 Im Billberg (FlnA Mz).
Alter Standort eines Bildstockes (Heiligenstatue) oder Votivkreuzes in der Gemarkung.

Bischofsgarten (133T)
Forst
1768 Bischofswiesen (LUCAS 1975, S. 7), 1836 Bischofswiese (FlnA Mz).
Das Bestimmungswort weist auf den Fürstbischof von Speyer als Grundherrn hin.

Bischofsgarten (133T)
Friedelsheim
s.o.

Bischofsgarten (133T)
Wachenheim
s.o.

Bischofskreuz (G)
Walsheim
Ein Feldkreuz innerhalb des Besitzes des Hochstifts Speyer gab der Lage ihren Namen.
FUCHSS/MÜLLER 1981, S. 178.

Bischofsweg (193)
Mußbach, OT von Neustadt
um 1390 Byschofsweg, 1438 Bischoffsweg (SARTORIUS 1959, S. 134), wie nhd.

Blücherhöhe (233)
Edenkoben
Am 13. Juli 1794 fand am Schänzel bei Edenkoben ein Gefecht zwischen preußischen und französischen Truppen statt, bei dem die Preußen unterlagen. Befehlshaber der preußischen Truppen war Generalleutnant G.L. Fürst BLÜCHER von Wahlstatt.
GEIGER u.a. 1985, S. 67; SCHÜTTE 1965, S. 35 ff.

Böhlig (138)
Wachenheim
1496 An dem Boelling (HÖRIG 1989, S. 46) 1579 Böling (WENDEL 1967, S. 80), 1749 Böhlig (NIEDHAMMER 1908, S. 259).
Der Name muß auf mhd. bühel stm. 'Hügel' zurückgeführt werden. Er zeigt Senkung ü > ö sowie -ing/ig - Erweiterung mit der eine allgemeine Zugehörigkeit ausgedrückt wird.

Bräunersberg (15)
Ottersheim im Zellertal
1563 vf dem prunsperg (FlA Kl), 1563 vf dem Breunsperg (FlnA Kl).
Der Lagename ist mit dem häufigen Personennamen Bruni gebildet. Die historischen Belege zeigen den Wandel iu > eu (Diphthongierung) sowie Entrundung zu ei in Rüssingen. Bräunersberg und die unmittelbar angrenzende Lage Breinsberg stellen unterschiedlich entwickelte Formen ein und desselben Namens dar.

Breinsberg (16)
Rüssingen
1563 prunsperg (FlnA Kl), 1563 vf dem Breunsperg (FlnA Kl), s.o.

Bründelsberg (264a)
Schwegenheim
DIEMER 1937, S. 180 bietet für Schwegenheim eine einzige Lagebezeichnung:
Brummelsberg.
Der Name gehört möglicherweise zu Bründel 'kleiner Brunnen'. Ein Personen-
name kann wegen fehlender historischer Belege nicht völlig ausgeschlossen
werden.

Bubeneck (112)
Ellerstadt
1836 Im Bubeneck (FlnA Mz).
Dieser Name ist mit dem gleichfalls häufig vorkommenden Personennamen
Bubo gebildet; im Grundwort steckt -äcker, das zu Eck umgedeutet wurde.

Bürgergarten (198)
Haardt, OT von Neustadt
1721 In den berger- (birger-) garten (Beck 1980, 394), 1821 Bürgergarten
(MÜLLER 1903, S. 44), 1836 Bürger Gaerten (FlnA Mz).
Wahrscheinlich beruht der heutige Name auf einer Umdeutung von Bergergar-
ten, d.h. der am Berg gelegene Garten, zu Bürgergarten.

Burggarten (21)
Bockenheim
Namen mit Burg beziehen sich zumeist auf mittelalterliche Festungen, hier wohl
auf die Emichsburg.

Burgweg (65)
Großkarlbach
1495 vff den Burgweg (StADa E5 B3 Konv.467 Fasz. 5),
s.o.

Burgweg (27)
Kindenheim
1497 vff dem Burgwege (StAD E5 B3 Konv.467 Fasz. 5, 167v), s.o.

Burgweg (75T)
Lambsheim
1299 uff dem burgweg (Wersch Reg Nr.419), 1547 der oberste Burgweg (FlnA
Kl), s.o.

Burgweg (75T)
Weisenheim am Sand
s.o.

Dickkopp (111)
Ellerstadt
Der Name ist nicht bei E. DIEMER verzeichnet; er ist jedoch alt.
Entweder rundliche Erhebung, oder es liegt ein PN vor, vgl. anno 1396 Hennchin
Koppe (GLASSCHRÖDER 1903, Nr. 159).

Doktor (252)
Venningen
1583 Im Doctor Florentz (LASp D2/306 10, 274v).
Der Name erinnert an den im 16. Jhd. lebenden Heidelberger Universitätsprofes-
sor, Hofrichter und kurpfälzischen Kanzler Dr. FLORENTIUS, Freiherr von
Venningen. Die bekannte Weinlage Bernkasteler Doctor geht ebenfalls auf ihren
ursprünglichen Besitzer, den Dr. LINDEN, zurück.
LUTZ 1959, S. 45; PRÖSSLER 1990.

Elster (150)
Forst
1532 im Elstetter gelegen (FlnA Kl), 1673 im Elster (FlnA Kl), 1750 im Alzer
(FlnA Kl).
Die historischen Belege zeigen, daß hier die abgeschwächte Form einer Her-
kunftsbezeichnung (Familienname) nach dem Siedlungsnamen Ellerstadt vor-
liegt.
CHRISTMANN 1965, S. 194.

Engelsberg (304)
Herxheim (bei Landau)
1630 Ingelberg (FlnA Kl), 1730 Engelberg (FlnA Kl):
Bei diesem Namen ist von einer Bildung mit dem Personenname Engel auszu-
gehen.
GOTTSCHALD 1982, S. 172.

Erkenbrecht (201)
Neustadt
1839 Erkenbrecht (FlnA Mz).
Hier handelt es sich zweifelsohne um eine elliptische Namenform, die mit dem

Personenname Erkenbrecht/Ekkenbrecht gebildet ist; vgl. anno 1482 ELISA-BETH ECKBRECHT in Neustadt (HAAS 1964, S. 141). Ein sehr bekanntes Geschlecht sind die Eckbrechte von Dürkheim.

Eselsbuckel (328)
Niederotterbach
Metaphorische Bezeichnung für die Hügelform (anderes Beispiel: Hundsrük-ken).

Eselshaut (189)
Mußbach, OT von Neustadt
15. Jhd. Eselsgewande, 1552 Eselsheut (SARTORIUS 1959, S. 134), 1600 Eselsheut (LASp D57/18), 1740 Esselshauth (SARTORIUS 1959, S. 134).
Flurstück von der Größe oder der Form einer Eselshaut.

Esper (17)
Kerzenheim
1490 Eßwiler, 1492 Eschwert, 1506 Eßwer, 1765 Eßber (CONRAD 1957, 98), 1906 Espeberg (HÄBERLE 1906, S. 33).
Es handelt sich hier um einen mit dem Personennamen Ezo/Ezzo gebildeten Weiler-Ortsnamen. Die Entwicklung der historischen Belege zeigt Abschwä-chung und Angleichung. Eine parallele Entwicklung liegt im Lagenamen Meerspinne in Gimmeldingen sowie im alten Maikammerer Lagennamen Weinsper < Weinsweiler (Wüstung), vor.
CHRISTMANN 1964, S. 198, 621; KÜSTER 1908, S. 36.

Feuer (204)
Hambach, OT von Neustadt
1489 in der feuer (LASp F2/35b,92), Anf. 16. Jhd. off der fure (LASp F2/53,22), 1793 auf der Feyer (LASp A14/349a).
Zwei Deutungsmöglichkeiten bieten sich an:
1. Der Name weist auf ein Ereignis hin: Rodungsfeuer, Feuer durch Blitzschlag oder Explosion (benachbarte Fluren An der Linie, Am Schänzel).
2. Altes Feuerbrauchtum (Johannisfeuer, Notfeuer)
BECKER 1925, S. 326; CHRISTMANN 1965 b, S. 168.

Feuerberg (G)
Bad Dürkheim
Seit 1844 wird der Name benutzt. Er wurde durch den Notar KÖSTER, der in

Friedelsheim und in Bad Dürkheim begütert war, bekannt gemacht. Die ursprünglichen Namen Werb und Schindbuckel (Schindgrube) waren weniger werbewirksam.
DAUTERMANN 1978, S. 530; CHRISTMANN 1965 b, S. 168.

Feuermännchen (42)
Neuleiningen
1839 Am Feuermännchen (FlnA Mz).
Mit Feuermännchen werden Irrlichter aber auch verrufene Örtlichkeiten bezeichnet. Möglicherweise liegt auch ein Hinweis auf ein altes Brauchtum, das Stabausfest, vor.
HDA Bd. II, Sp. 1406 ff.

Forst (245)
Edesheim
1583 in dem forst (LASp D2/306 - 10,406),
s. Altenforst in Burrweiler.

Forstweg (277)
Walsheim
1840 Forstweg (FlnA Mz),
s.o.

Frauenländchen (48)
Kleinkarlbach
1. Hälfte 19. Jhd. Am Frauenländchen (FlnA Mz).
Eigentümer dieses Kulturlandes war das Liebfrauenstift, Worms.

Freundstück (148)
Forst
1460 Frienacker (LUCAS 1975, S. 8), 1673 im freundtschen pfadt (FlnA Kl), 1770 Freindstück (LUCAS 1975, S. 8).
Im Bestimmungswort liegt der Personenname Freund vor; das Appellativum mhd. vriunt stm. 'Verwandter, Freund' scheidet aufgrund der Bildungsweise aus. Die historischen Belege zeigen Entrundung eu > ei sowie Nebenformen mit i im Stammvokal.
CHRISTMANN 1965 b, S. 194.

Frohnwingert (316)
Oberhausen
1576 In frohen wingarthen (LASp Domst. Sp. U 28b), 1599 im Fronn Wingart (FlnA Kl).
Mit mhd. vron wird altes Herrenland bezeichnet.

Fronhof (125)
Bad Dürkheim
1552/57 im fronhof (FlnA Kl),
s. Fronwingert in Oberhausen.
An die Stelle des 1471 abgebrannten Fronhofes tritt der Fron- oder Limburger Schaffnereihof.
Pfälz. Wb. Bd. I, S. 298 ff., S. 301 Anm. 1; CHRISTMANN 1964, S. 216.

Frühmess (319)
Gleiszellen-Gleishorbach
1. Hälfte 19. Jhd. Frühmess (LASp L 66 580).
Der Ertrag aus diesem Grundstück stand dem Frühmessner als Unterhalt zu.
ZINK 1923, S. 166; DITTMAIER 1963, S. 80.

Fuchsloch (166T)
Hochdorf-Assenheim
1836 In den Fuchslöchern (FlnA Mz).
Das häufige Vorkommen von Füchsen war für diesen Namen ausschlaggebend.
Dieser Namentyp ist besonders häufig in der Pfalz und in Rheinhessen vertreten.

Fuchsloch (166T)
Rödersheim-Gronau
1836 In den Fuchslöchern (ZECH 1978, S. 268),
s.o.

Fuchsmantel (126T)
Bad Dürkheim
1359 auf dem Vorstmantel (GLASSCHRÖDER 1903, Nr. 114), 1614 Fuchs-mantel (FlnA Kl).
Ein Forst (Wald), der sich wie ein Mantel um den Ebersberg legt. Die Umdeu-tung war möglich, weil sich mhd. vorst 'Wald' und mhd. vuhs 'Fuchs' zu mundartlichem Fuss/Fuchs entwickeln konnten.
DAUTERMANN 1978, S. 529.

Fuchsmantel (126T)
Wachenheim
1749 Fuchsmantel (NIEDHAMMER 1908, S. 261),
s.o.

Gässel (217)
Geinsheim, OT von Neustadt
wie nhd.; Verkleinerungsform zu Gasse.

Gaisberg (305)
Herxheimweyher
1742 in den Wolfsäckern auf dem Geisberg (FlnA Kl).
Das Namenmotiv liegt in der ehemaligen Geißweide (Ziegenweide).

Gaisböhl (174)
Ruppertsberg
1. Viertel 14. Jhd. an geizebuhel (UBH IX 4e 284a, 32v), 1764 im Geißböhl
(SCHNABEL 1982, S. 14);
s. Gaisberg in Herxheimweyher; s. Böhlig in Wachenheim.

Galgenberg (332)
Kandel
1839 Galgenberg (FlnA Mz).
Dort befand sich einst das alte Hochgericht/Halsgericht.

Geißkopf (74)
Kirchheim
1604 am Geißberger wege (LASp F2/120,234),
s. Gaisberg in Herxheimweyher.

Gerümpel (165)
Friedelsheim
1. Hälfte 19. Jhd. Im Gerümpel (FlnA Mz),
1499 tritt Philipp v. Bechtolsheim seine Rechte am Zehnt zu Wachenheim an
seinen Sohn Grympel v. Bechtolsheim ab. Hier handelt es sich um eine verkürzte
Namenform, von der lediglich der Personenname Grympel (aus Krimpling) o.ä.
erhalten ist.
BASSERMANN-JORDAN 1939, S. 23.

Gerümpel (142)
Wachenheim
1429 in dem Crumpel (HÖRIG 1989, S. 58), 1479 Im Grümbel (CHRISTMANN 1965 d, S. 25), 1579 Krümpel (WENDEL 1967, S. 80), 1749 Grümpel (NIED-HAMMER 1908, S. 259),
s.o.

Glockenzehnt (190)
Mußbach, OT von Neustadt
1837 Glockenzehnt (FlA Mz).
1/10 des Ertrages stand dem Glöckner für Unterhalt und Beschaffung der Glockenseile zu.
LUTWITZI 1929, S. 52.

Goldbächel (141)
Wachenheim
1401 in den Becheln, 1579 Bechel (WENDEL 1967, S. 79 f.).
Das Grundwort Bächel ist eine Verkleinerungsform zu Bach. Das Bestimmungswort rührt von römische Goldmünzfunden her. Die Goldnamen bereiten insofern Schwierigkeiten, als ihnen unterschiedliche Motive zugrunde liegen können:
1. Stellen mit tatsächlichem Goldvorkommen (selten),
2. Schatzfunde,
3. glimmerhaltiges Material (Katzengold) oder nach der gelblichen Bodenfarbe,
4. Spottname für Kulturland geringer Bonität,
5. besonders ergiebiges Kulturland.

Goldberg (34)
Asselheim, OT von Grünstadt
1839 Goldberg (FlnA Mz),
s.o.

Goldberg (70)
Bissersheim
1839 Goldberg (FlnA Mz),
s.o.

Goldberg (80T)
Erpolzheim

1330 Goltbuhel (MERK 1960, S. 103), 1727 am goldt berg (FlnA Kl),
s.o.

Goldberg (80T)
Freinsheim
18. Jhd. Goldberg (KLAMM 1980, S. 41),
s.o.

Goldberg (80T)
Weisenheim am Sand,
s.o.

Goldgrube (24)
Bockenheim
1497 In der goltgruben (StAD E5 B3 Konv.467 Fasz.5 ,160),
s.o.

Goldloch (5)
Gauersheim
1843 Am Geldloch (LASp 66 468),
s.o. Ursprünglicher Name: Unter dem Wingertsberg am Goldloch

Gollenberg (259T)
Bellheim
1793 Golleberg, 1571 mittlerer Gollenberg, 1654 alter Gollenberg (HEINZ
1975, S. 182), 1666 Gollenberg (LASp A14/460,6)
Bei Blieskastel steht der Gollenstein, ein 7 m hoher Monolith. Der Name geht auf
lat. colus 'Spindel' zurück.
BIUNDO 1930, S. 209.

Gollenberg (259T)
Knittelsheim
s.o.

Gottesacker (250)
Altdorf
1710 obig dem Gottesacker (LASp D58/29), 1786 obig dem Gottesacker (LASp
D58/30).
Gottesacker bezeichnet in aller Regel den Kirchhof.

Gräfenberg (331)
Freckenfeld
1840 Gräfenberg (FlnA Mz).
Der Name bietet einen Hinweis auf den Besitzer, nämlich das Haus Leiningen.
MÜLLER 1982, S. 128.

Grafenstück (G)
Bockenheim
1640 das graue Stück (LASp X65/49 - 50,15),
s.o.

Grain (200)
Neustadt
1839 Im Grein (FlnA Mz).
In den Grain-Lagenamen steckt die alte Bezeichnung für Boden mit Kies, kleinen Steinen oder lehmigem Sand (mhd. grien stmn.). Der Name kommt noch vor in Hainfeld, Maikammer, Hambach, Neustadt und Deidesheim. Die Entwicklung zeigt ie > i (Monophthongierung) mit anschließender Diphthongierung zu ei.

Grainhübel (155)
Deidesheim
1412 an dem gryne (GLA 67/415,104r),1490 im grein (StadtADa E5 B3 Konv.467 Fasz.5), 1855 Grainhübel (Extra),
s.o.

Guttenberg (G)
Schweigen
Die Großlage ist nach den Herren v. Guttenberg benannt. Ihre Burg wurde ein Opfer der Bauernkriege.

Hahnen (76)
Weisenheim am Sand
1. Hälfte 19. Jhd. Auf dem Hahnen (FlnA Mz).
Das Namenmotiv liegt in einem ursprünglich eingefriedeten, umhegten Gelände (mhd. hagen).

Hahnenkamm (13)
Bubenheim

1842 Im Hahnenkaemchen (LASp L 66 462).
Die Lage ist relativ steil, daher kann der Name von Kamm/Bergkamm abgeleitet werden;
s. Hahnen in Weisenheim am Sand.

Halde (78)
Weisenheim am Sand
1. Hälfte 19. Jhd. Auf der Halde (FlnA Mz).
Sehr viele Flurnamen sind mit dem Grundwort Halde/Helde, das leicht abfallendes Gelände bezeichnet, gebildet. Die Formen mit e unterliegen häufig der Rundung e > ö. Die so entstandenen Höllennamen haben nichts mit dem Höllenfeuer oder ähnlichen Assoziationen zu tun.

Hasen (297)
Eschbach
1839 die Hasengewann (LASp 66 208).
Der verkürzte Name weist auf das zahlreiche Auftreten von Hasen oder Kaninchen hin.

Hasenzeile (77)
Weisenheim am Sand
1. Hälfte 19. Jhd. Auf der Hasenseil (FlnA Mz).
Alte Belege wie Hasensaul, -säule, -seile deuten auf eine Jagdgrenze/Wildgehege, die durch eine Stein-/Holzsäule kenntlich gemacht wurde, hin.
MERK 1960, S. 104; CHRISTMANN 1965 c, S. 199 ff.

Haßmannsberg (20)
Bockenheim
1839 Haßmannsberg (FlnA Mz).
Hier liegt eindeutig ein mit einem Personenname (HASSMANN) gebildete Lagenbezeichnung vor.
KAUFMANN 1968, S. 177.

Heide (241)
Weyher
1405 in der Heyden (GLASSCHRÖDER 1930, Nr. 76), 1567 vff der Heiden (LASp F2/24);
wie nhd. Heide 'unbebautes, wildbewachsenes Land'.

Heidegarten (231)
Edenkoben
1602 Heidegarten (CHRISTMANN 1969, S. 114),
s.o.

Heilig Kreuz (229)
Edenkoben
1489 Zu dem heyligen Creutz (LASp F2/35b, 75).
1279 wird eine Kapelle zum Hl. Kreuz erwähnt. Es ist die Pfarrkirche der
abgegangenen Ortschaft Watzenhofen.
CHRISTMANN 1969, S. 119; FREY 1836/37, S. 232.

Heiligenberg (221)
Maikammer
1841 Am heiligen Berg (FlnA Mz).
Das Namenmotiv ist eine gegen St. Martin gelegene Feldkapelle. Das Allerhei-
ligenstift zu Speyer war in dieser Region begütert.

Heiligenborn (7)
Albisheim
1910 Am Heiligenborn (GOLDSCHMIDT 1910, S. 312),
Brunnen in der Nähe eines Feldkreuzes,
s. u.

Heiligenkirche (25)
Bockenheim
1496 capella s. Petri in monte (CHRISTMANN 1965, S.56), 1574 ann dem
heiligen boren (LASp A14/376,46v), 1781 ohnweit der sogenannten Heiligen
Kirch (FlnA Kl).
Die St. Peter Wallfahrtskirche, das älteste Gotteshaus der Umgebung, gab der
Lage ihren Namen. Das zerstörte Kirchlein wurde 1733 neu aufgebaut und
mußte bereits 1763 erneuert werden.
BERNHARD 1970, S. 39 ff.

Heilighäuschen (6)
Stetten
1. Hälfte 19. Jhd. am heiligen Häuschen (FlnA Kl),
s. Bildberg in Freimersheim.

Held (67)
Bissersheim
1839 In der Halt (FlnA Mz),
s. Halde in Weisenheim am Sand.

Herrenberg (46)
Kleinkarlbach
1586 am Herrnberg (FlnA Kl).
Das Bestimmungswort bezieht sich auf den adligen Grundherren, hier die
Grafen von Leiningen.

Herrenberg (333)
Minfeld
s.o.

Herrenberg (274)
Nußdorf, OT von Landau
1. Hälfte 19. Jhd. An der Herrengasse (FlnA Mz),
s.o.

Herrenberg (118)
Ungstein, OT von Bad Dürkheim
1490 am Hernberg (FlA Kl), 1552/57 am Hernberg (FlnA Kl).
Der Weinberg befandt sich im Besitz der Grafen von Leiningen.
ESPE 1983, S. 103.

Herrenbuckel (270)
Flemlingen
Das Grundwort gehört zu mhd. buckel 'runder Hügel'.

Herrenletten (197)
Haardt, OT von Neustadt
1607 im Letten (MÜLLER 1903, S. 16), 1766 Herrenletten (BECK 1980, S.
399),
s.o.; s. Letten in Deidesheim.

Herrenmorgen (107)
Leistadt, OT von Bad Dürkheim
Die benachbarte Lage in Ungstein heißt Herrenberg, benannt nach dem ur-

sprünglichen Besitzer den Grafen von Leiningen. Das Namenmotiv ist hier jedoch die Herrschaft Pfeffingen.

Herrenpfad (307T)
Göcklingen
s.o.

Herrenpfad (307T)
Heuchelheim-Klingen
s.o.

Herrenwingert (327)
Steinfeld
1843 Untere Herrenwingert (LASp L 66 570).
Eigentümer der Lage war eines der ortsansässigen Adelsgeschlechter die Herren v. FLECKENSTEIN oder die v. STEINFELD,
s.o.

Herrgottsacker (151)
Deidesheim
1491 der hergots Acker (StADa E5 B3 Kon. 467 Fasz.5),
s. Gottesacker in Altdorf.

Herrgottsacker (55)
Dirmstein
s.o.

Herrgottsacker (45)
Kleinkarlbach
Das Namenmotiv liegt im alten Kirchhof. Seit etwa 1945 wird die Lagebezeichnung vom Weingut Kommerzienrat GEORG F. SPIESS, Kleinkarlbach, benutzt;
s.o.

Herrgottsblick (12)
Harxheim, OT von Zellertal
Von hier hat man einen herrlichen Ausblick auf die Lage Schwarzer Herrgott.

Herrlich (G)
Eschbach
1607 ein laubwingert im Herling (LASp F5/132), 1609 im Herrlich (LASp HStSp A 388 IV,2).
Mit Härtling werden härtliche Früchte, so z.b. eine Apfel- oder Pfirsichart, aber auch hartschalige, unreife Trauben bezeichnet. Vielleicht auch zu mhd. herlîn, herle stn., Diminutiv zu mhd. har 'Flachs'.
LEXER Bd. I, Sp. 1258; Dt. Wb. Bd. IV,2, Sp. 516.

Herzfeld (101)
Leistadt, OT von Bad Dürkheim
1616 Hirtzfeld (FlnA Kl), 1769 im Hertzfeld (LASp F5/623,3v).
Im Bestimmungswort dieser Lage kann entweder mhd. hirz stm. 'Hirsch' oder der davon abgeleitete Personenname Hirzo vorliegen. Der historische Beleg läßt beide Möglichkeiten offen.
LEXER Bd. I, Sp. 1305 f.; FÖRSTEMANN 1900, Sp. 845.

Herzog (196)
Haardt, OT von Neustadt
1449 ym Hertzogen (BECK 1980, S. 399), 1574 im hertzogen (FlnA Kl).
Es liegt ein um das Grundwort verkürzter Namen vor; vgl. anno 1391 Gerhard Herzog, Schultheiß in Dürkheim (GLASSCHRÖDER 1930, Nr. 66).

Im Heubusch (1)
Morschheim
1408 Haidbosche (GLASSCHRÖDER 1903, Nr. 626), 1496 vor dem Heydbosche gelegen (StADa E5 B3 Konv.467 Fasz.5,130), 1716 im Heubusch (FLIPP 1967, Kt.1). Der Lage liegt das Gattungswort Heide zugrunde. Die hier geltende Entrundung eu > ei wurde fälschlicherweise zurückgenommen, so daß die künstliche (hyperkorrekte) Form Heubusch entstand. Das Grundwort zeigt die mitteldeutsche Senkung u > o.

Himmelreich (89)
Herxheim am Berg
Mündlich tradierter Namen, der am 14. 4. 1927 als Warenbezeichnung Herxheimer Himmelreich beim Berliner Patentamt für das Weingut J. Winkels-Herding in Dackenheim eingetragen wurde. Die Warenbezeichnung ist jetzt wieder freigegeben.
BERLET 1960, S. 72.

Hochbenn (123)
Bad Dürkheim
1381 in den Benden (DAUTERMANN 1978, S. 528),
s. Benn in Mühlheim; der westliche Teil der Benn heißt Hochbenn.

Hochgericht (251)
Altdorf
1875 am Hoch Gericht (FlnA Mz).
Am 15. 06. 1787 fand das letzte Hochgericht statt. Dort wurden die beiden Roten
Buben aus Gommersheim wegen Vatermordes hingerichtet.
K. M. in: NSZ-Rheinfront (Süd), v. 25. 8. 1937.

Hochgericht (29)
Mühlheim Obrigheim
um 1620 vndigt dem hochgericht (FlnA Kl).
STUMPF 1967, S. 33,
s.o.

Hochmess (G)
Bad Dürkheim
1524 an dem hohen meß (FlnA Kl), 1552/57 Im Hohenmeß gelegen (FlnA Kl).
Wahrscheinlich Entlehnung aus mlat. mansus 'Hufe'. Gleichlautende Formen
sind für Lothringen bezeugt. Eine Herleitung von lat. messis 'Ernteertrag'
bereitet semantische Schwierigkeiten. Die Belege zeigen Umlaut a > e sowie
Nasalschwund vor s.
DITTMAIER 1963, S. 198; DAUTERMANN 1978, S. 529.

Höhe (282)
Dammheim, OT von Landau
1840 Auf der Höhe (FlnA Mz),
wie nhd.

Hölle (269)
Gleisweiler
1840 Zweite Gewan in der Hölle (FlnA Mz),
s. Halde in Weisenheim am Sand.

Höllenpfad (G)
Grünstadt

1490 hellen pade (LAMPERT 1975, S. 248),
s. Halde in Weisenheim am Sand.

Hofstück (G)
Deidesheim
1310 de nova curia (StadtA Mz 13/538,75).
Das Namenmotiv liegt in dem seit 1310 bezeugten Ottersberger Hof. Er liegt
Ecke Heumarktstr. 18/Stadtmauergasse.
Kaller 1961, S. 74, Anm. 35.

Hoheburg (173)
Ruppertsberg
1673 Hohenburg (FlnA Kl)
Im 12. Jhd. gegründete Höhenburg, die im 19. Jhd. abgegangen ist. Sie war im
Besitz der Herren v. RUPPERTSBERG.

Am hohen Stein (4)
Rittersheim
1533 an dem ersten Langensteine (FABRICIUS 1914, S. 496), 1588 beim
nechsten langen Steine (LASp F5/ 62, 39).
Mit hoher Stein oder langer Stein werden die Grenzsteine einer Gemarkung
bezeichnet. Der Stein scheidet die Gemarkungen Rittersheim und Bischheim.

Hohenmorgen (156)
Deidesheim
um 1828 auf dem hohen Morgen (FlnA Kl).
Die Weinlage ist überwiegend geneigt.

Hohenrain (281)
Knöringen
1357 vf dem Hohen reine (FlnA Kl).
Mit Rain wird in der Regel ein höher gelegener Grenzstreifen zwischen zwei
Grundstücken bezeichnet. Im angrenzenden Rheinhessen wird synonymes Rech
gebraucht.

Honigsack (90)
Herxheim am Berg
1836 Im Honigsacker (FlnA Mz).
Der historische Beleg zeigt, daß keine Formbezeichnung (Sack) vorliegt. Eher

wird es sich um einen sogenannten hunnischen Weinberg handeln. Was mit hunnisch bezeichnet wird, ist bislang nicht befriedigend geklärt. Das Grundwort ist Acker und nicht Sack.
BERLET 1960, S. 73.

Honigsack (40)
Sausenheim, OT von Grünstadt
18. Jhd. Honig Sack (FlnA Kl),
s.o.

Honigsäckel (G)
Ungstein
15. Jhd. an dem hune acker (LASp GGA 12c), 1522 vff dem huner acker (FlnA Kl), 1837 Hühneracker (FlnA Mz) Belege hierher?, Umdeutung?
s. Honigsack in Herxheim a. Berg.

Hütt (39)
Sausenheim, OT von Grünstadt
1490 by der hoittn (LASp F2/139v), 1676 bey der Hütten (FlnA Kl),
wie nhd. (Weinbergs-) Hütte.

Idig (182)
Königsbach, OT von Neustadt
1616 vf dem Idichen (LASp F2/135), 1809 Im Idig (FlnA Mz).
Möglicherweise geht der Name auf eine Verkürzung der Inschrift Jesus Domini zurück, dann liegt ein Hinweis auf Feldkreuz vor.
Dt. Wb. Bd. IV,2, Sp. 2304.

Immengarten (220)
Maikammer
1841 Immengarten (FlnA Mz).
Der Name gehört zu mhd. imbe, imme 'Biene',
siehe auch Biengarten.

Jesuitengarten (146)
Forst
1798 Jesuitengarten (LUCAS 1975, S. 7), 1836 Im Jesuitengarten (FlnA Mz).
Das Jesuitenkloster Neustadt (Haardt) ist seit 1764 hier begütert.
LUCAS 1975, S. 7.

Jesuitengarten (183)

Königsbach, OT von Neustadt
Der Name ist neueren Ursprungs. Ein alter Lagenamen, der auf Besitz des Jesuitenklosters Neustadt hinweist, ist Münchmauer; s.o.

Jesuitenhofgarten (56)

Dirmstein
1937 Jesuitenhofgarten (DIEMER 1937, S. 189).
Gartengelände, das zum ehemaliges Jesuitenkloster, heute Obertor Nr. 4, gehörte.
GEIGER u.a. 1985, S. 358.

Johanniskirchel (207)

Diedesfeld, OT von Neustadt
1838 Johannis Kirchel (FlnA Mz).
Die Lage verdankt ihren Namen einer abgegangenen Kapelle mit Johannispatrozinium, die dem Johanniterorden Mußbach gehörte.

Johannitergarten (194)

Mußbach, OT von Neustadt
Der Name ist neueren Ursprungs.
Das um 1185 gegründete Johanniterhaus Heimbach war vom 13. bis 18. Jhd. in Mußbach begütert.
SARTORIUS 1971, S. 40 - 52.

Kahlenberg (258)

Ottersheim
1596 Kalenberg (LASp A14/186a, 2), 1608 ahn dem Callenberg (LASp GGA 534b, 5);
wie nhd. kahl 'nicht bewachsen'.

Kaiserberg (298)

Göcklingen
1238 geizsersmulen, 1492 akher vff dem Keisersberg (Schirmer 1981, S. 254, 272 ff.), 1839 am Kaisersberg (LASp L 66 218).
Ein Besitzername, Gisemar, liegt dem Toponym zugrunde.
Förstemann 1900, Sp.646.

Kaiserberg (275)
Nußdorf, OT von Landau.
Der Name ist neueren Ursprungs;
s.o.

Kaiserstuhl (202)
Hambach, OT von Neustadt
1583 Jme Kayserstull (LASp D2/306 - 10,95), 1787 genannt der Kaisers Stuhl
(LASp D2/577,27).
Personenname vgl. anno 1343 Keyser zu Deidesheim, Frühmessner (GLAS-
SCHRÖDER 1903, Nr. 83). Mit Stuhl werden vorspringende, auffallen de
Felsen bezeichnet; vgl. Kriemhildenstuhl, Brünhildenstuhl etc.
CHRISTMANN 1965 a, S. 126 ff.

Kalkberg (216)
Duttweiler, OT von Neustadt
1937 Kalkberg (DIEMER 1937, S. 173).
Der Name nimmt Bezug auf das Vorkommen von tertiärem Kalk, Muschelkalk.
BRESS 1965, S. 25.

Kalkgrube (286)
Frankweiler
1319 an dem alten Wingarten an der Kalcgruben (Mon. Palat. Bd. IV, Nr. 230),
1449 of der kalkgruben (LASp Scharfeneck A 31), 1658 vf der Kalckgruben
(LASp F2/61,227).
Hier wurde Kalk abgebaut.
FUCHSS/MÜLLER 1981, S. 186.

Kalkofen (154)
Deidesheim
1513 uff dem kalkofen (KB OB),1722/1730 uffm alten Kalkofen (Ren. Seeb.).
Bevor Kalk weiterverarbeitet werden konnte, mußte er in einem Ofen gebrannt
werden.

Kalkofen (99)
Leistadt Bad Dürkheim
1552/57 am kalkoffen (FlnA Kl), 1572/73 am Kalkofen (FlnA Kl), 1586 am
Kalkoffen (LASp F2/61,287).
GEIGER u.a. 1985, S. 400; s.o.

Kapellberg (62)
Laumersheim
Weinlagenbezeichnung neueren Datums;
s.o.

Kapelle (243)
Hainfeld
1841 Auf der Hub an der Kapelle (FlnA Mz).
Berg mit alter kleiner Kapelle.
LUTZ 1933, S. 39.

Kapellenberg (186)
Gimmeldingen, OT von Neustadt
1839 Kapell (FlnA Mz).
Die um 1400 errichtete St. Niklaus-Kapelle gehörte dem Kloster St. Lambrecht;
die Ruinen standen am Ende des 18. Jahrhunderts noch.
BILFINGER 1927, S. 20; FREY 1836/37, Bd. II, S. 549.

Kapellgarten (84)
Dackenheim
1937 Kapellengarten (DIEMER 1937, S. 183).
Vor 1870 wurde auf dem Besitz des Weingutes Winkels-Herding eine Kapelle
errichtet, die bei den Fronleichnamsumzügen benutzt wurde.
Etwa seit etwa 1920 wird diese Lagebezeichnung häufiger gebraucht.

Kastanienbusch (293)
Birkweiler
1803 Im Kästenbusch (HEHR 1985, S. 41), 1836 Kästen-Busch (SCHUMANN
1985, S. 87).
Aus dem sehr widerstandsfähigen Holz wurden die Stiefel, Lennerich- und
Trudelbalken hergestellt. Der Diebstahl von Kastanienholz wird 1790 wesent-
lich höher (10 mal) als die Entwendung von sonstigem Holz bestraft.
HEHR 1964, S. 144; SCHNABEL 1982, S. 23.

Kastaniengarten (236)
Edenkoben
1658 Kestenackher (CHRISTMANN 1969, S. 115),
s.o.

Katzenstein (26)
Kindenheim
1574 In der Katzenstiren (LASp A14/376, 27).
Solitärer Stein. Das Bestimmungswort Katze weist hier nicht auf das Tier hin,
sondern es liegt eine Bezeichnung für etwas Minderwertiges vor. Das Grundwort gehört zu mhd. stirne, stiren swstf. 'Stirn, entblößte Fläche'. Möglicherweise liegt eine prähistorische Kultstätte vor; die nahegelegene Heiligenkirche
könnte eine »usurpatorische« Funktion gehabt haben.

Kieselberg (103)
Bobenheim am Berg.
Um 1806 auf'm Kieß (FlnA Kl),
wie nhd.

Kieselberg (153)
Deidesheim
1234 Cuselberch (BASSERMANN-JORDAN 1923, S. 890), 1491 am Kieselberg (StADa E5 B3 Kon.467 Fasz.5), Mitte 14. Jhd. kuselberge (UBH IX 4e
284a,54v); s.o.
Der Erstbeleg zeigt bereits die mundartliche Entrundung ü > i in der falschen
Umsetzung (Hyperkorrektion) u für mda. i.

Kieselberg (81)
Erpolzheim
1818 Im Kiesselberg (Merk 1956, 75);
s.o.

Kieselberg (49)
Kleinkarlbach
1552/1557 vnden am kieselberg, 1586 am Kisselberg (FlnA Kl);
s.o.

Kirchberg (289)
Albersweiler
1302 an deme kirchberge (Mon. Palat. Bd.III, Nr.107).
Namen wie Kirchberg weisen auf die Lage 'an oder bei einer Kirche' hin;
Bildungen mit -Stück o.ä. hingegen auf den Grundbesitz einer Kirche. Hier
bezieht sich der Name auf die 1843 abgebrannte Bergkirche.
HAMM 1968, S. 63; BIUNDO 1940, Vorwort.

Kirchberg (315)
Barbelroth
s.o.

Kirchberg (232)
Edenkoben
1577 Kirchberg (CHRISTMANN 1969, S. 119).
Standort der abgegangenen Nazarienkirche.

Kirchberg (318)
Gleiszellen-Gleishorbach
1910 An der alten Kirch (GOLDSCHMIDT 1910, S. 297), 1937 Kirchberg
(DIEMER 1937, S. 175);
s.o.

Kirchberg (253)
Groß- und Kleinfischlingen
1838 Kirchberg hinter den Gärten (LASp 66 237);
s.o.

Kirchberg (203)
Hambach, OT von Neustadt
1465/70 vff den kerißberg (LASp SB HStSp,8), 1483 am Kürchberg (LASp D2/
306 - 10, 90);
ABEL 1956, S. 53 f.

Kirchberg (225)
St. Martin
1487 am Kürchberg (LASp D2/310 - 10, 253).
Nach der Kirche St. Martin benannt; dort ist das Grabmal der Herren v.
DALBERG.

Kirchenstück (160)
Ellerstadt
1836 Kirchgewann (FlnA Mz);
s.o.

Kirchenstück (147)
Forst

1836 Hinter der Kirche (FlnA Mz).
Zu Beginn des 19. Jhd. hieß die Lage noch Kirchbuckel.
BRONNER 1833, S. 112.

Kirchenstück (244)
Hainfeld
1910 Hub an der Kapelle (GOLDSCHMIDT 1910, S. 176).
Die Pfarrkirche von Hainfeld besitzt ein St. Barbara Patrozinium; s.o.

Kirchenstück (88)
Herxheim am Berg
1558 Hinter der Kirche (BERLET 1960, S. 74).
Die Lage ist nach der St. Jakobus Kirche benannt; s.o.

Kirchenstück (100)
Leistadt, OT von Bad Dürkheim
1586 an der Kirchen (LASp F2/61, 288v).
Der Weinberg liegt bei der St. Leodegar Kirche; s.o.

Kirchenstück (219)
Maikammer
1841 Im Kirschengarten (FlnA Mz), 1939 Kirschgarten (DIEMER 1937,
S. 178).
Der Lagenamen zeigt Wechsel des Grundwortes; s.o.

Kirchenstück (276)
Nußdorf, OT von Landau.
Der Name ist neueren Ursprungs; die Lage ist weder bei GOLDSCHMIDT 1910,
S. 179 noch DIEMER 1937, S. 300 aufgeführt; s.o.

Kirchhöh (329)
Dierbach
1842 Auf der Höh (LASp L 66 578); s.o.

Kirschgarten (94)
Erpolzheim
1818 Kirschgarten (MERK 1956, 75).
Mit Garten wurden nicht nur die Pflanzgärten in unmittelbarer Ortsnähe,
sondern auch jedes »umhegte« Grundstück mit Sonderkulturen bezeichnet.

306

Kirschgarten (64)
Laumersheim
1654 (1703) im Kirschgarthen (LASp HStWo A 174).
Im Besitz des ehemaligen Nonnenhofes, eines Gutes des Klosters Kirschgarten,
Worms; s.o.

Kloster Liebfrauenberg (G)
Bad Bergzabern
1766 Der Frauenberger Weg (LASp Zw. I, A Nr.303 Ren.).
Nach dem Kloster Liebfrauenberg bei Bad Bergzabern benannt.
CHRISTMANN 1964, S. 367.

Klostergarten (230)
Edenkoben
1658 Closterackher (CHRISTMANN 1969, S. 119).
Das Kulturland befand sich einst im Besitz des Nonnenklosters Heilsbruck,
(Edenkoben).

Klostergarten (284)
Godramstein, OT von Landau.
Der Name ist neueren Ursprungs.
Das Kloster Hornbach war der größte Grundbesitzer am Ort.
HAGEN 1941, S. 12, 26; GODRAMSTEIN 1967, 30.

Klostergarten (163)
Gönnheim
1937 Kirchenstück (DIEMER 1937, S. 185).
Es handelt sich um den Garten des Kloster Seebach, (Bad Dürkheim). Begütert
waren hier auch die Köster Lambrecht und Otterbach.
CHRISTMANN 1971, S. 25 f.

Klostergarten (263T)
Lustadt
Der Weißenburger Klosterhof erscheint später als Domgut bzw. Domherrengar-
ten. Das Johanniterkloster Heimbach war hier auch begütert.
HECKEL 1973, S. 32.

Klostergarten (169)
Niederkirchen

1910 Kirchgarten (GOLDSCHMIDT 1910, S. 310); s.o.

Klostergarten (41)
Sausenheim, OT von Grünstadt.
Die Abtei Glandern sowie das Kloster Ramsen waren hier begütert.
GEIGER u.a. 1985, S. 368.

Klostergarten (263T)
Zeiskam
s.o. Lustadt.

Klosterpfad (237)
Rhodt unter Rietburg
1937 Klosterpfad (DIEMER 1937, S. 180).
Ein alter Pfad, der zum Kloster Heilsbruck führt.
STEIGELMANN 1961, S. 25.

Klosterschaffnerei (22)
Bockenheim
Der Name erinnert an das Hofgut des Klosters Wadgassen.
GLASSCHRÖDER 1930, Nr. 286, anno 1501.

Klosterstück (8T)
Einselthum
Alter Grundbesitz des Besitz des Klosters Zell; das Hofgut läßt sich etwa seit 1540 nachweisen.
MORAW 1964, S. 258.

Klosterstück (8T)
Zell, OT von Zellertal
s.o.

Klosterweg (61)
Gerolsheim
Das Kloster Weißenburg im Elsaß hatte hier Besitzungen.
GLASSCHRÖDER 1903, Nr. 503, anno 1367.

Kobnert (G)
Kallstadt

1270 dicitur Coppenhart (StAMz 13/538,86).
Zu mhd. koben 'Stall, Käfig'; mit Hart wird der niedere Bergwald bezeichnet.

Königsgarten (G)
Godramstein
Neuere Lagebezeichnung.
Hinweis auf reiches Königsgut im Queichtal. Das reichsfreie Dorf erhält 1285
Rechte und Freiheiten der Stadt Speyer. König Dagobert II., der in den Sagen
dieser Region eine Rolle spielt, soll sich auf der Burg Landeck aufgehalten
haben.
FUCHSS/MÜLLER 1981, S. 184; Godramstein 1967, S. 32.

Königsweg (10T)
Niefernheim, OT von Zellertal
Alter überregionaler Verkehrweg (Heerstraße), der durchs Zellertal verläuft.

Königsweg (10T)
Zell, OT von Zellertal s.o.

Königswingert (127)
Wachenheim
1496 in konygkß wingartten (LASp X65/14-15), 1530 im konigswingarten
(LASp A14/551,34), 1579 Küngschwingarten (WENDEL 1967, S. 80).
Hinweis auf altes Königsgut; ein Flurbereinigungsgedenkstein steht im Königs-
wingert.

Krapfenberg (330)
Vollmersweiler
1716 im Krapffenberg (FlnA Kl).
Formbezeichnung zu ahd. krapfo 'Haken', 'etwas Gebogenes'; hier Bezeichnung
nach der Bergform.

Kreidkeller (106)
Kallstadt
1784 Kreedkeller (MERK 1952, S. 109).
Der Name ist wahrscheinlich aus Gereidekeller entstanden. Ertragreicher Wein-
berg, der den Keller der Haingereide füllt. Zur Form vgl. 1624 Grede horst
(Gereidehorst) in Rheinzabern.
MERK 1952, S. 109; CHRISTMANN 1961, S. 126.

Kreuz (131)
Friedelsheim
1. Hälfte 19. Jhd. Kreuzweg (FlnA Mz).
Es handelt sich um Feldkreuze aus Stein oder Holz, die zur Abwehr von
Unwetter (Hagelkreuz) aufgestellt wurden; z.T. sind es auch Wegekreuze,
Unfall- oder Sühnekreuze.

Kreuz (71)
Kirchheim
Straßenkreuz an der Landesstraße nach Grünstadt.
Keller 1941, S. 21.

Kreuzberg (214)
Duttweiler, OT von Neustadt
s.o.

Kreuzberg (9T)
Einselthum
1563 im Creutzberg (FlnA Kl), 1736 am Creutz Berg (LASp F3/1a, 236v);
s.o.

Kreuzberg (9T)
Niefernheim, OT von Zellertal
s.o.

Kreuzberg (9T)
Zell, OT von Zellertal
s.o.

Kroatenpfad (213)
Lachen-Speyerdorf, OT von Neustadt
1837 Kroatenpfad (FlnA Kl), 1839 am Kroaten Bückel (FlnA Mz).
Im Dreißigjährigen Krieg zählten die Kroaten zu den kaiserlichen Truppen.
BERTRAM 1939, S. 26 f.

Kronenberg (97)
Kallstadt
1787 auf dem Kronenberger (FlnA Kl).
Im Lagenamen spiegeln sich alte Besitzverhältnisse wider. Zinsen der 1704

ausgestorbenen Familie Cronenberg/Cronenburg sind seit 1538 in der Gemarkung von Kallstadt und Ungstein nachweisbar.
MERK 1952, S. 111.

Kurfürst (191)
Mußbach, OT von Neustadt.
1937 Kurfürst (DIEMER 1937, S. 187).

Lange Els (59)
Heßheim
1842 Die lange Els (FlnA Mz).
Hier liegt wohl ein verkürzter Name vor; die ursprüngliche Form muß *die langen Elsenäcker o.ä. gelautet haben. Im Name kann der Frauenname Else, aber auch die Elsebeere stecken.
ZINK 1923, S. 125; Dt. Wb. Bd. III, Sp. 417.

Langenmorgen (158)
Deidesheim
1491 der lang Morge (StADa E5 B3 Konv.467 Fasz.5), 1673 in Langenmorgen (FlnA Kl).
Die Parzellenform sowie das Flächenmaß Morgen stellen das Motiv für diesen Namen dar.

Langenstein (211)
Lachen-Speyerdorf, OT von Neustadt
s. Am hohen Stein in Rittersheim. Ein alter hoher Grenzstein scheidet als Dreimärker Lachen-Speyerdorf, Mußbach und Haßloch.
LACHEN-SPEYERDORF 1975, S. 135.

Latt (288)
Albersweiler (St. Johann)
1540 auf der Latthen (HAMM 1968, S. 192 f.).
Der Schößling, der junge Zweig wurde früher Lote/Lotte genannt. Diese Form findet sich noch im Deidesheimer Weistum (um 1430); dort wird der junge Weinberg so bezeichnet. In Rheinhessen findet sich diese Bezeichnung für eine Rebneuanlage, auch in einer offiziellen Weinlage: Lottenstück in Großwinternheim (Ingelheim).
CHRISTMANN 1965 b, S. 193.

Leinhöhle (157)
Deidesheim
1310 Linenheilde (BASSERMANN-JORDAN 1923, S. 894), 1495 in der
Leinhelden (StADa E5 B3 Konv.467 Fasz.5), Mitte 14. Jhd. uff d(er) lei(n)gruben
(UBH IX 4e 286a, 102v).
Auf den Flachsanbau weist dieser Name hin. Im Bestimmungswort steckt mhd.
lîn swf. 'Lein, Flachs', zum Grundwort vgl. Halde in Weisenheim am Sand.

Lerchenberg (326)
Kapsweyer
1. Hälfte 19. Jhd. Lerchenberg (LASp L 66 585).
Das häufige Auftreten des Singvogel in diesem Gemarkungsteil gab der Lage
den Namen. Gelegentlich mag auch ein Personenname in diesen Lagebezeich-
nungen stecken, vgl. anno 1387 Lerchel von Dirmsteim (GLASSCHRÖDER
1903, Nr.513).

Lerchenböhl (212)
Lachen-Speyerdorf, OT von Neustadt
1. Hälfte 14. Jhd. vb(er) lerkelbuhel (UBH IX 4e 286a, 96v), 1747 Lörchelböhler
wingert (LASp A2/1622/1).
Die hier bezeugte Form Lerkel ist eine nicht verschobene Nebenform zu Lerche.
Zu Böhl s. Böhlig in Wachenheim.

Lerchenspiel (60)
Gerolsheim
1665 im Lerckelspiel (LASp A2/1070), 1702 Im Lerchelspiel (Geroltzheimer
MORGENBUCH 1930, 27);
s.o.; vgl. Vogelsang in Bockenheim.

Letten (137)
Deidesheim
1855 An der Lettengrube (Extra), 1910 Lettengrube (GOLDSCHMIDT 1910, S.
304). Der Name nimmt Bezug auf die Bodenart; es handelt sich um dunkel bis
hellgrau gefärbte Tonböden. Von Laien wird in der Regel keine Unterscheidung
zwischen Ton und Letten gemacht.

Letten (242)
Hainfeld
1511 (1583) Jme Letten (LASp D2/306 - 10, 433v); s.o.

Liebesbrunnen (85)
Dackenheim
1604 bei Lieberßborn (LASp F2/120, 288v).
Der heutige Namen stellt eine Umdeutung des alten Personennamen Lieber, der auch in Dackenheim bezeugt, dar.
GOTTSCHALD 1982, 326 f.

Linsenbusch (172)
Ruppertsberg
1710/1761 im Linßenbusch (FlnA Kl), 1764 im Linsenbusch (SCHNABEL 1982, S. 14). Der Name erinnert an den Anbau von Hülsenfrüchten.

Luginsland (134)
Wachenheim
1559/70 im luginßland (HÖRIG 1989, S. 97), um 1700 im luginsland (LASp A14/ 551), 1749 Lug ins Land (NIEDHAMMER 1908, S. 260).
Der weite Ausblick führte zu dem Satznamen: Lug-ins-Land. Diese Bildungsweise ist alt, der gleiche Name ist für Worms bezeugt. Der Weinberg liegt unmittelbar vor der Stadtmauer an einem Wartturm.

Mandelberg (294)
Birkweiler
Bei den mit Mandel gebildeten Namen ist keine zweifelsfreie Deutung möglich. Folgende Interpretationen bieten sich an:
1. Formname, etwas Ringförmiges,
2. ahd. mandar, mandel 'Kiefer',
3. Mandelbaum.
Die Mandelberge sind, wohl als kieferbestandene Berghänge zu deuten.

Mandelberg (215)
Duttweiler, OT von Neustadt s.o.

Mandelberg (223)
Kirrweiler s.o.

Mandelberg (63)
Laumersheim
1345 vff dem Mandelberg (Wersch Reg Nr.673), 1557 vf dem Mandelberg (FlnA Kl); s.o.

Mandelgarten (187)
Gimmeldingen, OT von Neustadt.
Bei den Mandelgärten handelt es sich zumeist um Sonderkulturen mit Mandel-
bäumen. Diese Kulturen lassen sich seit dem Mittelalter nachweisen, so erhält
der Pfalzgraf um 1450 neben anderen Abgaben auch »ein Vierzel Mandeln« in
Wachenheim.
NIEDHAMMER 1908, S. 263.

Mandelgarten (162)
Gönnheim s.o.

Mandelgarten (128)
Wachenheim
1705 bey dem Mandelgarthen (LASp A14/795,38), 1781 neben dem Mandelgarten (FlnA Kl);
s.o.

Mandelgarten (86)
Weisenheim am Berg
1666 bey dem Manelgarthen (HÖRIG 1989, S. 99), 1730 in der Mandel (FlnA
Kl);
s.o.

Mandelhang (246)
Edesheim
s.o. Mandelberg in Birkweiler.

Mandelhöhe (G)
Maikammer
Mandelacker Anfang 16. Jhd. Im Mandelgarten (LASp HStSp LB 53,55v), 1841
In den Mandeläckern (FlnA Mz).
Bei den vorliegenden historischen Belegen ist eine Deutung sowohl als Kiefer-
berg als auch als Mandelberg möglich. Mandelanbau ist auch gesichert; so
mußten die Mandeln aus den Stiftsgütern Allerheiligen und St. German (Speyer)
abgeliefert werden.
FUCHSS/MÜLLER 1981, S. 161; LEONHARDT 1928, S. 111.

Mandelpfad 308T)
Billigheim-Ingenheim, OT von Billigheim s.o.

Mandelpfad (57)
Dirmstein
1557/64 am mandel Pfad (FlnA Kl);
s.o.

Mandelpfad (31)
Obrigheim
s.o.

Mandelpfad (308T)
Rohrbach
s.o.

Mandelring (195)
Haardt, OT von Neustadt
1619 im Mandelring (MÜLLER 1903, S. 17);
s.o.

Mandelröth (83)
Dackenheim
1. Hälfte 19. Jhd. Im Röth (FlnA Mz), 1910 Mandelröth (GOLDSCHMIDT
1910, S. 313).
Zu mhd. riute 'Rodungsland'.

Maria Magdalena (306)
Klingenmünster
1708/9 bey Sanct Maria Magdalena (LASp A14/593.1), 1842 Maria Magdalena
(FlnA Mz).
Die bereits 1458 erwähnte Kapelle S. Maria Magdalena stellt das Namenmotiv
dar. Die Matrikel von 1470 nennt zwei zum Kloster Klingenmünster gehörige
Kaplaneien s. Nicolai und s. M. Magdalene.
DECKER 1950, S. 8.

Mariengarten (G)
Forst
Neuere Lagenbezeichnung. Nach der barocken Marienstatue in der Lage be-
nannt.
FUCHSS/MÜLLER 1981, S. 138.

Martinshöhe (113)
Gönnheim
St. Martin ist der Schutzpatron von Gönnheim. Seit 1971 ist diese Lagebezeichnung in Gebrauch. Frdl. Hinweis v. Herrn EYMANN sen., Gönnheim.

Mäushöhle (152)
Deidesheim
1308 in loco dicto Muselde (StAMz 13/538,74), 1310 an der Musehelte (StAMz 13/538,75).
Das zahlreiche Auftreten von Mäusen wird nicht ausschlaggebend gewesen sein. Bei Halde-Namen ist erfahrungsgemäß eher von einem Personennamen Maus auszugehen. Die Belege zeigen z.T. Entrundung eu > ei; s. Halde in Weisenheim am Sand.
GOTTSCHALD 1982, S. 344 f.

Meerspinne (G)
Gimmeldingen, OT von Neustadt
1623 Mehrspänn (BJ), 1753 Meerspinne (FlnA Kl).
Für diesen Namen hat erstmalig ERNST CHRISTMANN eine sprachhistorisch akzeptable Deutung geliefert. Danach ist von einem Kompositum aus mhd. mer 'Wasserloch' und mhd. wünne 'Weideland' auszugehen. In unmmittelbarer Nähe liegen die Fluren Rohrgasse und Teichwiese, die die Interpretation stützen. Die lautliche Entwicklung läßt sich gut am Lagenamen Esper in Kerzenheim verfolgen.
CHRISTMANN 1965 b, S. 195.

Michelsberg (120T)
Bad Dürkheim
um 1155 in monte sancti michahelis (StAMz 13/538,84), 1552/57 naher Rhein Sant Michelskirch 1 morgen Wingarts am Michelsberg gelegen (FlnA Kl), 1552/57 vber den Michelsberg (FlnA Kl).
Dort stand bis 1601 die Michaelskapelle; seit 1449 findet jährlich der St. Michaelsmarkt, der ab 1832 Wurstmarkt genannt wird, statt.
GEIGER u.a. 1985, S. 402; DAUTERMANN 1978, S. 528; CHRISTMANN 1964, S. 471.

Michelsberg (120T)
Ungstein, OT von Bad Dürkheim
s.o. Bad Dürkheim

Michelsberg (240)
Weyher
Der Name geht auf die 1951/52 dort als Kriegergedächtniskirche errichtete
Michaelskapelle zurück.
WEYHER 1977, S. 37, 68.

Mönchgarten (199)
Neustadt
Mönch im Bestimmungswort weist auf Klosterbesitz hin.

Mönchspfad (290)
Siebeldingen
1658 vnden vf die Münchwieß (LASp F2/121).
Das Kloster Eußertal war hier begütert.

Mühlberg (234)
Edenkoben
1489 mülenberg (LASP F2/35b, 79), 1731 Mühlberg
(CHRISTMANN 1969, S. 117).
Der Name erinnert an eine alte Mahl-, Ölmühle am Bergfuß.

Münzberg (285)
Godramstein, OT von Landau
1. Hälfte 19. Jhd. Auf dem Kirchberg (FlnA Mz).
Römische Münzfunde waren ausschlaggebend für den Namenwechsel.
GLESIUS 1964, S. 61.

Mütterle (300)
Wollmesheim, OT von Landau
1709 im Mütterle (LASp A13/1208).
Vorerst nicht deutbar!

Musenhang (144)
Forst
1836 Musenhang (FlnA Mz).
Der bewaldete Berghang wurde 1821 von der Gemeinde zur Schuldentilgung
versteigert. Kurz darauf wurde er gerodet und die Terrassen wurden mit Reben
bestockt.
STANG 1929, S. 1.

Musikantenbuckel (91)
Freinsheim
Der Name ist etwa seit 1820 mündlich tradiert. Die Mackenbacher, Wandermusiker aus Mackenbach, Schwedelbach, Rodenbach, Kottweiler, Schwanden und Ramstein, übernachteten auf der Wanderung nach Norddeutschland bzw. Übersee in Freinsheim. Bei Ankunft und Abschied spielten sie angeblich auf dem Hügel vor Freinsheim.

Narrenberg (264dT)
Berghausen, OT von Römerberg

Narrenberg (264dT)
Heiligenstein, OT von Römerberg

Narrenberg (314T)
Hergersweiler
1793 Der Narrenberg (FlnA Kl), 1839 Narrenberg (FlnA Mz).
In diesem Namen lebt der abgegangene Ort Marrenheim, bereits 1159 bezeugt, weiter.
HINDERBERGER 1983, S. 88, 145 f.; CHRISTMANN 1952/53, S. 371.

Narrenberg (314T)
Winden s.o.

Neuberg (261)
Bornheim
1840 Im Neuberg (FlnA Mz).
Die Neuberge weisen in der Regel auf neues Ausbauland hin, meistens sind in der Gemarkung auch Altenberge vertreten.

Neuberg (180)
Meckenheim
1839 Im Neuberg (FlnA Mz); s.o.

Nonnengarten (109)
Bad Dürkheim
Dieser Namentyp weist auf den Besitz eines Nonnenklosters hin; im vorliegenden Fall handelt es sich um den Besitz des Klosters Schönfeld, Bad Dürkheim. Der Name ist seit etwa 1920 gebräuchlich.

318

Nonnenstück (171)
Deidesheim
1673 im Nonnenstück (FlnA Kl);
s.o.

Nußbien (177)
Ruppertsberg
1764 Nußböhn (SCHNABEL 1982, S. 14), 1839 Obere Nußbien (FlnA Mz).
Im Grundwort dieses Namens steckt mhd. biunde, s. Benn in Mühlheim.

Nußriegel (119)
Ungstein, OT von Bad Dürkheim
1552/57 am Noßriegel (FlnA Kl), o.J. im Ness(e)riegel (MERK 1928, S. 134).
Riegel = Bergriegel. Die Form Ness ist aus dem Plural Nösse/Nüsse zu erklären.

Oberschloß (224)
Kirrweiler
1721 Altoberschloß, 1841 Am oberen Schloss (FlnA Mz).
Die seit 1280 nachweisbare Wasserburg des Bischofs von Speyer wurde in den
franz. Revolutionskriegen zerstört. Erhalten ist die Schaffnerei, das sogenannte
Schlößchen, von 1768. Das Oberschloßgut lag südlich der Hammelmühle.
GEIGER u.a. 1985, S. 376; FRIEDEL 1978, S. 17 ff., 150.

Odinstal (129)
Wachenheim
1244 in metis ville Wachenheim que dicuntur Otolfesdal (Mon. Palat. Bd. I, Nr.
13), 1329 Odelsdale, 1579 Im Odersthal (WENDEL 1969, S. 79 f.),1579
Odensthall (NIEDHAMMER 1908, S.26), 1886 Odinsthalhof (CHRISTMANN
1964, S. 417).
Der vorliegende Name hat nichts mit dem nordischen Odin zu tun. Hier liegt der
altdeutsche Rufnamen Otolf vor.
FÖRSTEMANN 1900, Sp. 205.

Ölberg (181)
Königsbach, OT von Neustadt
Die Ölbergkapelle Christus im Ölberg wurde von den Eheleuten JOHANNES
HERZEL 1879 gebaut. Die Errichtung steht im Zusammenhang mit der Errich-
tung eines Kreuzweges zur Klausenkapelle.
SCHNABEL 1982, S. 83.

Ölgässel (206)
Diedesfeld, OT von Neustadt
1787 unterend der Öhlgaßweeg (LASp D2/ 577, 7).

Ohligpfad (102)
Bobenheim am Berg
um 1806 am Ohligpfadt (FlnA Kl).
Ohlig ist die Mundartform für Öl; also Pfad, der zur Ölmühle führt.

Ordensgut (G)
Edesheim
1841 Im deutschen Gut (FlnA Mz).
Das Gut des Jesuitenkollegs Speyer wird Teutschgütlein nach dem ehemaligen
Besitzer, dem Deutschen Ritterorden, genannt.
FUCHSS/MÜLLER 1981, S. 166; PLOTH 1929, S. 32.

Orlenberg (69)
Bissersheim
1839 Orlenberg (FlnA Mz).
Vielleicht zu mhd. urle swf. 'Tür, Türband'; dann wäre der Name als Durchlaß
in einer Umfriedung zu deuten.
LEXER Bd. II, Sp. 2007.

Ortelberg (249)
Böbingen
1518 zeucht vff den Orden Busch (LASp Eußertal U359), Anfang 16. Jhd. vff
die Ordelbüschen (LASp F2/53, 165r), 1820 Ortelbusch (ZINK 1923, S.169).
Der Erstbeleg zeigt ganz klar, daß es sich um Besitz des Deutschritterordens
handelt.
WIDDER Bd. 4, S. 436; BÖBINGEN 1976, S. 183.

Oschelskopf (92)
Freinsheim
1496 an dem oschel wege (LASp X65/14 - 15, 116v), 1560 osselberg (KLAMM
1980, S. 42), 1581 am oselberg (LASp F1/6a), 1774 Oschelkopf (ZINK 1923, S.
48).
Der Name läßt sich einwandfrei von mhd. usel/osel swstf. 'Asche' herleiten. Ein
Waldbrand oder der Standort einer Pottaschhütte könnten das Namenmotiv sein.
LEXER Bd. II, Sp. 2017.

Osterberg (257)
Essingen
vgl. auch 1271 osterreyn, osterwhyse (Berger 1966, S. 39).
Von der Siedlung aus gesehen im Osten liegt der Berg; vgl. ahd. ôstar 'im Osten
gelegen'.
Ahd. Wb. S. 144.

Osterberg (66)
Großkarlbach
vgl. auch 1495 Jn der Ostergewannen am Dackenheymer wege (StADa E5 B3
Konv.467 Fasz.5,42);
s.o.

Osterberg (95)
Ungstein, OT von Bad Dürkheim
15. Jhd. an dem osterberge (LASp F2/67), 1552/57 an osterberg (FlnA Kl);
s.o.

Osterbrunnen (168)
Niederkirchen
1532 in der osterflur (FlnA Kl), 1673 beim osterbronnen (FlnA Kl);
s.o.

Paradies (208)
Diedesfeld, OT von Neustadt
1838 Paradies (FlnA Mz).
Hier handelt es sich möglicherweise um einen Spottnamen für Kulturland von
schlechter Bonität (Gehängeschutt aus Buntsandstein).
DITTMAIER 1963, S. 221.

Paradiesgarten (159)
Deidesheim
Fantasiename, der durch das Weingut Hoch in den 50er Jahren nach der dort
stehenden Frauenstatue, Eva im Paradies, geprägt wurde. 1971 wurde der Name
in die Weinbergsrolle eingetragen. Seit November 1983 werden Weinstöcke des
städtischen Weinbergs an Persönlichkeiten des öffentlichen Lebens verpachtet.
Inhaber des ersten Weinstockes ist der jetzige Bundespräsident RICHARD von
WEIZSÄCKER.

Pechstein (145)
Forst
1836 Bechsteinkopf (FlnA Mz).
Der anstehende Basalt am Pechsteinkopf führte zu dem Namen. Der Abraum
wurde z.t. in die Weinberge gebracht, um die Wärmespeicherung des Bodens
zu erhöhen.
GEIGER u.a. 1985, S. 363.

Pfaffenberg (312)
Billigheim-Ingenheim, OT von Ingenheim
1610 Am Pfaffenberg (BOHLENDER 1932, S. 23).
Die Namen weisen auf geistliches Gut, meistens das des Ortspfarrers, hin.

Pfaffenberg (301)
Mörzheim, OT von Landau
1576 in pfaffenberg (LASp A13/908), 1601 Der Pfaffenberg genannt (LASp D2/
418, IV,1);
s.o.

Pfaffengrund (G)
Diedesfeld, OT von Neustadt
Anfang 16. Jhd. im pfaffen grunde (LASp HStSp LB53,40).
Das Diedesfelder Pfarramt St. Remigius ist heute noch der größte Grundbesitzer
in der Gemarkung. Mit Grund werden tiefer gelegene Geländeteile bezeichnet;
s.o.

Rebstöckel (G)
Diedesfeld, OT von Neustadt
1838 Rebstöckel (FlnA Mz).
Rebstock ist ein sehr häufiger Hausname.
CHRISTMANN 1965, S. 195.

Rechbächel (140)
Wachenheim
1910 Rächbächel (GOLDSCHMIDT 1910, S. 311).
Mit Rech werden die parallel zum Hang verlaufenden terrassenförmigen Absät-
ze bezeichnet, die durch stetes Talwärtspflügen entstanden sind. Bechel ist eine
Verkleinerungsform zu Bach.

322

Reiterpfad (184)
Königsbach, OT von Neustadt
1910 Reiterpfad (GOLDSCHMIDT 1910, S. 308);
s.u. Reiterpfad in Ruppertsberg.

Reiterpfad (175)
Ruppertsberg
15. Jhd. im Rutterpfade (LASp A14/53c, 96v), 1673 im Reuderpfad (FlnA Kl).
Eine Herleitung von Reiterpfad stößt auf lautliche Schwierigkeiten. Auszugehen
ist von dem mlat. Lehnwort rutarius 'Angehöriger einer Rotte', also Heerpfad.
Seit Beginn der Neuzeit ist eine Vermischung von Reuter und Reiter festzustellen.
Zu den Reuterwegen im Rheinland vgl. DITTMAIER 1963, S. 245.

Rittergarten (122)
Bad Dürkheim
Gelände um das Weingut FITZ-RITTER, seit 1971 als offizieller Lagename zugelassen.

Rittersberg (299)
Ilbesheim
1600 Am Rittersberg (CHRISTMANN 1973, S. 46).
Nach ERNST CHRISTMANN bezieht sich der Name auf die Güter des Ritters
HERMANN v. RIETBURG, die 1235 an das Kloster Eußerthal verkauft werden.

Römerbrunnen (210)
Hambach, OT von Neustadt
Ein Brunnen an der alten Straße, einem Römerweg, gab der Lage den Namen.

Römerstraße (72)
Kirchheim
s.o.

Römerweg (222)
Kirrweiler
Der Verlauf der Römerstraße ist in diesem Bereich gesichert. Entlang der Straße
fanden sich zahlreiche Gräber.
FRIEDEL 1978, S. 8, 150.

Röth (38)
Grünstadt
1830 Röth (LAMPERT 1975, S. 248);
s. Mandelröth in Dackenheim.

Rosenberg (292T)
Arzheim
1. Hälfte 19. Jhd. am Rosenberg (FlnA Mz).
Hinweis auf das Vorkommen der Heckenrose. Rosen-Namen werden als werbewirksam angesehen.

Rosenberg (313T)
Billigheim-Ingenheim, (Mühlhofen und Billigheim);
s.o.

Rosenberg (292T)
Birkweiler
1910 Im Rosenberg (GOLDSCHMIDT 1910, S. 172);
s.o. Arzheim.

Rosenberg (292T)
Siebeldingen
s.o. Arzheim.

Rosenberg (313T)
Steinweiler
s.o. Billigheim-Ingenheim.

Rosenbühl (G)
Freinsheim
1315 am rosebohil (FlnA Kl), 1349 uf rosenbohel (KLAMM 1980, S. 42), 1477
Rosenbohel (GLASSCHRÖDER 1930, Nr. 157);
s. Böhlig in Wachenheim.

Rosengarten (248)
Edesheim
16. Jhd. in der rosengewand (LASp F2/53, 59);
s.o.

Rosengarten (164)
Friedelsheim
1. Hälfte 19. Jhd. Rosengarten (FlnA Mz); s.o.

Rosengarten (322)
Kapellen-Drusweiler
1769 Jm Rosen-Grantz (FlnA Kl), 1841 Im Rosenkrantz (LASp L 66 584), 1939 Im Rosenkranz (FlnA Kl).
Wenn die historischen Belege hierher gehören, dann wurde ein alter Hausname umgedeutet. Rosenkranz ist als Familienname in Maikammer bezeugt.

Rosengarten (30)
Obrigheim, OT von Mühlheim
1561 In den Reussenn gärten (FlnA Kl).
Die Heckenrose als Namenmotiv scheidet aufgrund des historischen Belegs aus. Danach gehört der Name zu mhd. roeze/*riuze stf. 'Hanf-, Flachsröste', also Ort zum Rösten bzw. Trocknen des Flachses. Der Zehnt am untergegangenen Dorf Lindesheim in der Gemarkung Obrigheim stand dem Kloster Rosenthal zu. LEXER Bd. II, Sp. 517f.

Rosengarten (239)
Rhodt unter Rietburg
1910 Rosengarten (GOLDSCHMIDT 1910, S. 301);
s.o.

Rosenkranz (273)
Böchingen
1578 1 morgen Ime Rosenkrantz (LASp D2/306 - 10, 472).
Die Weinlagenbezeichnung erinnert an einen Hausnamen; vgl. GLASSCHRÖDER 1903, Nr. 197: anno 1414 Haus zum Rosenkranz in Gimmeldingen.

Rosenkränzel (280)
Roschbach s.o.

Roter Berg (262)
Hochstadt
1667 im Rodenberg (PRESSLER 1982, S. 397).
Nach PRESSLER nimmt der Name Bezug auf die rote Bodenfarbe, andernfalls läge ein Rodungsname vor.

Roßberg (255)
Essingen
1501 vff dem Roßberg (FlnA Kl), 1616 uff dem roßberg (BERGER 1966, S. 40).
Essingen war im Mittelalter im Besitz der Rittergeschlechter OCHSENSTEIN
und ROSENBERG. 1585 kauft der Erzbischof WOLFGANG v. DALBERG von
ALBERT CHRISTOPH v. ROSENBERG die Besitzungen.
GEIGER u.a. 1985, S. 362.

Saumagen (98a)
Kallstadt
1910 Saumagen (GOLDSCHMIDT 1910, S. 308).
Die Benennung ist zwischen 1810 und 1836 entstanden. Ausgangspunkt ist die
sackförmige Parzellengestalt. Die Frauenhaube wurde im 19. Jhd. auch als
Saumagen bezeichnet (derb).
MERK 1952, S. 109; FUCHSS/MÜLLER 1981, S. 197; BECKER 1925, S. 77.

Sauschwänzel (310)
Billigheim-Ingenheim, OT von Billigheim
Formname, der von längliche Gestalt der Flur herrührt. Die angrenzende
Weinlage heißt Venusbuckel.

Schäfergarten (303T)
Insheim
1839 im Schäfergarten (FlnA Kl).
Schäfer ist ein häufiger Insheimer Familienname.
FRITZ 1982, S. 329.

Schäfergarten (303T)
Rohrbach
s.o. Insheim.

Schäwer (267)
Burrweiler
1840 Am Schäber (FlnA Mz).
Die mundartliche Form von Schiefer hat Eingang in den Namen gefunden.
FUCHSS/MÜLLER 1981, S. 179.

Schafberg (53)
Großniedesheim

1615 am Schaffberg (LASp D11/657); wie nhd. Das Kloster Schönau sowie das Kloster Rosenthal waren hier Grundbesitzer.

Schenkenböhl (G)
Wachenheim
1496 am schenkenbohel (LASp X65/14 - 15), 1520 Schenckenbell (ZINK 1923, S. 70), 1579 Schengkhen Bühel (FlnA Kl).
Im Bestimmungswort liegt der Personenname Schenk vor; zum Grundwort vgl. Böhlig in Wachenheim.
GOTTSCHALD 1982, S. 429.

Schlittberg (264b)
Mechtersheim, OT von Römerberg
1793 auf dem Schlittberg (FlnA Kl).
Ursprünglich nur mit dem Schlitten befahrbarer Berg.

Schlössel (188)
Gimmeldingen, OT von Neustadt
1937 Schlössel (DIEMER 1937, S. 185).
Das Schlößchen Hildebrandseck, nach Marx Hiltprant, 1. Hälfte 16. Jhd., ist das Namenmotiv.
BILFINGER 1927, S. 47.

Schloß (36)
Asselheim, OT von Grünstadt
1839 Schloßwiese (FlnA Mz).

Schloß (32)
Colgenstein, OT von Obrigheim
Die Schloßanlage in Heidesheim wurde 1793/1804 vollständig zerstört. Besitzer waren die Grafen v. LEININGEN-FALKENBURG. An das Schloß erinnert noch der Park und die Schloßkirche in Mühlheim.

Schloß (247)
Edesheim
1841 Schloßgarten (FlnA Mz).
Benannt wurde die Lage nach dem bischöflichen Schloß, das 1525 und 1794 zerstört wurde. Ab 1646 wird es verpachtet.
PLOTH 1929, S. 9 f.; EDESHEIM 1956, S. 37.

Schloß Ludwigshöhe (G)

Edenkoben

Im spätklassizisten Stil wurde das Schloß 1846-1850 im Auftrag des Königs LUDWIG I. von Bayern von dem Baumeister FRIEDRICH von GÄRTNER errichtet.

GEIGER u.a. 1985, S. 360.

Schloßberg (50)

Battenberg

Nach der 1359 erwähnten Burg Battenberg benannt; es handelt sich um eine Höhenburg aus der 2. Hälfte des 13. Jahrhunderts, die 1689 zerstört wurde. Besitzer waren die Grafen von LEININGEN-HARTENBERG.

GEIGER u.a. 1985, S. 351.

Schloßberg (18)

Bockenheim

1839 Hinter dem Schloß (FlnA Mz).

Das Namenmotiv liegt in der 1502 und 1793 zerstörten Emichsburg. Die Burganlage ist verändert erhalten.

GEIGER u.a. 1985, S. 353.

Schloßberg (3)

Bolanden

1843 Am Schloßberg (LASp L 66 851).

Ruine Bolanden.

Schloßberg (205)

Hambach, OT von Neustadt

1839 Schloßberg (FlnA Mz).

Das Hambacher Schloß (Maxburg 1842), eine Höhenburg aus dem 12. Jhd., die in den Kriegen von 1525, 1552, 1688 zerstört wurde, ist heute verändert erhalten. Sie war namengebend; der ursprüngliche Name ist Kästenburg.

Schloßberg (44)

Neuleinigen

1781 Schloßberg (FlnA Kl), 1839 Am Schloßberg (FlnA Mz).

Neuleiningen, eine Burg aus dem 13. Jhd., gab der Lage ihren Namen. Sie wurde 1690 zerstört und ist als Ruine erhalten.

GEIGER u.a. 1985, S. 383.

Schloßberg (170)
Niederkirchen
Das Namenmotiv ist unklar. Namenspender war entweder das fürstbischöfliche Schloß zu Deidesheim oder das Schloß in Ruppertsberg, das zuletzt im Besitz der DALBERGER war.

Schloßberg (320)
Pleisweiler-Oberhofen
Ehemalige Wasserburg am Westrand des Dorfes. Sie wurde von Dienstmannen des Stiftes Klingenmünster im 15. Jhd. erbaut und 1525 und 1790 wieder zerstört. Heute ist sie verändert erhalten.
GEIGER u.a. 1985, S. 385.

Schloßberg (238)
Rhodt unter Rietburg
Die im 13. Jhd. errichtete Rietburg wurde vor 1681 zerstört. Besitzer waren die Herren v. RIET, v. OCHSENSTEIN und die Grafen v. LEININGEN.

Schloßberg (130)
Wachenheim
1666 Schloßberg (HÖRIG 1989, S. 128), 1. Hälfte 19. Jhd. Schloßberg (FlnA Mz).
Nach der Wachtenburg (Geiersburg), einer Höhenburg aus dem 12. Jhd., genannt. Die Burganlage wurde in den Kriegsjahren 1470, 1504/7, 1525 und 1689 zerstört. Eigentümer waren Kurtrier, Kurpfalz, BARER v. GEIERSBERG, v. SICKINGEN und v. BÜRKLIN-WOLF.

Schloßberg (264)
Weingarten
1844 Ober dem Schloßberg (FlnA Mz)
Die 1525 und 1689 zerstörte Niederburg aus dem 12. Jhd. ist verändert erhalten. Eigentümer waren die Herren v. FREINSHEIM, v. MECKENHEIM, v. GEISPITZHEIM und die JUNGEN v. UELVERSHEIM.

Schloßgarten (268)
Burrweiler
1840 Im Schloßgarten (FlnA Mz).
Seit 1525 läßt sich das Schloß nachweisen. Einstige Besitzer waren die Herren v. DAHN und später die v. SCHÖNBURG. Es ist in veränderter Form erhalten.

Schloßgarten (132)
Friedelsheim
1699 im Schloßgarten (Pietsch 1976, S. 178).
Das Schloß wurde im 1525 im Bauernkrieg zerstört und 1578 neu errichtet.
JOHANN CASIMIR benutzte es als Lustschloß, sein Lustgarten/Tiergarten
wurde allgemein gerühmt. In den Kriegsjahren 1632, 1689 und 1794 wurde es
erneut zerstört.
GEIGER u.a. 1985, S. 365.

Schloßgarten (2)
Kirchheimbolanden
1571 an den Burggarten (LASp HStSp 757), 1844 Schloßgarten (LASp L
66892).
GUILLAUME D'HAUBERAT, Architekt des Mannheimer Schlosses, baute für
Kurfürst CARL AUGUST (1685 - 1753) das Schloß. Zur Anlage des Schloßgar-
tens vgl. Faksimile einer Karte bei DÖHN.
Döhn 1968, S. 205.

Schloßgarten (51)
Kleinniedesheim
Es handelt sich hier um den Schloßgarten der Freiherren v. GAGERN.

Schnepfenflug a. d. Weinstraße (G)
Forst
um 1828 im Schnepfen Flug (FlnA Kl).
Die hier zahlreich vorkommenden Schnepfen gaben der Lage den Namen.

Schnepfenflug vom Zellertal (G)
Zellertal
1736 im schneppen Pflug (LASp F3/1a, 243v); s.o.

Schnepp (58)
Obersülzen
Mit Schnepp werden Steillagen oder Stellen bezeichnet, bei denen die Gefahr
des Abrutschens besteht. Die Lage ist zu steil.

Schwarzer Herrgott (11)
Zell, OT von Zellertal
1736 untig dem schwartzen Herget (LASp F3/1a, 239), 1739 am Schwartzen

Herget genant in denen steinen (LASP F3/1a, 70v).
Ein dunkelfarbiges Votivkreuz ist der Ausgangspunkt für diesen Namen.

Schwarzer Letten (235)
Edenkoben
1723 in der schwartzen Letten (FlnA Kl).
Schwarzer Lettenboden führte zu diesem Namen.

Schwarzerde (G)
Kirchheim
1510 In der swartzerden (StADa E5 B3 Konv.467 Fasz. 5,99), 1614 in der
nechsten Schwartzerden (ZINK 1923, S. 82);
s.o. dunkelfarbiger Boden
KELLER 1941, S. 97.

Schwarzes Kreuz (93)
Freinsheim
1. Hälfte 19. Jhd. Am schwarzen Kreuz (FlnA Mz).
Das Sühnekreuz aus der Pestzeit (1506) an der Straße nach Bad Dürkheim war
prägend.

Seligmacher (295T)
Arzheim
1840 im Seligmacher (FlnA Mz).
Ein gestifteter Weinberg, der zum Seelenheil verhilft?

Seligmacher (295T)
Ranschbach
s.o. Arzheim.

Senn (47)
Kleinkarlbach
1552/57 vf die Senn (FlnA Kl), 1781 Auf der Untern Senn (FlnA Kl).
Das Vorkommen von Schilf oder Binsen (mhd. semede) waren hier ausschlaggebend. Die heutige Namenform ist durch Angleichung und Abschwächung
entstanden.

Silberberg (317)
Niederhorbach

1841 im Silberthal (LASp L 66 589). Silber als Bestimmungswort weist auf das Edelmetall oder glänzendes Gestein hin; darüber hinaus wird es metaphorisch als Benennung für eine gute Lage benutzt.

Silberberg (278)
Walsheim
1840 Silberberg (FlnA Mz); s.o.

Simonsgarten (279)
Roschbach
Nach dem ursprunglichen Besitzer benannt.

Sonnenberg (23T)
Bockenheim
1840 Sonnenberg (FlnA Kl).
Der Sonne zugewandte Lagen, also Südhänge, werden so bezeichnet.

Sonnenberg (110)
Ellerstadt
1722 Sonnenberg (MERK 1921, S. 25); s.o.

Sonnenberg (256)
Essingen
1840 Sonnenberg (FlnA Mz); s.o.

Sonnenberg (161)
Gönnheim; s.o.

Sonnenberg (296T)
Ilbesheim
1839 Sonnenberg (CHRISTMANN 1973, S. 42); s.o.

Sonnenberg (23T)
Kindenheim
s.o. Bockenheim.

Sonnenberg (296T)
Leinsweiler
s.o. Ilbesheim.

Sonnenberg (43)
Neuleiningen
1839 Sommerberg (FlnA Mz); s.o.

Sonnenberg (324T)
Oberotterbach
1843 Am Sonnenberg (LASp L 66 564); s.o.

Sonnenberg (324T)
Schweigen-Rechtenbach
s.o. Oberotterbach.

Sonnenberg (324T)
Schweighofen; s.o.

Sonnenberg (87)
Weisenheim am Berg
1552/57 an der sommerbach (FlnA Kl), 1587 an der sommerbach (LASp F2/61, 328); s.o.

Im Sonnenschein (291)
Siebeldingen
1858/59 Im Sonnenschein (LASp L 66 264);
Südhang.

Sonnenstück (14)
Immesheim
1. Hälfte 19. Jhd. Sonnenschlick (LASp L 66 540); s.o.

Spiegel (192)
Mußbach, OT von Neustadt
1802 Spiegel (FlnA Kl).
Die Spiegelnamen basieren auf einem frühen Lehnwort aus lat. specula. So wurden im Allgemeinen die Warttürme bezeichnet.
SARTORIUS 1959, S. 138; Lutwitzi 1929, S. 52.

Spielberg (121)
Bad Dürkheim
1466/1502 der Spiegelgarten, 1586 Im Spiegelberg (LASp F2/61, 292r), 1592

Spilberg (CHRISTMANN 1964, S. 77); s.o. Spiegel in Mußbach.
Alter Standort eines Wartturmes an der Römerstraße Weißenburg-Altenstadt-Alzey-Bingen
DAUTERMANN 1978, S. 211.

Spielberg (179)
Meckenheim
1531 ghen der Spielburg oben (LASp Domst Sp U 410); s.o.
FEIL 1965, S. 162.

Spieß (176)
Ruppertsberg
um 1430 an dem Spisz (Pfälz. Wb. Bd. I, Sp. 238), 1673 im Spiß (FlnA Kl).
Formname: spießförmige Gestalt, spitz zulaufendes Gelände.

St. Annaberg (266)
Burrweiler
1840 St. Anna Capelle (FlnA Mz).
Nach der dort 1896 neu errichteten St. Annakapelle benannt; im Juli und August
finden Bittgänge statt.
GEIGER u.a. 1985, S.413; CHRISTMANN 1964, S. 468; FREY 1836/37, S. 246.

St.Martinskreuz (33)
Mertesheim
Die Lage ist nach der Pfarrkirche St. Martin benannt; das Patrozinium ist seit
1214 nachweisbar (GLASSCHRÖDER 1903, Nr. 457).

St. Stephan (35)
Asselheim, OT von Grünstadt
1839 Ober St. Stephan (FlnA Mz).
Die St. Stephan geweihte Pfarrkirche wurde vor 1247 gebaut. Das baufällige
Kirchengebäude wurde 1819 auf Abriß versteigert. Das Patrozinium ist seit 1483
bezeugt.
Brügel 1967, S. 25, 29, 43 f.

Steig (68)
Bissersheim
1839 Auf dem Steig (FlnA Mz).
Zu mhd. stîge 'Pferch'.

Steinacker (98)
Kallstadt
1270 super steinacker (StAMz 13/538,86).
Steiniger Boden, Kies, Geröll führten zu diesem Namen.
MERK 1952, S. 108.

Steinacker (73)
Kirchheim
Mit Kalksteinen stark durchsetzter Boden.

Steinberg (108)
Bad Dürkheim
1389 Steinböhl (DAUTERMANN 1978, S. 528).
Sandsteingeröll (Bundsandstein).
GEIGER u.a. 1985, S. 402; OHLENSCHLAGER o.J., S. 3.

Steingebiß (311)
Billigheim-Ingenheim, OT von Appenhofen
1581 steingebiß, 1607 Steingebösel (CHRISTMANN 1965, S. 183).
Im Grundwort steckt mhd. bôz stnm., biuz, buz stm. 'Schlag, Stoß'. Es liegt eine
Bezeichnung für einen Steinbruch vor. Die Entwicklung des Namens setzt eine
Nebenform mit i im Stammvokal voraus; Senkung und Rundung führen zu den
präsentierten Formen.
APPENHOFEN 1975, S. 4.

Steinkopf (54)
Heuchelheim, OT von Grünstadt
s. Steinberg in Bad Dürkheim.

Stift (136)
Forst
Es handelt sich um alten Grundbesitz des St. Guido Stiftes aus Speyer, der seit
1231 nachweisbar ist.
LUCAS 1975, S. 7.

Süßkopf (135)
Forst
1836 Am Süßkopf (FlnA Mz).
Der Name zeigt Grundwortwechsel von Buckel zu Kopf. Von einem Besitzer-

namen ist auszugehen (Süßbuckel v. Wachenheim).

Trappenberg (G)
Hochstadt
Der Hügel ist nach dem jagdbaren Vogel Trappe benannt.

Ungeheuer (149)
Forst
14. Jhd. an dem vngehuwern (Pfälz Wb. Bd. I, Sp. 238), 1673 im Vngeheuer (FlnA Kl).
Personenname vgl. JOHANN ADAM UNGEHEUER, Stadtschreiber zu Deidesheim, gest. 1699. Ein Grabmal mit dem Namen Ungeheuer befindet sich an der Klosterkirche in Mußbach. OTTO von BISMARCK schätzte das Forster Ungeheuer:»Dieses Ungeheuer schmeckt mir ungeheuer!«
G. L. in: Pfälz. Rundschau v. 18. 11. 1933; BECKER 1925, S. 258.

Venusbuckel (309)
Billigheim-Ingenheim, OT von Billigheim
siehe Sauschwänzel

Vogelsang (19T)
Bockenheim
1574 am Fogelgesang (FlnA Kl), 1841 am Vogelgesang (FlnA Mz).
Stelle, an der Singvögel bevorzugt nisten.

Vogelsang (19T)
Kindenheim
s.o. Bockenheim.

Vogelsang (104)
Weisenheim am Berg
1587 im Vogelsang (LASp LB 61, 329v); s.o.

Vogelsprung (271)
Flemlingen
1840 Am Vogelsprung (FlnA Mz);
s.o. Sprung ist auch in der Bedeutung Quelle bezeugt, also Vogeltränke?

Vorderberg (52)
Kleinniedesheim
1299 super monte (Worms UB Bd.I, Nr.500), 1764 am Forderberg (LASp A14/890c), 1842 Vordere Berg (FlnA Mz); wie nhd.

Weilberg (117)
Ungstein, OT von Bad Dürkheim
1309 wile supra heigeren (StAMz 13/538), 1503 am wylnberge (StaDa E5 B3 Konv. 467 Fasz. 5,71v).
Die Weiler-Namen bezeichnen, sofern sie wie hier auf eine villa rustica Bezug nehmen, nicht direkt den Standort, sondern das umliegende Land. Das Kelter-haus dieser Villa wurde ausgegraben und gesichert.
MERK 1952, S. 113; CHRISTMANN 1965, S. 31.

Wolfsberg (325)
Schweighofen
1843 Wolfsberg (LASp L 66 569).
Der Name weist entweder auf den Besitzer Wolf oder auf das Tier hin, das bis zum Beginn des 19. Jhd. hier vorkommt.

Wonneberg (323T)
Bad Bergzabern
1616 Wonneberg (LASp ZwI, A 861/4), 1776 Im untern Wonneberg (StadtA BZ Kt.). Das Bestimmungswort gehört zu mhd. wünne stf. 'Wiesenland', vgl. auch Meerspinne in Gimmeldingen.

Wonneberg (323T)
Dörrenbach; s.o.

Zechpeter (272)
Flemlingen
1840 In der Sechpetergewan(n)e (FlnA Mz).
Verkürzte Form, die auf einen Personennamen zurückgeht.

Zitadelle (227)
St. Martin
Standort einer Geschützbatterie?

c. Die Weinlagenamen nach Sachgruppen

Abschließend wird gezeigt aus welchen Bereichen das Namenmotiv entnommen sein kann. Als übergeordnete Gliederungspunkte werden allgemein verwendet: die Geographie, die Geomorphologie, die Geologie, die Hydrologie, die Flora, die Fauna und Einteilungen, die im Zusammenhang mit dem Menschen, der Siedlung und den Rechtsverhältnissen stehen. Diese Grundeinteilung spiegelt den grundlegenden Aufbau des Wortschatzes wider.

Geographie

Auf die Himmelsrichtung weisen einige unserer Namen indirekt hin. So wird die sonnenzugewandte Seite eines Berghanges in Zusammensetzungen mit Sommer- festgehalten, die sonnenabgewandte Seite mit der häufigen Bezeichnungen Winter- als Hinweis, daß hier der Schnee besonders lange liegenbleibt. Die zahlreichen Osterberge finden wir alle östlich der Siedlung gelegen.

Geomorphologie/Erhöhungen

In dieser Gruppe fassen wir alle Flurnamen zusammen, die sich ganz allgemein auf Erhebungen, auf steil abfallendes Gelände, auf Teile eines Berges, auf Hochflächen oder auch auf Vertiefungen im Gelände beziehen. Die gängige Bezeichnung für eine Erhebung ist Berg oder Bergel. Für eine rundliche Erhebung kennt das Pfälzische die Bezeichnung Kopf, Buckel oder Böhl. Für einen vorstehenden Bergrücken ist die metaphorische Bezeichnung Stuhl oder Nacken üblich. Für steil abfallendes Gelände begegnet uns häufig der Name Gäh. Steiles stufenförmiges Gelände wird mit Steig bezeichnet. Bergkämme können mit Kette bezeichnet werden. Besonders häufig ist hier in der Pfalz auch Helde vertreten, das einen Teil des Hanges bezeichnet. Dieser Name hat sich besonders in der Form Hölle gehalten und erweckt bei Weinlagen die Vorstellung von besonders feurigem Wein.

Vertiefungen

Kommen wir nun zum Gegensatz der Erhebungen, den Vertiefungen im Gelände. Die allgemeine Bezeichnung hierfür lautet Tal. Kleinere wellenförmige Einschnitte im Gelände nennt man Kaft. Der eingeschnittene Weg Hohl. Solche Namen sind einsichtig, weil sie Entsprechungen im appellativischen Wortschatz haben.

338

Morphologie der Flur

Auch die Morphologie der Flur, d.h. die Form der Parzellen, der Oberfläche, schlägt sich in Flurnamen nieder. So werden je nach Parzellenform Zusätze wie lang, kurz oder breit gebraucht. Bei den als krumm bezeichneten Parzellen handelt es sich zumeist um Kulturland, das sich um ein Berg herum zieht. Ein ausgesprochene Formnamen stellt Ger für ein dreieckiges Grundstück oder Saumagen für eine Flur mit einem verdickten Ende dar.

Geologie

Leicht zu deuten sind Namen, die auf die Bodenart Bezug nehmen. Hierher gehören die Flurnamen, die mit Lehm, Letten oder Schäwer (Schiefer) gebildet sind. Kiesel in den Namen weist auf Kies, Grain auf groben Sand hin.

Hydrologie

Einige Namen beziehen sich primär auf Wasser. Es handelt sich hierbei entweder um fließendes Wasser oder um Feuchtgebiete. Das mit Abstand häufigste Grundwort ist Bach, hier mit vom Neuhochdeutschen abweichendem Geschlecht die Bach, in der Verkleinerungsform Bächel. Pütz ist einerseits der Quellbrunnen, aber auch der aus einem solchen gespeiste Bach. Dagegen ist Rinne die Flurbezeichnung für ein nur mäßig, tröpfelnd fließendes Rinnsal. Auf Feuchtgebiete weisen Namen mit Mersch hin, eine Bezeichnung, die auch noch heute für feuchtes Wiesenland verwendet wird.

Flora

An kollektiven Bezeichnungen für den Wald haben wir folgende Flurnamengrundwörter: Hahn, für den niederen Wald, Heide für Grasland und Niederwald. Ried hingegen, das auch in unserem Gebiet vorkommt, bezeichnet den niederen Wald in einem Feuchtgebiet.
Auch Bäume fanden Eingang in Flurnamen, so Sperbaum (Speierling/Apfelsorte), Mandelbaum und die Kastanie. Daneben ist noch die Bohne vertreten.

Fauna

An das zahlreiche Vorkommen bestimmter Tiere erinnern Namenkomposita mit Hase- oder Fuchs-. Diese Namen werden auch häufig, ebenso wie z.B. Lerche/Lewerk unter den Vogelnamen, als Übernamen für Personen verwendet. Ein schöner landschaftsbezogener Name ist auch Immengarten, die Bezeichnung für einen Bienengarten. Mehrdeutig sind die Katzen-Namen. Sie können auf Wildkatzen, aber auch auf etwas Minderwertiges hinweisen.

Kulturland

Das Grundwort Stück fand fast ausschließlich Anwendung auf Weinberge, daneben ist Wingert üblich. Pflanzgarten, Satz und Latt für den Rebschößling sind Namen für die Rebneuanlage. Langkammert und Pfahl spiegeln besondere Reberziehungsformen wider. Die Bewertung der Bodenqualität findet wahrscheinlich ihren Ausdruck in Namen wie Hunger. Auf Ackerland weisen Namen hin, die mit Erdner gebildet sind.

Rechtsverhältnisse/Grenzen

Die Hohen Steine sind, soweit nachprüfbar, immer Grenzsteine. Daneben ist in der Pfalz auch Lache bekannt. Bei den Grenzgängen wurden mit der Lachaxt die Grenzbäume markiert.

Besitzverhältnisse

Namen dokumentieren auch ehemalige Besitzverhältnisse innerhalb einer Gemarkung. So waren hier zahlreiche Klöster begütert. Kloster- oder Frauen- im Bestimmungswort weist auf diesen Besitz hin. Hinweise auf Eigentum der lokalen kirchlichen Institutionen geben die mit Bischof, Pfaffe, Pfarr, oder Kirche gebildeten Namen. Neben der weltlichen und geistlichen Herrschaft sind auch relativ viele Privatpersonen als Eigentümer im Namen manifest. So Alser, Freund-, Doktor, Gutenberg, Knobloch, Kranich oder Ungeheuer um nur einige interessante Vertreter zu nennen.

Wirtschaftsleben

In einigen Namen wie Kalkofen oder die zahlreichen Mühlen an den Bachläufen spiegelt sich das Wirtschaftsleben wider.

Verkehrswesen

Auf eine Erläuterung der mit Straße oder Weg gebildeten Namen kann verzichtet werden, da sie einsichtig sind. Hingegen bedürfen Namen wie Estrich oder auch Gasse einer Erklärung. Mit Gasse wurde nicht nur der schmale Weg innerhalb einer Ortschaft bezeichnet, sondern auch ein nur zu einer bestimmten Jahreszeit befahrbarer Weg. Nicht alle Felder konnten von einem Weg aus direkt erreicht werden, daher mußte man gelegentlich über andere Äcker fahren. Nur in Fluren, die einem Flurzwang unterlagen (d.h. der Anbau bestimmter Arten von Früchten war vorgeschrieben), war dies ohne großen Schaden möglich.
Eine weitere Besonderheit des pfälzischen Raumes stellen die Estrich-Namen da. Mit Estrich werden nicht nur Straßen, die einen erhöhten Fahrdamm besitzen, bezeichnet, sondern jede befestigte Straße. In der Deidesheimer Gemarkung

scheint sich der Name eindeutig auf die alte Römerstraße zu beziehen, die hier vorbeiführte.

Religionsgemeinschaft
Die Flur am Gottesacker wird am Kirchhof oder Herrgottsacker genannt. Heier, ein altes Wort, bezeichnet ebenfalls die Begräbnisstätte. Bildstöcke und Votivkreuze (Kreuz) haben der Flur oft ihren Namen gegeben. Über die mittelalterliche Armen- und Krankenfürsorge unterrichten uns Flurnamen ebenfalls. Bettelhaus weist auf ein ehemaliges Armenhaus hin.

Ebenfalls im **Bachstelz-Verlag** sind erschienen:

Helmut Seebach/Leo Seck
Die abenteuerliche Floßfahrt der Tiere durch das Pfälzer Land.
Ein märchenhaftes pfälzisches Kinder- und Bilderbuch.
(Empfohlenes Buch des Kultusministeriums Rheinland-Pfalz).
DM 19,80 ISBN 3-924115-02-8

Helmut Seebach/Ulrich Schreiber
Das Hambacher Fest der Tiere.
Die abenteuerliche Rückreise der vier Freunde.
(Empfohlenes Buch des Kultusministeriums Rheinland-Pfalz).
DM 25,80 ISBN 3-924115-04-4

Helmut Seebach
Von den Arschkerb bis zu den Zollbüchern.
Die Necknamen, Neckverse und Neckerzählungen der pfälzischen Dörfer, Städte und Landschaften.
Ein Beitrag zur Volks- und Landeskunde der Pfalz.
DM 19,80 ISBN 3-924115-01-X

Helmut Seebach
Annweiler und der Trifels in der Literatur.
Eine pfälzische Stadt und eine Burg im Spiegel von Sage und Dichtung.
DM 35,- ISBN 3-924115-03-6

Helmut Seebach/Bernhard Zerwann
Der deutsche Michel - fabel-haft. Eine politische Satire.
DM 21,80 ISBN 3-924115-05-2

Helmut Seebach
Wandergewerbe. Fahrende Handwerker, Wanderarbeiter und Hausierhändler.
Altes Handwerk und Gewerbe in der Pfalz. Band 1.
DM 48,- ISBN 3-924115-07-9

Helmut Seebach
Weihnachten in der Pfalz.
Eine volkskundliche Studie zum Weihnachtsbrauchtum.
DM 28,80 ISBN 3-924115-10-9

Helmut Seebach
Was der Pfälzer Bauer nicht kennt ... Essen und Trinken im Wandel der Zeit.
Ein Beitrag zur Volkskunde der Pfalz.
DM 44,- ISBN 3-924115-08-7

Bruno Hain
De erschte Schmatz om rechte Platz.
Lustspiel in drei Akten nach Hippolyt August Schauferts »Der Gaisbock von
Lambrecht oder Ein Kuß zur rechten Zeit«.
DM 20,- ISBN 3-92115-09-5

Bruno Hain
O du moi goldischi Krott! E pälzisches Liewesgedicht.
DM 8,- ISBN 3-924115-06-0